나의 접시에는
먼지가
끼지 않는다

나의 접시에는
먼지가
끼지 않는다

| 정세균 지음 |

초판 1쇄 인쇄 2007. 2. 15. 초판 1쇄 발행 2007. 2. 23.
발행인 | 고용석 발행처 | 다우출판사 편집 | 남미은
등록번호 | 제03-01192호 등록일자 | 1999. 7. 15.
서울시 용산구 청파2가 71-14 3층 대표전화 | 02-701-3443
팩스 | 02-701-3442 E-mail | onbook@korea.com/yesbook@chollian.net

파본은 구입하신 서점이나 본사에서 교환해드립니다. 책값은 뒤표지에 있습니다.
ISBN 978-89-88964-34-7 03320

나의 접시에는 먼지가 끼지 않는다

● 정세균 지음

Publishing 다우

328일의 도전

나는 한국전쟁이 발발한 1950년에 태어났다. 전란의 참혹함으로 잿더미만 남은 국토에서 소위 보릿고개를 겪으며 소년기를 보냈고, 고속 성장과 개발 독재의 빛과 그림자 속에서 청년으로 성장했다. 이후 20년간은 "마누라와 자식 빼곤 다 팔러 다닌다"는 종합상사맨이 되어 전 세계를 누비고 다녔다. 달랑 샘플 가방 하나 들고 낯선 땅을 돌아다니면서도, 수출 최일선에서 뛴다는 자부심으로 열정을 불태우던 시간이었다. 성사된 계약서를 손에 들고 귀국하자마자 사무실로 달려가 밤샘을 하고, 집에 가 양말만 챙겨서는 또다시 다른 나라로 가는 비행기를 기다리며 공항 대합실을 서성였지만 피곤한 줄 몰랐다. 아마도 그때의 경험 덕분에 세계를 보는 안목을 키우고 경제에 눈을 뜨게 된 것 같다. 나는 이것을 "발바닥으로 배운 지식"이라고 말하곤 한다.

그러나 수많은 나라를 다니면서 어쩔 수 없이 후진국 세일즈맨의 비애를 느끼기도 했다. 수출 일선에서 일하는 해외 세일즈맨에게 국가의 힘은 모든 이해득실과 연관되었다. 국가의 힘이 강한 선진국일수록 더 많은 이득을 챙기는 구조였으며, 특히 '경제력'이 강한 나라일수록 세계 시장에서 영향력도 컸다.

젊은 시절부터 '국가 경제력'의 중요성을 실감한 나는, 정치인이 되어서도 늘 경제 문제를 화두로 삼아 경제 정책의 전문가로서 소임을 다하려 애써왔다. 국회에서 여러 직무를 수행하면서도 이 부분에 관심을 갖고, 비판보다는 대안을 내놓으려 노력했다. 우리나라가 외환위기를 극복하고 21세기를 맞던 때에는 국가 발전이라는 시대적 과제를 어떻게 실천에 옮길지, 그리고 국민적 지지를 결집하는 21세기형 리더십의 덕목과 자질이 무엇인지를 고민하여, 그 생각의 열매를 《21세기 한국의 비전과 전략》(1999년)과 《정세균이 바라보는 21세기 한국의 리더십》(2001년)이라는 졸고로 내놓기도 하였다.

격변의 시대를 사는 한 사람의 한국인으로서, 나 역시 비약적으로 발전하는 한국 경제를 온몸으로 겪어왔다. 우리 경제는 전후 복구 시대를 거쳐, '산업 입국(産業立國)'으로 통칭되는 개발과 수출의 시대, 그리고 경제협력개발기구(OECD: Organization for Economic Cooperation and Development) 가입과 함께 맞이한 정보화·세계화 시대를 거쳐 '국민소득 3만 달러 시대'라는 새로운 도전과 마주하고 있다.

2006년 2월 10일, 나는 제51대 산업자원부 장관으로 취임하였다. 평소 생각해온 한국 경제의 비전과 전략을, 실물경제를 책임지는 부서에서 정책으로 구체화할 수 있는 소중한 기회가 주어진 것이다.

임명 통보를 받던 날, 거실에 홀로 앉아 메모지를 앞에 두고 깊은 생각에 빠져들었다. 나름대로 한국 경제를 알고 있다고 자부했고, 소신껏 비전과 정책을 연구해왔지만, 산업자원부 장관으로서의 역할이란 또 다른 차원의 것이었다. 좀 더 현실적이고 구체적인 비전, 가능성 있는 정책을 제시해야 했다.

산업자원부는 산업 정책을 총괄하는 정부부처이다. 무역 증진, 외국인 투자 유치, 기술 및 산업 경쟁력 제고, 지역균형발전, 에너지 · 자원의 안정적 확보 등 부처 고유의 실물경제 현안을 다루면서 다른 주무부처가 있는 산업 인력, 산업 환경, 노사 문제, 경쟁 정책, 산업입지 정책 등에 있어서는 실물경제 부처로서의 입장을 대변한다. 아울러 기업의 자유로운 영업 활동과 창의적인 투자를 유도하는 환경을 조성하여 이윤 및 일자리 창출을 지원, 유도하는 역할을 한다. 산업자원부의 전신인 상공부 시절부터 초기 개발 연대의 주요 축으로 한국 경제의 발전을 이끌어왔고, 아직도 우리 경제의 미래를 책임져야 할 의무를 갖고 있다. 지금은 정부보다 시장의 비중이 훨씬 커져 공적 개입의 범위가 줄었지만, 시장 실패를 치유하기 위한 실물 총괄부처의 역할은 여전히 중요하며, 복잡해진 경제 현상만큼이나 전문적인 접근이 필요한 곳이다.

내가 산업자원부에 취임한 2006년 초반의 정책 환경은 산업 강국을 만들기 위한 장기적 구상에 앞서 시급히 해결해야 할 현안이 산적해 있는 형국이었다. 외환위기 이후 경제 전반에 만연된 청년 실업과 기대에 못 미치는 투자 활동으로 체감 경기가 얼어붙어 있었고, 중산층 붕괴로 인한 불균형 내지 양극화가 심각하게 진행되고 있었다. 실물경제는 중동 분쟁에 따른 고유가 상황이 지속되었고, 환율 하락, 원자재 가격 상승 등 다방면에 걸쳐 악재에 직면하고 있었다. 그나마 우리 경제를 지탱하던 수출 전선에도 빨간불이 켜진 상황이었다. 나는 당면한 현안을 원만하게 해결하고, 산업 강국 실현의 기틀을 마련해야 한다는 무거운 책임감과 위기의식을 느끼며, 펜을 들어 하나하나 적어나가기 시작했다.

일하다 보면 접시를 깰 수도 있다

취임식 자리에서 나는 '질 좋은 성장' 전략을 주창하였다. '질(質, quality)'이란 말 그대로 사물과 현상 등의 속성이나 내적 가치를 말하는 것으로 양적 성장과 대비해 '가치 있는 성장', 그리고 '가치를 높이는 성장'의 다른 표현이다. 이는 내가 줄곧 고심해오던 한국 경제의 진로이자 비전이었으며, 산업 정책의 품질을 높이자는 함의였다.

또한 나는 직원들에게 "힘센 장관이 아니라 힘 있게 일하는 장관이 되겠다"고 약속했고, "일하다가 접시를 깬 사람은 용서하겠지만 일을 하지 않아 접시에 먼지가 낀 사람은 용서하지 않겠다"는 말도 했다. 산업자원부는 세칭 힘 있는 부처가 아니다. 상공부 시절에는 막강한 규제 권한을 행사하기도 했지만, 그 후 지속적으로 규제를 털어내고 권한을 내던지는 용기를 보여왔다. 그리고 우리 경제의 숨어 있는 부가가치를 찾아내는 쪽으로 조직을 진화해왔으며, 현실에 안주하지 않고 무(無)에서 유(有)를 만들어내는 용기, 지혜, 창의력을 최고의 가치로 여기고 있다. 산업자원부 공무원들은 지난 20년여를 그렇게 단련받아왔다. 접시에 대한 언급은 나와 함께 나아갈 그들에게 다시 한 번 용기를 갖고 어려운 시기를 함께 개척하자는 당부이자 나 스스로의 다짐이기도 했다.

나는 숨 돌릴 틈도 없이 업무에 빠져들었다. 예상대로 급박하게 처리해야 할 과제들이 산더미처럼 쌓여 있었다. 외부의 다양한 목소리를 듣기 위해 사람들을 만나고, 10분 단위로 일정을 소화하면서 정책을 점검하고 독려하는 시간이 이어졌다.

취임식을 마치자마자 반월 · 시화 공단에 들러 수출 기업들의 애로 사항을 점검하는 것으로 공식 일정을 시작했다. 정신없이 수출을 챙기고 기업과 민생 현장을 둘러본 후에야 퇴근할 수 있었고, 집에도 팩스 보고서가 잔뜩 쌓여 있어서 자정을 넘겨서야 잠자리에 들기 일쑤였다. 그러나 잠자리에서도 산업 현장에서 묵묵히 어려움을 감내하는 기업인들과 근로자들의 목소리가 귀에 쟁쟁했다. 산업계에 희망과 자신감을 주어야 한다는 생각이 한시도 사라지지 않았다.

내가 산업자원부에 있던 일 년은 한국 경제의 희망을 확인하고 내 작은 노력이 맺은 결실에 보람을 느낀 시간이기도 했다. 고유가, 환율, 원자재 가격 급등의 3중고를 극복하고 '수출 3,000억 달러', '외국인 투자 110억 달러 이상'이라는 성과를 거두었고, 미래의 먹거리라 할 차차세대 성장동력을 선정했으며, 대통령과 함께 네 차례나 해외 순방을 하면서 과거 십수 년의 실적에 버금가는 자원외교의 성과를 거둔 것도 뿌듯한 일이었다.

그리고 어느덧 시간이 흘러 떠날 시간을 맞게 되었다. 1년이 채 안 되는 328일에 불과했지만 그나마도 328분처럼 빠르게 지나간 듯하다. 처음 장관실 책상 앞에 앉았을 때 서랍이 예전에 사용하던 것과 위치가 달라 자꾸 반대 방향으로 손이 가서 혼자 헛웃음을 짓곤 했던 것이 어제일 같은데 말이다. 마지막 날까지 그 서랍 손잡이와는 친해지지 못했지만, 그만큼 자리에 앉을 새도 없었던 모양이라며 자위 반 아쉬움 반의 심경으로 지난 시간을 돌아본다.

미래는 준비하는 자의 몫이다

취임식 후 사석에서 "산업자원부 장관직을 한 100년쯤 하면 좋겠다"고 직원들에게 말했다. 물론 그럴 수는 없다. 다만, 단 하루를 일하더라도 100년 뒤를 내다보는 시계(視界)가 없으면 좋은 정책이 나올 수 없다는 의미였다. 산업자원부의 정책이 국가의 산업과 경제에 끼치는 영향이 막대하고, 장관의 역할이 국가경쟁력과 국민의 행복과 직결되는 중요한 책무라는 인식은 그 자리에서 물러난 지금도 변함이 없으며 오히려 더 견고해졌다. 취임 당시 비전으로 제시한 '질 좋은 성장'과 '제조업의 르네상스'를 통해 한국 경제의 부흥을 이루겠다는 신념 역시 더욱 확고해졌다. 이런 신념을 만든 나의 고민과 경험을 더 많은 사람들과 나눔으로써 한국 경제의 활력과 희망을 되살리고 싶어서 지금 이 기록을 남기는 것이다.

격동과 변화의 시기는 위기인 동시에 새로운 도약의 기회이다. 그러나 도약은 미래를 위해 준비하는 자의 몫이며, 실천하는 자에게만 가능한 꿈이다. 돌이켜보면 우리 경제의 비약적인 발전에는 기업, 근로자, 그리고 정책 전문가 등 산업 현장에서 일하는 수많은 사람들의 노고가 촘촘히 배어 있다. 나는 이들이야말로 "영웅"이라고 말하고 싶다. 앞으로도 또 다른 도약과 미래를 이끌 수많은 영웅들이 나타날 것이다. 이들과 비교한다면 나는 영웅으로 불리기에는 많이 부족하다. 단지 튼실한 징검다리가 되기 위해 열정과 혼신을 다할 뿐이다. 이 책을 한국의 경제와 산업에서 희망을 이어갈 미래의 영웅들에게 바친다.

2007. 2.
정세균

우리 경제의 희망은 어디에서 비롯되는가?

세계화 · 정보화에 성공적으로 적응해온 한국 경제는 이제 고령화와 저출산이라는 유례없는 환경 변화에 직면하고 있다. 기업은 새로운 비즈니스 모델을 세워야만 하고, 정부도 과거와는 다른 창조적인 경제 성장 전략을 펼쳐야 하는 시점인 것이다. 세계 11위의 한국 경제가 축적해온 자산과 실력을 잘 관리하면서, 양질의 일자리를 지속적으로 창출하는 새로운 전략 구상에 민간과 정부가 같이 노력해야 하는 때이기도 하다.

이러한 시점에 산업자원부 장관을 지낸 정세균 의원이 책을 펴낸 것은 매우 뜻 깊은 일이 아닐 수 없다. 저자는 이 책에서 한국 경제의 희망 비전과 미래 좌표를 제시하고, '질 좋은 성장' 전략으로 현실을 돌파해나가자고 역설한다. 2006년 저자는 경제 전문가로서 준비해온 비전과 전략을 산업자원부의 무역과 산업, 그리고 에너지 정책에 접목시키려 무던히 노력했던 것으로 기억한다.

저자는 개발과 수출의 시대에 기업에서 닦은 실물경제 감각과 의정 활동을 통해 축적한 전문 지식을 토대로 최고의 정책통답게 한국 산업이 당면한 도전을 기회로 풀어나가는 방법을 하나하나 제시하고 있다. 시장과 기업의 활력을 최대한 활용하면서도 벤처, 중소기업, 근로자, 소비자가 같이하는 경제를 실현하고자 하는 노력이 책장 곳곳에서 스며나온다.

'질 좋은 성장' 전략은 과거처럼 성장의 외형에만 집착하지 않고 성장의 내용을 상생·균형·조화의 관점에서 풍부하게 하여 지속 가능한 성장 기반을 구축하는 것이다. 세계 일류로 가기 위한 산업 혁신 전략, 차세대 먹거리 창출을 위한 지식 인프라 전략, 자원 무기화에 대응한 에너지 안보 전략 등은 저자가 한국 산업의 새로운 전략을 얼마나 치밀하게 분석하고, 꼼꼼하게 챙겼는지를 역력하게 보여준다.

저자가 장관으로 재임하던 2006년 우리 경제는 실물경제가 기대만큼 활력을 회복하지 못한 가운데 고유가와 원화 고평가 등의 영향으로 국민들이 느끼는 고통 또한 어느 때보다 컸던 때이다. 이러한 어려운 상황에서 생산 및 수출 현장, 해외 시장을 발로 뛰며 경제 주체의 기를 살리고, 세계 11번째로 수출 3,000억 달러의 이정표를 세운 것은 무척 값진 일이다. 우리 경제의 자신감을 행동과 실적으로 보여준 것이다.

이 책은 우리 경제의 희망이 어디에서 비롯되고 어떻게 하면 그 희망을 달성할 수 있는지를 잘 말해준다. 또한 정부를 혁신하고 효율을 높이기 위해 필요한 현장의 경험과 비전도 같이 담고 있다. 한국 경제의 희망을 일구어나갈 모든 경제 주체, 특히 미래의 일꾼들인 젊은 인재들에게 일독을 권하고 싶다.

손경식
대한상공회의소 회장

차례

3 무역 규모 1조 달러 시대를 준비한다

4 21세기 국가 아젠다, 에너지를 생각한다

5 내가 만난 공무원, 내가 만날 공무원

1

우리 산업은 지금 세계 일류로 간다

나는 우리나라의 산업과 경제가
희망적인 이유를 101가지라도 댈 수 있다.
우리나라가 가진 잠재력은 정말로 무궁무진하기 때문이다.
세계 11위라는 현재의 성적에 만족하거나 안주해서는 안 된다.
우리 경제는 세계 1등 산업 국가를 위한 전략을 필요로 할 정도로 성숙했다.
세계 2등과 세계 1등은 그 방법부터가 다를 것이다.
우리가 새로운 방법론을 갖고 구체적인 노력을 다할 때
지속 성장이 가능한 산업 체질을 가꾸어나갈 수 있을 것이다.

우리 산업이 희망적인 101가지 이유

"총수출 3,200억 달러, 세계 11위의 수출 대국." 2006년 무역의 날 기념식에 산업자원부 장관으로 참석하여 받아든 한국 경제의 성적표였다. 1억 달러 고지에 올라선 게 1964년이었으니 불과 40년 만에 이룬 성과이다. 1948년 정부 수립 당시에는 수출 규모가 아프리카 카메룬의 1/2, 토고의 2배 수준인 세계 100위권이었으나 지금은 우리나라의 교역 규모가 아프리카 52개국 전체의 규모를 넘어섰으니, 젊은 시절 종합상사맨으로 일했던 사람으로서 남다른 감회에 젖지 않을 수 없었다.

이런 성과를 확인하는 자리에서는 언제나 우리 국민의 저력과 역동성에 흐뭇함을 느끼면서도, 자연스레 한국 경제의 앞날을 생각하게 된다. 이날도 축사와 시상식을 위해 단상을 오르내리며 잠깐씩 상념에 빠지곤 했다. 앞으로 10년, 20년, 혹은 40년 후에 우리 경제는 어떤 모습일까. 우리의 저력이 역동성이라면 무엇보다 방향이 중요한데, 지금의 한국 경제는 어느 쪽으로 머리를 향해야 할까? 폐회식의 박수소리와 분주한 인사 속에서도 그런 생각은 내내 머리를 떠나지 않았다.

'양적 성장 시대'의 종말

주지하다시피 그간 우리나라의 경제 성장은 대단했다. 기적이라 불릴 정도로 빠른 기간 안에 우리나라는 세계 속에서 당당히 한자리를 차지했다. 단기필마의 몽골 기병처럼 거침없이 세계 시장을 누빈 덕분이다. 그 성과로 조선은 육상건조 방법을 개발하는 등 끊임없는 기술 혁신과 LNG선, 해양 플랜트 등 고부가가치 선박의 제조를 통해 세계 1위 자리를 굳건히 유지하고 있고, 반도체는 주력 품목인 D램, 낸드 플래시 등 메모리 제품을 앞세워 1990년대 이후에는 미국과 일본에 이어 세계 3위를 유지하고 있다. 또한 자동차도 성능 및 품질 향상에 따른 브랜드 이미지 제고로 1990년 세계 10위에서 2005년 세계 5위로 급부상하였다. 이렇게 우리나라의 주력 산업은 경쟁력 측면에서 이미 세계적인 수준으로 올라서 있다.

그러나 우리 경제는 성장의 한계를 맞고 있다. 외환위기 이후 연평균 성장률이 4~5% 수준에서 정체된 탓에 경제의 활력이 저하되고 있다. 물론 샴페인을 너무 빨리 터뜨렸다는 지적도 있고, 일부의 정부 정책이 실패한 탓도 이유로 작용할 것이다. 그러나 가장 큰 요인은 '양적인 성장 시대의 종말'에 있다고 나는 생각한다.

따라서 이제는 발전과 성장만을 위해 숨가쁘게 달려오는 과정에서 어쩔 수 없이 파생된 소외와 희생의 문제에도 눈을 돌려야 한다. 더는 성장의 빛과 그늘이 어느 한쪽만의 것일 수 없으며 그것이 용인되어서도 안 된다. 경제 성장이 이뤄진 만큼 국민의 의식 수준도 성숙했기 때문이다. 요컨대 국민이 요구하는 행복의 모양이 달라졌으니, 그것을 담을 국가의 그릇도 달라져야 한다는 것이다.

범이 크면 머무를 숲도 커야 한다. 더 큰 숲으로 나가려면 우리가 당장 극복하고 넘어야 할 산이 많다. 우리 경제는 외환위기 이후 10년이 지난 지금까지도 그 상흔이 남아 있고, 국내외적으로 직면한 도전도 만만치 않다. 저출산, 고령화, 투자 위축 등은 2만 달러 시대를 넘어 3만 달러 시대로 가야 할 우리의 성장잠재력을 약화시키고 있고 수출 · 내수, 제조 · 서비스 등 산업 간 · 부문 간 양극화와 지역 간 불균형은 경제의 역동성과 고용의 안정성을 위협하고 있다. 또 고유가, 환율 등의 대외적 위험 요인이 대한민국호(號)의 항해를 더욱 어렵게 하고 있다.

가뜩이나 10년 후가 불투명한 상황에서 친디아(CHINDIA)나 브릭스(BRICs) 등 후발 개도국의 추격 또한 거세지고 있으며, 중국과 인도의 자유무역협정(FTA) 논의는 중국의 13억 인구와 인도의 11억 인구가 합쳐져 총 24억 명의 거대 시장으로 거듭날 수 있기 때문에 지구촌 경제 질서의 지각 변동을 예고하고 있다. 경제 선진화를 위해 대외 지향적인 발전 전략을 지속적으로 추진해야 할 우리 입장에선 이 모두가 반드시 극복해야 할 과제이다.

1997년 우리가 겪은 외환위기는 참으로 아픈 기억이다. 외환위기 처방의 미숙함으로 인해 아직도 해결되지 않은 이슈 등이 남아 있지만, 위기를 겪으면서 우리 경제가 단단해진 측면도 있다. 그 한 가지가 바로 '기업의 체질 개선' 에 성공했다는 점이다. 강도 높은 구조조정으로 기업들의 재무 구조와 수익성을 크게 개선시킬 수 있었고 금융기관의 건전성과 기업 경영의 투명성도 한결 나아졌다. 국회 재경위원회에서 의정 활동을 하던 시절, 외환위기의 원인과 진행 경과, 그 극복 과정을 낱낱이 지켜볼 수 있었는데 특히 한보, 기아, 현대, 대우 등 재벌 계열의 유동성 위기와 워크아웃 과정을 가까이서 관찰해볼 수 있었다. 외환위기 전후의 대기업 계열 기업의 도산 사태는 기업을 불투명하고 방만하게 경영해온 대주주와 경영진에 일차적인 책임이 있다는 게 내 생각이다. 취약한 재무 및 지배 구조 문제, 무분별한 기업 확장, 황제식 경영 행태도 문제였다. 기업 정책에서는 '사후약방문' 격 조치보다 기업 경영의 투명성을 제고하는 법적 · 제도적 '예방' 조치가 중요함을 절실히 깨달았다.

비록 전 국민의 고난과 시련이라는 비싼 대가를 치르긴 했지만, 외환위기 이후 10년은 우리가 선진 경제로 가기 위해 반드시 지나야 할 중요한 길목이었다. 한국 경제에 내재해 있는 암 덩어리를 적출하는 외과 수술을 성공적으로 치르고, 서서히 회복기에 들어선 시기이기 때문이다. 따라서 지금은 다시 호흡을 골라 마라톤의 출발점에 설 수 있도록 재활의학적 처방을 해야 하는 시점이다. 아울러 잠재 성장률 1% 포인트를 높이기 위해 모든 경제 주체들이 힘을 모아야 할 때이며, 한국 경제 운영의 패러다임을 바꾸기 위한 비전과 전략을 시급히 마련해야 할 상황이기도 하다.

제조업은 영원하다

한국 경제의 새로운 패러다임이란 무엇인가. 그 변화의 축은 성장의 목표를 양에서 질로 바꾸는 것이다. 다시 말해 '동반 성장'과 '균형'으로 요약할 수 있다. 그리고 변화와 희망의 실마리는 우리의 '산업', 특히 제조업의 부흥과 재도약에서 찾을 수 있을 것이다. 취임식 날 열린 산업자원부 출입기자단과의 오찬 간담회에서 내가 "그동안은 성장에만 무게를 두었는데, 이제는 성장의 내용을 들여다보아야 한다. 성장 속도를 유지하면서도 질적으로 좋은 성장을 일궈낼 새로운 발전 모델을 구축하겠다"라고 밝힌 것도 이런 맥락에서다.

그간 우리 경제는 조선, 선박, 철강, 섬유, 석유화학 등 전통 제조업이 캐시 카우(cash cow)* 역할을 해왔고 앞으로도 계속해서 큰 비중을 담당할 것이다. 가까운 미래의 새로운 성장동력도 제조업을 기반

* 성장성은 낮으나 시장 수익성은 높은 사업 부문으로 기업이나 조직에 현금 유동성을 제공해주는 사업 분야.

으로 창출되고 발전할 것이다.

그러나 최근 밑도 끝도 없는 제조업 경시 풍조가 나타나고 있어 매우 우려스럽다. 물론 제조업이 경제 전체를 이끌어나가기란 아무래도 역부족일 테고, 특히 고용을 위해서는 서비스산업의 발전이 필수적이다. 그렇다고는 해도 새로운 산업 분야가 금세 황금알을 낳기를 기대할 수도 없고, 특히 수출로 승부를 걸 수밖에 없는 우리의 현실에서 탈공업화는 결코 대안이 될 수 없다. 다만 제조업은 이제 조립산업이 아니라 하이테크 제조업으로, 고부가가치를 갖는 제조 관련 서비스업으로 진화해야 한다. 제조업의 소프트화 추세에 따라 질적 성장을 도모해야 한다는 말이다.

우리나라의 제조업은 일찍부터 개방과 경쟁에 노출된 탓에 스스로 경쟁력을 높여왔고, 유목민적 사고와 전략으로 빠른 시간 내에 세계 시장을 개척했다. 앞으로는 좀 더 유연성을 기르고, 핵심 역량에 집중하며, 정보화 전략으로 재무장하여 세계 산업 4강에 진입해야 한다.

희망하면 이뤄질 것이다

경제는 심리다. 자신감을 갖는 것이 중요하다. 자신감을 가질 만한 충분한 근거도 있다. 글로벌 경쟁력을 갖춘 우리 기업들이 속속 나타나고 있고, 한류(韓流)라는 이름으로 우리 문화까지 수출하고 있다. 아울러 세계 최고 수준의 인적 자원이 우리 경제의 든든한 버팀목이 되어주고 있다.

나는 우리나라의 산업과 경제가 희망적인 이유를 101가지라도 댈 수 있다. 우리나라가 가진 잠재력은 정말로 무궁무진하기 때문이다. 그러니 세계 11위라는 현재의 성적에 만족하거나 안주해서는 안 된다. 우리 경제는 세계 1등 산업 국가를 위한 전략을 필요로 할 정도로 성숙했다. 세계 2등과 세계 1등은 그 방법부터가 다를 것이다. 우리가 새로운 방법론을 갖고 구체적인 노력을 다할 때 지속 성장이 가능한 산업 체질을 가꾸어나갈 수 있을 것이다.

질 좋은 성장, 희망의 경제학

'질 좋은 성장' 이라는 말은 어떤 면에서 참 투박한 표현이다. 그러나 나는 이 한마디에 한국 경제의 현실과 미래가 압축되어 있다고 생각한다. 그래서 정부의 산업 정책을 총괄하는 책임을 맡게 되면서 전환기적 어려움에 처한 한국 경제와 산업의 해법으로 '질 좋은 성장' 전략을 제시한 것이다.

정부는 그때그때 국민들이 당면한 문제를 시급히 해결해야 하지만, 미래에 대한 물음에도 명쾌한 대답을 내놓을 책무가 있다. 경제 분야에선 특히 그렇다. 경제 정책이란 기본적으로 미래를 담보로 현실을 개선하는 것이다. 이때 각각의 경제 주체들에게는 희망이야말로 가장 중요한 추동력이자 '보이지 않는 자본' 으로 작용할 수 있다. 산업 주무장관으로서 나는 산업계가 희망의 가지를 내뻗을 수 있게 하고 싶었다. '희망' 이라는 토대가 없이는 그 어떤 화려한 정책들도 결국 수포로 돌아갈 것이기 때문이다.

그렇다면 어떻게 희망의 경제학을 전할 수 있을 것인가. 우선 우리 경제가 서 있는 자리를 보다 분명하게 돌아보아야 한다.

행복 방정식이 깨지지 않으려면

지난 40년여 동안 우리 경제는 '번영의 오아시스' 로 불릴 만큼 눈부신 성과를 거두었다. 개발과 산업화, 고속 성장은 부족함 없는 일자리를 창출했고, 충분한 일자리는 다시 국민들 개개인의 풍요로운 삶으로 이어졌다. 그러나 1997년 외환위기는 고성장을 통한 고용 창출과 국민 행복의 선순환이라는 '행복 방정식' 을 송두리째 뒤흔드는 계기가 되었다.

이전까지만 해도 국민 90%가 스스로를 중산층이라고 여기던 분위기였지만, 외환위기 이후부터는 급속히 늘어난 빈곤층으로 인해 사회 전체가 양극화의 몸살을 앓기 시작했다. 투자 부진과 4~5%대 저성장, 성장과 고용 사이의 선순환 구조 약화, 대기업과 중소기업 간, 수도권과 지방 간의 경제 격차가 심화되는 문제가 발생하였다. 이는 경제 환경 변화에서도 그 발생 원인을 찾을 수 있지만, 그보다는 지역 간 · 계층 간 · 산업 간 · 주체 간의 불균형과 적절한 분배구조를 갖추지 못한 채 성장 일변도로만 추진되어온 과거의 발전 모델의 한계에서 기인한 바가 더 컸다. 특히 계속되는 내수 침체는 양극화 현상을 더욱 심화시켜 부문 간 · 계층 간 갈등과 함께 물적 · 인적

자본 축적에도 어려움을 낳았다. 현재 우리나라의 실업률은 지표상으로는 3%대를 유지하고 있지만 현실은 더 열악하다.

산업적인 여건도 썩 낙관적이지 못하다. 우리 경제는 수출을 바탕으로 성장해왔기 때문에 필연적으로 글로벌 경쟁에 뛰어들어야 한다. 그런데 아직 전반적인 기술 수준이 선진국에 미치지 못하는 상황에서 중국 등 개도국과 범용기술 제품 분야에서 경쟁해야 하는 국면을 맞게 되었다. 특히 브릭스로 대표되는 중국 · 인도 등 신흥 개도국들은 막강한 인구와 저임금을 무기로 세계 시장에서 우리의 영역을 잠식해가고 있다.

또한 경제 성장을 견인했던 투자가 외환위기 이후 기업 환경의 불확실성, 기업의 보수적 경영 행태로 인해 부진에 빠져 있으며, 이로 인해 수출 · 투자 · 내수의 연결고리가 약화되고 일자리 창출 능력도 저하되고 있다. 이와 더불어 기술 및 인적 자원 개발도 지체되어 1990년대까지 6~7%에 이르던 잠재성장률이 2000년대 들어서는 4%대로 하락하여 성장잠재력 하락 추세가 고착화되지 않을까 염려되는 처지이다.

결론적으로 지금처럼 경제 양극화가 지속될 경우 '성장→일자리 창출, 분배 개선'의 선순환 고리가 깨지는 것은 물론, 심하면 '성장 둔화＋분배 악화'라는 최악의 시나리오가 펼쳐질 가능성도 있다. 따라서 양극화를 치유하고 성장잠재력을 복원하는 대책을 당장에 적극적으로 강구하지 않으면 앞으로 한동안은 우리 경제의 희망을 말하지 못할 수도 있다.

산업자원부 장관으로 재임하는 동안, 나는 이와 같은 우리 사회의 문제들에 깊이 공감했고, 제반 문제를 해결하려면 다음과 같은 비전과 대안이 필요하다는 결론을 얻었다.

첫째, 수출산업과 내수산업, 미래성장산업과 전통산업, 제조업과 서비스산업이 균형 있게 성장하여 대내외적 경제 환경 변화에 쉽게 흔들리지 않는 고도의 산업 구조가 형성되어야 한다.

둘째, 대기업과 중견기업, 중소기업이 상생협력을 통해 동반 성장함으로써 국제경쟁력을 갖춘 우수한 대기업과 함께 중견·중소 기업이 튼튼한 허리 역할을 하여, 신규 고용을 창출하는 안정된 산업 조직을 갖추어야 한다. 이때 중견기업이란 상시 근로자 수 300명 이상의 규모로 연간 매출액 400억 원 이상인 기업을 구분하는 개념이다. 주로 부품·소재 등 중간재를 생산하는 업체들로서, 이 가운데는 원천기술을 보유하여 글로벌 경쟁력을 획득한 기업들도 많다.

셋째, 그동안 특정 지역에 편중되었던 산업이 지역 간 균형을 이루며 발전함으로써 인적·물적 자원이 효율적으로 배분, 활용되어 국가 전체의 성장잠재력을 한 단계 높일 수 있도록 하는 산업 배치 전략을 추진해야 한다.

이 세 가지 방안은 '좋은 산업 구조'와 '좋은 산업 조직'을 만들기 위한 전략으로서, 나는 이러한 내용을 담아 '질 좋은 성장'이라는 비전으로 산업자원부의 정책 과제를 제시했다. 그리고 이것을 다시 '고용 있는 성장', '균형 있는 성장', '혁신 주도 성장' 이라는 3대 전략과 9대 실천 과제로 구체화하였다.

'질 좋은 성장' 전략을 이끄는 핵심 전술들

'질 좋은 성장' 전략은 그동안 우리 경제를 이끌어왔던 개발 시대의 경제 모델인 양적 성장 전략, 요소 투입형 성장 전략, 대기업·수도권 중심의 성장 전략에서 벗어나 기업 간·지역 간 균형 성장과 양질의 일자리 창출, 고도의 기술·정보·지식을 기반으로 하는 혁신 주도형 성장 전략으로 정책의 패러다임을 바꾸는 것을 의미한다. 그간 성장의 전체 외형만을 중시하던 것에서 탈피하여 산업 정책의 최종 목표를 구체적이고 세부적으로 구분하여 미시 정책의 질을 높이는 한편, 국민의 삶의 질과 산업 정책을 연결하는 능동적인 역할을 수행하고자 한 것이다.

이미 참여정부는 과거 경기 침체기에 자주 쓰였던 인위적·단기적 경기 부양보다는, 비록 과정이 지난하더라도 경제의 구조적인 문제점을 해결하는 개혁적인 정책을 통해 혁신 주도형 경제로 전환하려는 노력을 해왔다. 국가균형발전특별법 제정, 대기업·중소기업 간의 상생협력 정책 등이 그것이다.

산업자원부는 이러한 정책 기조를 유지하면서 중견기업 육성을 중심으로 하는 튼튼한 산업 조직 정책, 일자리를 창출하는 산업 정책을 표방함으로써 '성장 회복+일자리 창출+분배 개선' 을 이루고자 했다. 다시 말해, 성장과 고용이 선순환하는 선진 산업 강국을 만들기 위한 정책을 마련한 것이다.

또한 일자리 창출 정책에도 역점을 두었다. 고용 문제는 우리 경제의 성장과 선순환을 이루는 주요 경제 요소로 특히 내수산업 발전의 핵심 고리 역할을 한다. 더구나 이것은 국민들 개개인의 행복과 직결된다. 산업자원부가 '질 좋은 성장' 전략에 이를 포함시킨 것도 고용 없는 성장의 악순환 고리를 끊고 양질의 일자리를 창출하기 위함이었다.

사실 그동안 산업자원부는 일자리 창출 정책에 있어 다소 보조적인 역할에 머물러왔다. 국가의 정책적 책무의 하나로서 그 중요성을 인식하지 못했던 것은 아니지만, 산업자원부에는 수행해야 할 또 다른 정책들이 많았기 때문에 '일자리 창출' 자체를 산업 정책의 핵심으로 보지는 않았던 것이다. 하지만 나는 이런 관점 역시 바꿀 때가 되었다고 판단했다. 그래서 부임 초부터 기존의 인식에 수정을 가하고 합의를 이끌어내고자 노력했다.

산업 정책의 측면에서도 일자리 창출을 사전에 고려하는 것이 고용 없는 성장의 악순환을 막고, 우수한 인적 자원 확보를 통해 성장잠재력을 끌어올리는 수단이라는 공감대가 형성되자, 장관이었던 나뿐만 아니라 산업자원부의 모든 직원들이 '고용률 60%' 와 '비정규직 500만 명 이상' 이라는 현실에 안타까움을 느꼈다. 우리는 이를 당장 해결해야 할 정책 과제로 삼아 구체적으로 검토해보기 시작했다.

일자리는 기업이 만드는 것이라고 한다. 옳은 말이다. 하지만 기업 혼자서 해야 할 일만은 아니다. 산업자원부는 기업이 일자리를 보다 적극적으로 창출할 수 있도록 정책적인 방법으로 기업들을 보완해주는 역할을 맡기로 했다. 기업들이 살아나야 일자리 창출도 가능하기 때문이다.

우선, 기업 투자 활성화에 초점을 맞추어 '출자총액제한제도' 등 투자를 저해하는 기업 제도를 대폭 개선하였다. 아울러 기업이 돈을 벌 수 있는 투자 유망 분야가 무엇인지에 대해서도 각 부문별로 산 · 학 · 연 전문가 회의를 거듭 개최하여 〈10대 주요 산업별 투자 로드맵〉을 작성하였다. 〈10대 주요 산업별 투자 로드맵〉에 담은 투자 유망 분야는 사실 한국 경제를 이끌어갈 신수종(新樹種) 산업이다. 여기에 포함된 10대 주요 산업은 자동차, 조선, 일반기계, 철강, 석유화학, 섬유, 반도체, 디스플레이, 디지털 전자, 바이오 산업이며, 투자 로드맵에서는 각 산업별로 단기 투자 유망 분야*와 중장기 투자 유망 분야**로 나누어 제시하였다. 이 로드맵을 토대로 산 · 학 · 연 · 관 간에 시장 정보를 공유하고 기술 발전 등 지속적인 이노베이션을 추진한다면 적기에 산업화를 확산시킬 수 있을 것이다.

* 하이브리드 승용차, 서비스 로봇, 고부가 섬유 소재, 바이오 제너릭 등.

** 연료전지 자동차, 환경 친화형 건설기계, 콤비나트 통합 네트워크, 고성능 비메모리, 바이오 전기 전자 소재 등.

또한 산업자원부에서는 산업 정책을 평가하는 항목에 아예 '일자리' 항목을 추가했고, '일자리 창출 효과' 평가시스템도 구축하였다. 이전까지는 투자 금액, 기술 개발 성공 여부 같은 투입 기준으로 정책 목표가 설정되거나 지원 기준이 결정되었는데, 이후부터는 '일자리 창출 효과' 까지 함께 평가 항목에 넣은 것이다. 이러한 평가시스템을 우선 부품 · 소재, R&D(연구개발), 외국인 투자 등 3개 분야에 시범 적용했고, 향후 다른 분야에도 확산해나가도록 했다.

국민의 삶의 질을 생각하라

나는 산업자원부의 이런 정책들이 국가의 '균형 있는 성장' 과 '국민의 일자리 창출' 을 위한 밑거름이 되기를 희망한다. 정부가 각종 정책을 개발하는 것은 두말할 필요도 없이 국민이 보다 나은 삶을 영위할 수 있도록 하기 위해서다. 따라서 일자리 창출 등 국민의 삶의 질 향상과 밀접한 관련을 맺는 정책에 관해서는 산업 측면에서도 다양한 연구와 노력이 필요하다. 그래야 우리의 산업 정책들이 국민의 행복을 만드는 희망 경제학이 될 수 있을 테니까 말이다.

그러나 이 모든 정책이 당장에 가시적인 성과를 보이지는 못할 것이다. '질 좋은 성장' 전략의 진정한 성과도 5년이나 10년쯤 지난 후에야 본격적으로 나타날 것이다. 지금은 패러다임을 전환하는 여정에서 신발 끈을 매는 중이다. 당장은 새로운 산업 정책의 큰 물줄기를 틀어놓았다는 데 만족해야겠지만, 이 물줄기가 더 넓은 바다로

흘러나가도록 계속해서 최선의 노력을 다해야 한다. 한동안은 어렵고 힘들겠지만 산업 강국으로 도약하기 위해서는 거스를 수 없는 길이라고 생각한다. 따라서 눈앞의 일이 아니라 5년 앞을 내다보는 안목으로 국민소득 3만 달러, 나아가 5만 달러 시대를 열어가기 위해 모든 경제 주체들이 꿋꿋이 도전해야 한다.

균형은 아름답다

허리는 우리 몸의 중심이자 기둥 역할을 하는 동시에 운동 능력을 부여하는 중요한 신체 부위이다. 허리에 문제가 생기면 몸을 자유자재로 움직일 수 없게 되고 당연히 일상생활에도 제약을 받게 된다. '허리' 의 중요성은 국가의 산업 조직 측면에서도 마찬가지로 적용된다. 산업 조직에서 허리는 중견기업에 해당한다고 볼 수 있는데, 이들이 대기업과 중소기업을 잇는 산업의 가교 역할을 하고, 인재 발굴 및 일자리 창출을 통해 국가 경제에 활력을 불어넣기 때문이다.

한 나라의 경제 지표를 가늠하는 방법은 수없이 많지만 가장 좋은 방법은 산업 조직을 들여다보는 것이다. 그렇게만 해도 웬만한 지표는 물론 성장잠재력까지 확연히 알 수 있다. 일본을 봐도 그렇다. 젊은 시절에는 비즈니스 때문에, 정치인이 된 후로는 외교를 위해 여러 번 일본을 다녀오면서 그들의 경제 구조를 유심히 살피는 버릇이 생겼는데, 특히 나의 눈길을 끌었던 것은 산업 조직이었다. 일본이 다양한 산업 분야에서 세계적인 경쟁력을 보유하게 된 힘은 무엇일까? 그것은 부품 · 소재 분야에서 강점을 보이는 중견기업들이 튼튼한 허리가 되어 일본의 산업 조직에 균형감을 주기 때문이다. 그래서 나는 세간에서 "일본의 잃어버린 10년"을 이야기할 때마다 "그래도 그들을 결코 만만히 보지 말라"고 경고하곤 했다. 역시나 최근 일본은 장기 불황의 터널에서 벗어나 서서히 부활의 날갯짓을 하고 있다.

반면 우리 산업은 지금 고질적인 허리 통증에 시달리고 있다. 1인당 국민소득이 1만 6,000달러에 이르기까지 우리 경제를 이끌어온 산업이 더는 자라지 못하고 정체된 이유도 '허리 부실'에서 그 원인을 찾을 수 있다. 사실 우리나라의 산업은 몇몇 대기업과, 숫자는 많지만 규모가 작은 중소기업으로 이뤄진 '호리병형' 구조여서, 산업의 허리인 중간 규모의 기업군, 즉 중견기업의 비중이 상대적으로 빈약하다. 그러나 일본과 미국, 독일의 산업 조직은 중견기업이 많은 '항아리형' 구조이다. 항아리형 구조는 견실한 재무 구조와 기술력을 보유한 기업들이 많고 그만큼 산업 분야도 다양하기 때문에 웬만한 외풍에도 흔들리지 않는다는 강점이 있다.

한마디로 말해 선진화된 국가일수록 호리병형보다는 항아리형의 산업 조직을 유지하고 있다는 것이다. 미국의 경우 종업원 300명 이상 1,000명 미만의 중간 규모 기업군이 전체 기업의 0.9% 수준이지만 우리는 겨우 0.4%에 불과하다. 게다가 1997년 외환위기 이후부터는 중견기업의 감소 추세가 지속적으로 이어져오고 있다. 제조업을 중심으로 편재된 우리의 산업 구조에서 중견기업의 감소는 산업 플로(Flow)의 맥을 차단하는 심각한 경고등이 아닐 수 없다. 또한 글로벌화로 막 비상하고 있는 선도기업의 추동력을 뒷받침하는 기반이 부실해지고 있다는 의미이기도 하다.

균형은 튼튼하다

1990년대 이후 우리 산업은 자동차, 철강, 조선, 반도체, LCD, 휴대전화 등으로 글로벌 경쟁력을 확산시키면서 세계적인 대기업이 등장하는 쾌거도 이루었다. 그러나 이런 성과가 부품 · 소재 등 중간재를 만드는 다른 산업 조직으로 빠르게 확산되고 있지 못하다. 중견기업이 부실한 구조적인 취약성으로 인해 대기업이 동반 성장하는 산업 연관 효과가 단절되고 있으며, 장기적으로는 과도한 수입과 로열티가 무역 역조를 일으키거나 선도 부문의 경쟁력을 갉아먹고 있는 형편이다.

바람직한 산업 조직이란 선도기업과 중견기업, 그리고 소규모 중소기업들이 균형을 이뤄 제조업의 부가가치를 높이고 국가 경제와 산업의 선순환을 이끌어내는 형태일 것이다. 그러나 우리나라는 중소기업과 대기업을 양분하는 정책만이 오랜 기간 동안 지속되고 있어 아쉽다.

평소 탐스런(?) 항아리형 산업 조직을 중시하던 나는 산업 주무장관으로서 중견기업의 육성에 팔을 걷어붙였다. 우선 관련 전문가들과 몇 차례 토론을 함께하며 성공한 중견기업의 사례를 연구하였다. 그 결과, 성공한 중견기업은 대체로 경영의 시스템화를 이뤄낸 기업들이었으며, R&D와 마케팅 등을 담당하는 전문 인력을 보유하고 있고, 독자적 지식재산권(기술, 디자인 등)을 바탕으로 고유 브랜드를 구축하여 국내 및 해외 시장에서 직접 제품을 판매하고 있었다. 또한 그들은 한 가지 품목에만 매달리지 않고, 관련 품목을 모듈화하거나 시스템화하여 고객에게 제공하고 있었다.

이 연구 결과를 토대로 당시 산업자원부에서는 정책 대상을 크게 두 가지로 분류했는데, 그 하나가 혁신형 중소기업을 중견기업으로 육성하는 정책이며, 나머지 하나는 전통형 중견기업의 글로벌화를 지원하는 정책이었다.

우선 혁신형 중소기업 정책은 중소 규모의 기업들이 정부의 R&D 사업에 참여할 수 있도록 그 기회를 확대하는 등 신규 지원을 늘려 나가는 것이었다. 이를 위해 2006년 5월 '부품 · 소재 중핵기업 발전대책' 을 수립했고, 2010년까지 글로벌 경쟁력과 핵심기술력을 보유한 중핵기업을 300개 이상 육성해나가기로 했다.

한편 기존의 중견기업에 대한 글로벌화, 즉 전통형 중견기업들이 세계적인 경쟁력을 갖추도록 하는 데도 정책의 역점을 두고, 연구개발과 해외 마케팅 측면에서 여력이 부족한 기존의 중견기업을 적극 지원해나가기로 했다. 신규 발굴도 중요하지만, 규모 면에서 이미 중견기업인데도 혁신 역량과 경영 능력 부족으로 성장이 정체된 기업을 지원하는 것도 중견기업 육성에 매우 효과적인 방식이라고 생각한다.

이러한 중견기업 정책이 아직 큰 결실을 본 것은 아니지만, 장기적인 관점에서는 지원을 계속해야 한다. 중견기업이 선진 기업 · 연구소와 전략적 제휴를 맺을 수 있도록 돕고, 인소싱을 통해 핵심기술을 확보할 수 있도록 지원함으로써 열린 R&D 혁신을 확산해나가야 한다. 또한 시장 지배적 지위에 있는 중견기업들이 인수합병(M&A)을 통해 글로벌 시장에 진출할 정도의 몸집을 키울 수 있도록 지원해야 한다. 이를 위해서는 기업결합 심사 등에서 단순히 시장점유율만 보지 말고 해외 경쟁 요인을 고려하는 방향으로 제도를 개선해야 한다.

그러나 이 모든 것이 정부의 노력만으로 이뤄지지는 않는다. 정말로 중요한 것은 기업들의 성장 의지이다. 산업자원부에서 직접 중견기업 육성 정책을 지휘하다 보니, 중소기업 규모를 졸업해버리면 '정부의 보호' 라는 우산에서 벗어나게 되기 때문에 그것을 우려해 그 지위에 안주하려는 중소기업들이 상당수 있었다. 이러한 두려움을 가진 중소기업들을 위해서는 '중소기업졸업유예제도' 를 보완할 필요가 있으며, 2007년에 일몰되는 '벤처기업육성에관한특별조치

법' 의 대안을 마련하는 한편, 중소기업의 범위를 조정하는 문제에 대해서도 검토해볼 필요가 있다고 생각한다. 그러나 우선은 중소기업들이 마인드부터 바꿔야 한다. 정부 보호에만 안주할 것이 아니라 홀로서기를 위한 준비를 차근차근 해나가야 한다는 것이다.

물론 어려운 여건 속에서 착실히 중견기업으로 성장한 기업들도 많다. 첨단 기술력을 바탕으로 신규 시장을 창출하여 글로벌 시장을 선도한 기업, 수요는 작지만 고품질과 세련된 디자인이 요구되는 특정 제품 분야에서 독자적인 브랜드로 해당 제품 시장에 집중한 기업, 세계적인 대기업에 핵심 부품을 공급하며 더불어 성장한 기업들도 있는 것이다. 예를 들어, 주문자 상표 부착 생산(OEM) 방식으로 수출을 해온 휴맥스(HUMAX)는 1997년부터 독자 브랜드인 'HUMAX' 로 해외 시장을 개척하여 1998년 종업원 112명, 매출액 284억 원에서 2005년 말에는 종업원 446명, 매출액 6,182억 원 규모의 회사로 성장했다. '아이리버' MP3 제품으로 글로벌 무대에서 뛰고 있는 레인콤, 오토바이 헬멧 시장 세계 1위인 홍진 HJC, 자체 브랜드 등산화를 생산하는 트렉스타 등도 비슷한 성공 사례이다. 또한 현대자동차, 삼성전자와 함께 급성장한 '한일이화' 나, 네트워크상의 글로벌 대기업과 동반 성장한 '동진쎄미캠' 도 작지만 강한 글로벌 중견기업의 사례이다.

균형은 상생이다

이처럼 글로벌 중견기업의 발전은 대기업 · 중견기업 · 중소기업의 공진화(co-evolution)에 기여하여 건강한 산업 생태계 조성에 기초가 될 수 있다. 주문 생산(build to order) 체제의 확산으로 원칩(one-chip)화 · 모듈(module)화 생산 방식이 일반화되면서 모듈을 생산하는 중견기업은 네트워크상의 대기업 및 중소기업 모두에게 중요한 성장 파트너가 되고 있는 것이다.

중견기업의 성장은 부품 · 소재 원천기술의 확보에도 큰 도움이 된다. 원칩화나 모듈화 능력을 확보한 중견기업들이 부품 · 소재의 글로벌 소싱 확대 추세에 적극적으로 대응한다면, 기술과 자본을 축적하여 핵심기술을 더 쉽게 확보함으로써 경쟁력을 한층 높일 수 있다.

또한 대기업과 중소기업 간의 관계가 종래의 가격경쟁력 중심의 '생산' 분업 체제에서 기술경쟁력 중심의 '기술' 분업 체제로 전환됨에 따라 기술 역량을 가진 중견기업의 역할이 더욱 중요해지고 있다. 글로벌 중견기업이 대기업과의 기술 분업 관계에 충실하고 2차 협력업체와 생산 · 기술 협업 관계를 확산시키는 산업 조직 간의 자발적인 결합은 각 주체들의 지속적인 동반 성장을 통해 국가적인 산업 단절을 막을 수 있다.

산업자원부 장관으로 취임한 지 얼마 되지 않았을 때, 중소 규모의 납품업체들이 모기업으로부터 환율 하락과 관련한 납품 단가 인하 압력을 받고 있다는 소식을 전해들었다. 기업과 정부가 머리를 모아 '상생협력' 을 부르짖고 있는 상황에서 그것은 바람직하지 않은 태도라고 생각했다. 그래서 그 후 기업들과 만난 자리에서 "모기업과 납품기업이 환차손과 원가 상승 등에 대한 대처 방안을 함께 협의해 상생협력에 나서달라"고 재차 당부하였다.

이후에도 나를 포함한 산업자원부 식구들은 민간의 전문가들과 함께 수개월여에 걸쳐 상생 정책을 연구했다. 그 결과, 시장 친화적인 정부 정책과 대기업의 지원이 어우러진다면 대기업과 중소기업 모두가 경쟁력을 한 단계 끌어올릴 수 있다는 확신을 얻어 2006년 5월 말, 대통령 임석하에 개최된 '상생협력 보고 회의' 에서 이러한 전략과 비전을 제시하였다. 보고 회의에 참석한 대기업 총수들도 상생협력에 대해 적극적인 추진 의지를 보여주어서, 그로부터 2주 후에는 구체적인 실천 방안을 찾기 위해 30대 그룹 구조조정 본부장들과 만나기도 했다. 상생협력에는 중소기업의 혁신 의지와 함께 대기업의 적절한 지원도 필요하기 때문이다. 그러나 기업에 이익이 되지 않는데도 정부가 '팔 비틀기' 를 강요하여 그것을 따르던 시대는 이미 지났다. 상생협력 역시 정책적 요구에 의해 발의되기는 했지만, 그렇다고 해서 그것이 중소기업 살리기 운동이나, 기업의 사회적 책임을 운위하며 대기업에게 일방적 희생을 요구하는 성격은 아니었다.

기업 간 '상생협력 발전 모델' 의 요체는 공급사슬(supply chain)의 경쟁력 향상을 핵심 요소로 하여 협력업체의 역량 개발 지원, 상호 신뢰 구축, 건강한 기업 생태계 조성 등을 통해 대기업·중소기업 간에 전략적 협력 관계를 구축하는 것이다. 즉 대기업이 시혜적인 차원에서 중소기업을 지원한다기보다는, 성장 가능성이 높은 중소기업에 기술과 인력, 자금 등을 지원하여 중소기업의 혁신을 유도하고, 이를 통한 중소기업의 기술 개발·원가 절감 성과를 공유함으로써 대기업의 경쟁력도 업그레이드하는 선순환 구조를 만들기 위함이다.

그러나 중소기업 지원 효과가 대기업에 환류되기까지는 시차가 필요하다. 장기적으로야 분명 득이 되지만 단기적으로는 비용처럼 여겨질 수도 있다. 그런 의미에서 상생협력은 '멀리 보는 경쟁력'이라고 말할 수 있다. 10년이 지나고 20년이 지나도 살아남을 초일류 기업이 지금 이 순간 걸어야 하는 길이 바로 상생협력의 길인 것이다.

상생협력은 '멀리 보는 경쟁력'

하버드대의 이안시티 교수는 "세계 초일류 기업의 성공은 창조적이고 건강한 기업 생태계 조성에 기인한다"고 말했다. 2006년 가을 산업자원부가 개최한 '상생협력 국제 컨퍼런스'에서 만난 해외 석학들도 이구동성으로 상생협력이 기업경쟁력의 핵심임을 강조했다. MIT대의 파인 교수, 와튼스쿨의 맥더피 교수, 도쿄대의 후지모토 교수 등은 "협력업체와의 공동 신제품 개발, 공정 개선 등을 통해 성공적인 기업 가치 창출이 가능하다", "신뢰를 바탕으로 한 협력이 그렇지 않은 경우보다 신기술 개발 및 혁신 활동을 촉진하여 대·중소 기업 모두가 더 나은 성과를 도출한다", "기업경쟁력은 협력업체와의 장기간 협력을 통한 상호 능력 향상에 의해 결정된다"고 말하며 한국 기업도 글로벌 성장을 위해 상생협력 투자에 적극 나서야 한다고 강조했다. 또한 그동안 분야별로만 연구되던 상생협력 이론들을 한국 정부가 종합하고 체계화하여 기업의 경영 전략, 나아가 산업 발전 전략으로 접목, 발전시키는 데 큰 관심을 표명했다.

굳이 석학들의 말을 빌지 않더라도 상생 경영으로 성공한 해외 초일류 기업은 눈에 띄게 늘고 있다. 핀란드의 노키아, 미국의 인텔, 일본의 도요타 등은 협력업체들과의 상생협력을 통해 세계 초일류 기업으로 성장했으며, 모토로라는 한때 한국 업체들에 밀려 휴대전화 사업이 위기를 겪기도 했지만 협력업체와 신제품 개발 초기 단계부터 협력 관계를 구축함으로써 이를 극복하고 있다.

우리나라의 주요 대기업들도 2006년부터는 이러한 세계적 흐름을 인식하고 상생 경영을 선언했다. 아울러 그룹 내에 전담 조직을 설치하여 상생 경영 투자를 30% 이상 늘리는 등 적극적인 노력을 펼치고 있다. 그 일환으로 반도체·디스플레이 업계와 정부가 함께 중소 장비·재료 업체의 원천기술 개발에서 상용화·신뢰성 평가 및 양산 라인 투입까지 일괄 지원하는 방안도 내놓았다. 이에 필요한 투자펀드는 대기업들이 자진하여 출연한 자금으로 마련하였다. 특히 반도체와 디스플레이 업계가 104조 원의 투자 계획을 발표한 것과 달리, 장비 · 재료 업계는 수조 원에 불과한 투자비와 장비 국산화율 18~40%라는 열악한 상황에서 함께 발전할 수 있는 협력 모델을 만들어 더 의미 있는 성공 사례를 보여주었다. 아울러 대기업이 협력업체의 환경 경영 노하우를 전수하고, 청정기술을 이전하는 등 대기업 · 중소기업 간의 환경 역량을 높이는 '대 · 중소 그린 파트너십' 을 2 · 3차 협력업체로 확산한다는 계획도 발표하였다.

그러나 아직까지도 이러한 투자와 지원은 일부 대기업에 국한되고 있다. 게다가 대기업과 중소기업 간에 일방적이고 과도한 납품단가 인하 요구나, 불공정 하도급 거래 등 상생협력을 저해하는 관행도 상존하고 있다. 대기업 · 중소기업 간 상호 신뢰를 바탕으로 한 동등하고 공정한 거래 관계야말로 상생협력의 핵심 기반이다. 당장의 이익에만 집착한다면 상생협력은 불필요한 추가 비용에 지나지 않겠지만, '멀리 보는 경쟁력' 을 생각한다면 미래를 위한 의미 있는 투자가 될 것이다. 결국 상생협력의 선택과 실천은 기업의 몫이다. 대기업은 투자하고, 중소기업은 스스로 경쟁력을 갖추고, 정부는 물꼬를 터주는 역할을 해야 한다.

줄탁동시(啐啄同時)라는 말이 있다. 병아리가 안에서 쪼는 것을 '줄(啐)' 이라 하고, 어미닭이 그 소리를 듣고 밖에서 쪼아주는 것을 '탁(啄)' 이라 한다. 상호 동시의 노력이 합쳐져야만 병아리는 비로소 세상의 빛을 볼 수 있다. 상생의 균형은 생명의 탄생만큼이나 아름답다. 지금은 대기업 · 중소기업 간 상생협력에 대한 공감대가 확산되고 있고, 혁신형 중소기업이 늘고 있으며, 부품 · 소재 산업의 무역흑자 규모가 확대되고 있다. 비록 아직은 병아리에 불과할지 모르지만, 최소한 껍질을 향해 부리를 움직이는 정도의 진동은 있는 것 같아 매우 반갑다.

조화로운 나라가 강한 나라다

전 세계를 통틀어 수도권의 비중이 우리처럼 큰 나라도 드물 것이다. 수도권 면적이 국토 면적의 12%에 불과한데도 인구 및 총생산의 절반이 수도권에 집중되어 있고, 금융 거래와 조세 수입의 70% 이상, 30대 대기업 본사의 80%가 수도권에 몰려 있다. 이러한 현상은 '사람은 서울로 보내고 말은 제주도로 보낸다'는 옛말처럼 전통적인 가치관 탓이기도 하지만, 고속 성장을 위해 노동 · 자본 등의 생산요소를 인프라가 발전된 수도권에 집중 배치할 수밖에 없었던 구조적인 사정 때문이기도 하다. 그 결과 오늘날 우리나라는 수도권과 비수도권의 불균형이 지나치게 확대되어버렸다.

그런데 이러한 불균형이 단순히 경제 비용을 조금 높이는 정도라면 그다지 주목의 대상이 되지 않겠지만, 불행히도 현재의 불균형은 사회 통합을 저해할 뿐만 아니라 국가의 성장동력을 약화시키는 수준에 이르고 있다. 불균형의 완화를 위해서는 수도권 규제와 지방의 발전이라는 2개의 수단이 필요하다. 물론 수도권 규제에도 얼마간의 비용이 들지만, 수도권 집중으로 인해 워낙 막대한 비용이 발생하기 때문에 국가적인 이익을 저울질하여 한시적으로나마 수도권을 규제할 필요가 있는 상황이다.

수도권 집중은 국토 이용의 비효율, 도 · 농 간의 기형적 인구 구성으로 인한 소득 격차와 인적 자본 형성 저해, 대도시 혼잡으로 인한 지가 상승, 교통과 환경 등 사회적 비용의 비효율적 지출이라는 경제적 폐해 외에도 사회 문화적인 문제 등으로 인해 국가의 미래를 설계하는 데 걸림돌이 되고 있다. 바로 이러한 걸림돌을 제거하기 위해 참여정부는 국가균형발전 정책을 강조해왔으며, 그중에서도 특히 '산업 발전이 선도하는 지역 발전' 에 역점을 두어왔다. 이에 따라 산업자원부는 2003년에 제정된 '국가균형발전특별법' 의 총괄 부처로서 역할을 수행해왔다. 산업자원부가 이런 기능을 부여받은 것은 도로나 항만 같은 인프라보다는 지역의 자립 기반, 즉 지역의 산업 발전을 이루는 것이 불균형을 해소하는 중장기적인 방안이라고 판단되었기 때문이다.

국가균형발전, 산업이 핵심이다

나 또한 평소 '산업 중심의 지역 정책' 이 국가균형발전의 초석이라고 생각해왔다. 그래서 주무장관이 된 후에도 관련 정책들을 세밀히 검토했는데, 특히 전략 사업 중심의 혁신 클러스터 조성은 지역 발전뿐 아니라 '산업 구조의 고도화'를 위해서도 꼭 필요한 정책이라는 판단이 들었다. 실제로 지역의 산업 현장을 둘러보니 과거에는 센터 설립 등 하드웨어 위주로 지원이 이뤄졌는데, 이제는 기술 개발, 기업 지원 등 소프트웨어 위주로 지원이 이뤄지고 있어서, 매우 바람직한 방향이라 생각했다. 미국의 실리콘밸리나 핀란드의 울루(Oulu) 테크노폴리스 등 세계적인 혁신 클러스터가 국가의 성장 거점으로 자리 잡고 있는 사례를 보면서 우리나라도 이런 정책이 뿌리를 내린다면 그들을 능가하는 성과를 낼 수 있다고 믿었던 것이다.

여기에 혁신 역량을 배양하기 위한 산・학・연・관 상호 네트워킹을 강화하고, 지역 내의 산업 수요에 부합하도록 공과대학을 특성화하는 시책도 박차를 가하였다. 그리고 틈날 때마다 지역을 방문하여 산업 현장의 목소리를 듣고 정책 집행의 진도를 직접 확인하기도 했다.

비록 초기 단계이기는 해도, 국가균형발전 정책은 지역 산업 클러스터를 중심으로 해서 일부 가시적 성과를 보이고 있다. 2006년 4월 창원 산업 단지를 방문했을 때에는 한 기업의 대표로부터 과거에는 단지 내 업체 간의 기술 교류에 무관심했는데 이제는 스스로 해결하지 못하는 문제가 나오면 클러스터 회원사에게 묻거나 관련 교수나

연구원을 회사로 초빙하여 함께 해결책을 찾는다는 말을 들었다. 작은 공작기계를 생산하는 이 업체는 그간 먼 거리에 있는 부품업체로부터 납품을 받아오는 과정에서 높은 물류비로 어려움을 겪다가 '창원 클러스터 추진단'의 '공작기계 미니 클러스터'에 참여하여 단지 내 공작기계 CAM 전문 기술업체와 공동으로 자체 부품 생산에 성공했다는 것이다. 자체 기술 개발에 따른 물류비 절감 등으로 원가가 5% 정도 절감될 것이라는 이야기를 들으니 혁신 클러스터 사업이 제대로 작동하고 있는 것 같아 무척 반가웠다.

낙관할 상황은 아니지만, 지역의 경제 지표도 호전되는 모습을 보이고 있다. 비수도권 지역의 제조업 생산 연평균 증가율이 13.0%로 수도권의 7.3%를 상회하였으며, 총생산성장률 역시 1999~2002년의 연평균 7.1%에서 2003~2004년에는 8.8%로 높아졌다. 그러나 국가균형발전의 대계를 완성하려면 당장의 성과에 연연해선 안 된다. 국가균형발전 정책은 세계화, 지방 분권화, 지식 기반 경제로의 전환이라는 시대적 여건을 반영하고 국가 전체의 지속 가능한 발전을 위한 장기 구상이기 때문이다.

수백 년간 이어져온 중앙 집권적인 행정 체제와 일극(一極) 중심주의 개발 정책을 단기간의 정책으로 뒤집는 데는 한계가 있을 수밖에 없다. 하물며 실리콘밸리만 해도, 스탠퍼드 대학과 버클리 대학이 주변에 있어 인재들이 모이고 이 인재들을 활용하려는 기업의 투자로 자연스럽게 발전할 수 있었지만, 가시적 성과를 내는 데는 무려

10년이 소요되었다. 미국의 노스캐롤라이나에 있는 RTP(Research Triangle Park)도 마찬가지다. 이곳은 인근 지역의 3개 대학과 기업체 연구소 등이 모인 계획적인 산업 연구 단지인데, 기획 단계부터 성과를 내기까지 15년의 기간이 소요되었다고 한다.

이렇듯 산업 중심의 지역 정책을 실시할 때에는 정책의 연속성을 갖고 효율성을 제고하면서 장기적인 안목으로 꾸준히 추진해나갈 필요가 있다. 중앙정부의 각 부처들은 상호 연계를 통해 정책의 시너지를 높이는 동시에 실질적인 지원을 위해 노력해야 하고, 지방자치단체 또한 자체의 혁신 역량을 강화하여 '자립형 지방화' 의 토대를 마련하는 주체로서 거듭나야 한다.

지방자치단체를 위한 '황금 알을 낳는 거위'

산업 중심의 지역 개발은 지방자치단체에 '황금 알을 낳는 거위' 가 될 수 있다. 지역 내에서 원활한 협력이 이뤄지고 좋은 아이디어가 모인다면 수도권과 나란히 할 정도의 경쟁력을 보유하여 자립 기반을 마련할 수 있는 것이다.

2006년 7월, 나는 지역 전략 산업의 일환으로 충북의 '반도체장비 공동테스트센터' 를 방문하였다. 이곳은 2005년에 설립된 지역특화센터로서 개별 중소기업이 갖출 수 없는 고가의 반도체 테스트 장비를 공동으로 활용하도록 함으로써, 수도권 못지않은 수준으로 연구개발 능력을 높이고 있었다. 또한 이 특별한 장비를 중심으로 지역

내 반도체기업들이 협력함으로써 자연스럽게 기술 혁신의 여건이 조성되어 지역의 기업 경제에 큰 역할을 하고 있었다. 이에 힘입어 현재는 충북대, 청주대, 충주대가 주축이 되어 충북대 오창부지 내에 반도체 설계 단지 설립을 공동으로 추진하고 있어 앞으로 5년간 100개의 반도체 설계업체의 창업과 1,000명의 고용창출 효과가 기대되고 있다.

2006년 하반기에 전국의 산업 공단들을 돌아보면서 산업 클러스터의 활성화가 중요하다는 것, 지역 산업 발전 전략은 반드시 성공하리라는 것을 다시 한 번 확신할 수 있었다. 국가의 균형발전은 향후 어떤 정치적 변화가 있더라도, 국민의 삶의 질을 높이고 선진 강국이 되겠다는 목표를 포기하지 않는 한 반드시 수행해야 할 과제이다. 내가 거듭 강조하는 '질 좋은 성장' 역시 지역에도 충분한 소득기회가 주어지고 인재 육성을 통한 역량 혁신이 이뤄지지 않고서는 불가능한 비전이다.

요컨대 지역을 강화하는 것이 국가의 균형발전을 이룩하는 일이고, 결과적으로 우리나라 전체의 경쟁력을 높이는 길임을 잊지 말아야 한다. '국가균형발전'은 그저 깃발과 수사(修辭)가 아니라 그 자체가 목표이자, 당면한 문제를 해결하는 옳은 방법임이 틀림없다. 이 글을 쓰는 지금 이 순간에도 나는 동서남북의 각 지역이 조화롭게 발전한, 아름다운 선진국으로서 우리의 미래를 그려본다.

일류 브랜드를 만드는 한국의 기업들

문전박대. 20~30년 전쯤에 외국과 비즈니스를 해본 사람이라면 누구나 한번쯤 이런 경험을 해보았을 것이다. 물어물어 찾아간 이국 땅 번화가의 모퉁이 공중전화 박스에서 나는 그렇게 거절을 당하고 있었다. 손에 들린 샘플 가방과 잘 다려 입은 양복이 무색할 지경이었다. 만나서 제품에 대해 설명하고 왜 이것이 당신 회사에 도움이 되는지 설득할 자신은 있었으나 외국의 바이어는 나를 만나주지도 않았다.

이유는 단 하나, '메이드 인 코리아(Made in Korea)' 라는 원산지 표시 때문이었다. 외국의 바이어들은 제품의 성능과 기능, 제조회사를 따져보기도 전에 후진국에서 만들었다는 이유로 의심의 눈초리를 보내곤 했다. 그 시절, 해외에서 우리나라를 보는 대개의 시각이 그랬다. 한순간 열정이 식었다가도 다시금 불끈 손을 쥐며 '역시 국가 브랜드가 중요하구나' 라는 사실을 온몸으로 체험하던 때였다. 그래서 해방 이후 세대이면서도 나는 "나라 잃은 설움을 알 것 같다"는 우스갯소리를 하곤 했다.

그런데 지금은 메이드 인 코리아가 신뢰를 받고 일류 브랜드로 도약하고 있으니 참으로 격세지감이다. 선박, 제철, D램 반도체, 휴대전화, TFT-LCD 등은 이미 세계 일류가 되어 있고, 부품·소재 분야에서도 발전을 거듭하고 있다. 당연한 말이지만, 엄밀히 따지자면 국가 브랜드로 제품을 파는 게 아니라, 그 나라 제품의 품질과 기술이 국가의 브랜드를 만들고 다시 환류되는 것이다. 그리고 그 이면에 기업과 산업 역군들이 있다.

지금의 대한민국은 바로 이들의 열정으로 만들었다 해도 과언이 아니다. 물론 국가적인 노력과 국민의 뒷받침도 큰 역할을 했지만 정책 담당자로선 아무래도 일선의 그들에게 눈길이 가게 된다. 그래서 그들을 도울 길이 없는지 자꾸 살피게 된다. 결국 우리 경제의 미래도 한국 산업에 달려 있기 때문이다. 그래서 나는 장관으로서 근로자, 기술자, 기업인을 만날 때면 한국 산업의 희망을 만드는 주체인 그들의 도전정신과 열정에 불을 지피고 싶은 마음으로 뜨거워지곤 했다.

조선산업과 철강산업의 글로벌 경쟁력

2006년 9월에 열린 '조선(造船)의 날' 기념식은 세계 최대의 조선

강국인 우리나라의 조선산업 관계자들을 한자리에서 만나볼 수 있는 매우 뜻 깊은 자리였는데, 이날은 해운 강국인 그리스와의 라운드 테이블까지 마련되어 있어서 더욱 특별했다. 기대했던 대로 세계 1위를 만든 우리의 주역들에게서는 열정과 도전의식, 그리고 승자의 자신감이 느껴졌다.

2006년 우리의 조선업계는 전 세계 발주 선박의 약 38%를 수주하여, 2위인 중국(29%)을 크게 앞지르고 4년째 1위를 고수했다. 특히 '선박의 꽃' 이라 불리는 고부가가치 LNG선의 경우는 발주 물량 10척 중 8척을 우리가 싹쓸이했다. 우리가 주요 수출품으로 내세우는 자동차 분야의 세계 생산 점유율이 6.5%, 반도체가 10% 내외임을 감안한다면 이는 놀라운 수치가 아닐 수 없다. 기업별 세계 랭킹에서도 1~5위까지를 우리 기업이 차지하고 있는데, 이 또한 조선업이 유일하다.

우리의 조선산업은 1970년대 초, 선박건조 경험은 물론 숙련된 기술자와 자본도 없이 그야말로 불모지에서 시작되었다. 당시 현대중공업이 개발도 안 한 모래투성이 부지 사진과 500원짜리 지폐 하나만 들고 대형 유조선 2척을 수주했던 일화는 업계의 전설로 회자된다. 500원 지폐에 그려진 거북선을 보여주며 "한국은 벌써 몇 백 년 전에 철갑선을 만든 나라"라며 "유조선쯤은 아무 문제 없다"고 호언했다고 하니 그 두둑한 배포는 지금 생각해도 유쾌하다. 이 정도 기백이면 지하의 이순신 장군도 껄껄 웃으며 박수 칠 노릇이 아닌가.

이런 열정과 도전정신, 일당백의 맨파워, 그리고 수요 예측을 통한 과감한 설비 투자로 규모의 경제를 구축하여 일본 등 선발업체보다도 가격경쟁력을 높여 성장을 구가할 수 있었다. 지금은 주요 조선소마다 1,000여 명이 넘는 연구 · 설계 인력이 지속적으로 기술을 개발하고 설계 능력을 향상시켜 기술로 세계 시장을 리드하고 있다. 또한 메가블록(Mega-Block) 공법, 육상건조 공법, 댐 공법 등 기상천외한 공법을 개발함으로써 입지 · 설비의 한계를 극복하여 생산성을 향상시키고 있다. 또한 선박건조 원가의 60%를 차지하는 조선 기자재의 90%를 국내에서 공급받는 것도 글로벌 경쟁력을 높이는 주요 요인이다.

그러나 행사장에서 만난 업계 관계자들은 아직도 헤쳐나갈 문제가 많다고 했다. 조선업계의 기록적인 실적과 장밋빛 전망에도 불구하고, 당면한 과제와 구조적 문제점도 적지 않다는 지적이었다. 취약한 내수 기반, 기능인력의 부족, 원천기술의 대외 의존, 그 무엇보다 중국의 급격한 부상이 세계 1위의 위상 유지에 큰 위협이 되고 있다고 했다. 이를 극복하기 위해서는 우선적으로 업계의 노력이 필수적이겠지만 정부 차원의 지원도 아끼지 말아야 한다고 했다. 그 말에 나도 고개가 끄덕여졌다. 내수 부진, 인력 부족, 원천기술 의존, 경쟁국의 부상은 조선업뿐 아니라 전 산업계의 고민거리이자 산업자원부의 주요 정책 과제이기 때문이다.

우리에게는 한때 바다를 호령하던 이순신이 있고, 더 거슬러올라가면 동북아를 뱃길로 석권했던 해신(海神) 장보고가 있다. 이분들이 바다를 정복한 배경에는 수준 높은 선박건조 기술이 있었을 것이다. 이런 본능을 핏속에 간직한 조선인들과의 대화는 진지하면서도 흐뭇했다. 아울러 우리 선박업계의 중요한 손님인 그리스 관계자들과의 만남도 국가적 세일즈 외교의 기회였을 뿐만 아니라 세계 해양시장과 선박 시장의 진로를 살피는 귀한 장이 되었다. 자칫 책상 앞 상념에 머무를 뻔했던 정책들을 현장의 목소리를 담아 입체화할 수 있었고, 아울러 조선인들의 열정과 교감할 수 있었기에 더더욱 기분이 좋았다. 나중에 다시 거제조선소를 방문했을 때 거대한 그라인더 소리가 낯설지 않고 반가웠던 것은 아마도 그 때문이었을까?

'조선의 날' 기념식이 열리기 3개월 전쯤인 2006년 6월에는 '철의 날' 행사가 열렸다. 전시관에서 '대한민국 철의 역사'를 한눈에 본 것이 지금도 기억에 선하다. 인류는 청동기 시대 이후 누대에 걸쳐 철을 사용해왔고 끊임없는 개발이 이어졌다. 철의 역사는 곧 인류 문명의 역사이기도 하다. 석탄과 함께 가장 풍부한 부존자원으로 세계 여러 나라에서 무기, 도구 등 다양한 용도로 발전해왔고, 산업 시대 이후부터는 '산업의 쌀'로 여겨질 정도로 그 가치를 무한히 확장해왔다.

국가가 태동할 무렵부터 부국강병의 바탕이 된 제련기술이 현대에 와선 국가경쟁력과 산업 발전의 기반으로 자리 잡았으며 미래에도 그럴 것이다. 한국의 경제사도 철의 역사와 함께해왔다. 포항제철이 첫 쇳물을 받던 날이 한국 경제가 세계 속에 본격적으로 위상을 떨치기 시작한 때로 여겨지는 것도 그러한 이유에서다.

오늘날 우리는 연간 5,000만 톤을 생산하는 세계 5위의 철강 대국으로 우뚝 섰다. 뿐만 아니라 값싸고 질 좋은 원료를 제공함으로써 우리나라의 조선 · 자동차 · 전자 · 기계 산업이 세계 수준으로 성장하는 데 큰 역할을 해왔다. 그러나 최근 들어서는 중국의 철강산업이 급성장하고 있고, 세계 철강업계가 M&A를 통해 몸집을 불리는 한편, 원료 조달이 갈수록 어려워지고 국제적인 환경 규제가 심해지는 등 안팎의 어려움에 직면해 있다. 이에 철강업계는 부가가치가 높은 환경 친화적인 기술과 제품을 개발하고, 해외 원료 공급사 및 외국 주요 기업과의 전략적 제휴를 확대하고 있다. 산업자원부 역시 철강산업을 지원하기 위해 국내 첨단 생산 공정 건설 및 신흥 시장 선점을 위한 적극적 해외 시장 개척 전략을 마련하고 있다.

21세기를 '신(新) 철기 시대'라고들 한다. 고도의 기술을 융합한 지적인 철(intelligent steel)이 미래 철강산업의 핵심이라는 이야기다. 아울러 관련산업에 대한 파급 효과가 워낙 큰 산업인 만큼 한 나라의 미래가 걸려 있다는 뜻이기도 하다. 국가 차원의 적극적인 정책이 필요한 것도 이 때문이다.

2006년 10월 27일에는 국내 두 번째로 현대제철이 일관제철소를 당진에 열었다. 일관제철이란 철광석을 용광로(고로)에서 녹여 열연

강판, 후판 등을 생산하는 것을 말한다. 이날 기공식에서 본 1,800℃ 용광로에서 쏟아지던 쇳물은 한여름의 열기 이상이었고, 용광로만큼이나 뜨거운 철강인들의 도전정신도 느껴졌다. 이들이 지난 시절 한국의 먹거리를 만들어왔고, 앞으로도 그럴 것이란 생각을 하니 마음이 든든했다.

이렇듯 우리의 조선업과 철강업은 세계 초일류 산업으로서 혁신을 주도하고 있다. 전통산업에 대해 우리가 막연하게 갖고 있는 부정적인 이미지와는 전혀 딴판인 것이다. 앞으로도 이들이 글로벌 경쟁력을 주도하기 위해서는 우수한 기술을 가진 인재가 끊임없이 유입되어야 하고, 또한 새로운 기술력을 갖춘 부품 · 소재 중소기업이 등장해야 한다. 그런 의미에서 전통적인 부문에서의 발빠른 혁신은 우리가 결코 놓치지 말아야 할 정책 과제이다. 세계 초일류로 성장한 조선 · 철강과 같은 전통산업에 민관이 함께 끝없는 열정으로 도전한다면 앞으로 100년, 200년 동안 한국을 먹여 살릴 주요 산업으로 자리 잡을 것이라 확신한다.

도미노 성장의 주인공, 반도체 · 디스플레이 산업

우리의 먹거리를 이야기할 때면 IT 부문의 총아인 반도체 · 디스플레이 분야를 빼놓을 수 없다. 반도체 · 디스플레이 분야의 세계적인 위상 역시 조선업과 철강업 못지않기 때문이다. 세계 메모리 반도체(D램, 플래시 메모리) 시장의 42%, 디스플레이(LCD, PDP 등) 시장의

38%를 우리 기업들이 차지하고 있으며, 국가적으로는 단연 세계 1위이다. 그리고 당분간은 이러한 위상이 계속될 것으로 전망한다. 전 세계 면적의 0.1%에 불과한 우리나라가 이루어낸 '역사적 사건' 중의 하나이다.

우리나라의 반도체·디스플레이 산업은 정부, 업계, 학계가 함께한 공동 기술 개발에서 시작되었다. 특히 메모리 반도체 분야의 발전은 1980년대 후반부터 집중 지원한 전략적 투자의 산물이다. 선진기술에 빨리 근접할 수 있는 분야로 메모리 반도체를 선정하여 당시 삼성전자, 현대전자, LG반도체 3개사가 하나의 회사처럼 역할을 분담하고 정보를 공유하도록 했는데, 이는 세계적으로도 유례가 없는 방식이었다. 세계 1위 메모리 반도체는 이렇게 탄생한 것이다.

그러나 완제품 생산 세계 1위의 빛나는 영광 뒤에는 그림자도 있다. 수입 장비·재료의 해외 의존도가 높아 경영수지와 수출경쟁력을 떨어뜨리는 요인으로 작용하고 있는 것이다. 국제적인 분업 구조 속에서 정작 실속을 차리지 못하는 우리나라를 가리켜 혹자들은 "가마우지 경제"라며 비아냥대기도 한다.

이런 문제점을 해결해야 한다는 공감대가 형성되자 2006년 11월 15일, 정부를 비롯한 반도체·디스플레이 분야 대기업 6개사가 20년 만에 한자리에 모였다. 정부 측 대표로 참석한 나와 각 기업 CEO들이 만나는 자리였다. 최고경영자들이 모인 자리니 의례적인 인사나 오고가는 형식적인 자리였을 것이라 생각하면 오산이다. 기업

CEO들은 실무자들 이상으로 구체적인 현황을 꿰고 있었으며, 매우 진지한 자세로 토론에 임하였다. 대기업들이 중소 협력업체들과 동반 성장해야 한다는 논의를 전개한 것도 놀라웠지만, 이미 1년 전부터 구체적인 프로그램을 마련하여 그 실행 준비를 완료했다는 데 또 한번 감탄하지 않을 수 없었다. 확실히 세계 일류 산업의 주역들이라 뭐가 달라도 다르다는 생각을 갖게 되었다.

사실 반도체 · 디스플레이 산업은 여러 산업의 발전을 이끄는 '도미노 성장 효과' 를 가져다준다. IT · 자동차 · 바이오 · 로봇 산업 등은 '반도체 · 디스플레이' 라는 핵심 부품을 기반으로 경쟁력을 향상시킨다. 인체의 '두뇌' 에 해당하는 반도체와 '눈' 에 해당하는 디스플레이가 정보화 시대의 산업을 좌지우지하고 있는 것이다. 그러므로 현재와 미래를 연결하는 산업계의 '블루오션' 인 반도체 · 디스플레이 분야의 상생협력이야말로 우리나라 전체 산업의 성장을 위해 절대적으로 중요한 전략이 아닐 수 없다. 다행히 우리나라 기업들은 이 점에 대한 강력한 의지를 갖고 있으므로 정부와 기업이 힘을 모은다면 장비 · 재료 산업을 더욱 발전시키는 것은 물론, 반도체 · 디스플레이 산업이 '영원한 챔피언' 이 되는 것은 단지 시간문제일 뿐이다.

얼마 전 신문을 보니 미국에서 열리는 CES 박람회에 영어와 함께 한국어로도 "환영한다" 는 문구가 쓰인 간판이 등장했다는 기사가 사진과 함께 실려 있었다. 또한 한국 기업인들의 개막식 연설 소식도 전하고 있었다. 이 정도로 우리나라의 반도체·디스플레이, IT 분야 산업이 세계에서 대접받고 있구나 하는 생각에 흡족했다. 이제 '메이드 인 코리아' 없이는 세계 시장이 굴러가지 않는 시대가 온 것이다. 또, 현재 인큐베이팅되고 있는 500여 개의 제품들까지도 곧 우리나라를 대표하는 한류 제품, 세계 일류 제품으로 성장할 것이라 생각하니 벌써부터 마음이 들뜬다.

미래를 일굴 '혁신주도형' 산업들

자동차, 조선, 전자 제품 등 최종 제품이나 완제품을 만드는 데 있어 우리는 세계적인 경쟁력을 갖고 있다. 조립기술이나 공정기술 또한 세계적 수준에 올라서 있다. 그러나 완제품 수출이 늘어나면, 수입이 늘어나는 구조적 맹점도 갖고 있다. 예를 들어 완제품 가격이 100인 휴대전화를 만들어 수출하면 그 가운데 30 이상을 관련 부품·소재나 기계·장비 수입에 써야 한다. 종적인 측면에서 볼 때 최종 제품이라는 가치사슬의 윗부분은 나름대로 성공한 것이지만, 이를 받쳐주는 기초와 허리는 여전히 약한 것이다.

그렇다면 횡적인 측면에서 우리 산업의 가치사슬 구조는 어떤가. 원자재에서 시작하여 최종 제품이 소비자에게 전달되기까지는 원자재 수·배송–제조–디자인–판매–서비스 등 몇 단계를 거쳐야 한다. 제조 부문이 아무리 탁월해도 물류 · 유통 · 서비스 비용이 높다면 그 부담은 결국 소비자에게 고스란히 전가될 수밖에 없다. 그만큼 수출경쟁력도 떨어진다.

그동안 우리는 눈에 보이는 부문의 경쟁력 향상에만 주로 관심을 쏟아왔기 때문에 부품 · 소재나 유통 · 물류 등 보이지 않는 부문에서의 혁신은 우선순위에서 밀려나곤 했다. 주력 산업의 경쟁력을 결정짓는 관련산업이 취약한 데다 종적으로든 횡적으로든 가치사슬을 연결하는 고리가 느슨하여 부가가치와 일자리가 나라 밖으로 새나가는 일이 많았다.

그러나 부품 · 소재, 유통 · 물류 등은 우리 산업의 숨은 경쟁력이라고 할 수 있다. 이들 부문에서 혁신이 일어나 경쟁력이 높아진다면 우리는 진정한 세계 일류가 될 수 있을 것이다. 또한, 그동안 축적해온 탄탄한 인프라와 기술력을 바탕으로 기존의 산업에 첨단화 노력을 더한다면 틈새시장에서도 세계 일류로 우뚝 설 수 있다. 예를 들자면, 신소재를 활용하여 고급화를 지향하는 섬유 · 패션 산업과 중형 항공기와 훈련기 부문에서 강자를 노리는 항공산업이 그런 산업들이다.

고물더미에서 꽃피운 첨단 부품 · 소재 산업

"부품 · 소재가 이렇게 중요한지 저도 오늘 처음 알았습니다." 인기리에 방영되고 있는 드라마 '주몽' 에서 모팔모 역을 맡은 탤런트

이계인 씨가 산업자원부의 '부품 · 소재 홍보대사'로 위촉되면서 한 말이다. 부품 · 소재 없이는 선진국 진입이 불가능하다는 나의 평소 지론과 일맥상통하는 이야기여서 반가웠다.

나는 대일본 무역수지 적자의 해결책을 부품 · 소재 산업에서 찾아야 한다고 믿는다. 대일본 무역 역조의 근본적인 원인은 기계류 수입이지만, 우리가 앞으로 3만 달러 시대를 열어나가기 위한 단초는 오히려 부품 · 소재 분야에서 찾아야 한다는 뜻이다.

이계인 씨의 말처럼 아직까지 일반인들은 부품 · 소재의 중요성이나 이 분야 산업이 얼마나 발전되어 있는지를 체감하지 못하는 것 같다. 흔히들 부품이라고 하면 '청계천'부터 떠올릴지도 모르겠다. 그만큼 일반인들에게 부품 · 소재 산업이란 고물이나 중고 용품, 기껏해야 하청산업 정도로 인식되는 수준이다. 그러나 요즘의 부품 · 소재 산업은 첨단 고부가가치 산업으로 변모하고 있다. 미래형 자동차인 '하이브리드 자동차'도 그 부품인 연료전지나 차체 소재인 고강도 · 초경량 금속 소재가 없으면 만들 수가 없다. 어디 미래형 자동차뿐이겠는가? 산업용 로봇에는 약 3,500개의 부품이 필요하고, 항공기에는 20만 개의 부품이 사용된다. 이렇듯 부품 · 소재 산업은 그 자체로 첨단 산업이라 할 수 있다.

이미 선진국 수준의 기술과 산업을 가진 나라들 사이에서 완제품 분야의 기술력은 대동소이할 수밖에 없다. 결국 기술 진보의 척도는 부품과 소재로 집약되고, 이것이 완제품의 경쟁력을 좌우하는 시대가 될 것이다. 완제품 디자인은 쉽게 모방할 수 있는 데 반해 부품 · 소재는 모방이 어렵다. 그래서 선진 산업국일수록 부품 · 소재 산업에서 우위를 유지하고자 노력하는 것이다.

최근 우리나라의 부품 · 소재 산업은 매우 괄목할 만한 성과를 보이고 있다. 2001년과 비교해볼 때 2006년의 부품 · 소재 수출은 그 2배인 1,475억 달러를, 무역수지 흑자는 무려 10.7배인 330억 달러를 기록하였다. 더욱이 이 해에는 대일 수입 의존도가 높은 우리 경제에 큰 획을 긋는 사건이 벌어졌는데, 사상 최초로 대일본 부품 · 소재 무역 적자 절대액이 줄어든 것이다.

물론 IT 제품과 로봇 등 차세대 분야에 필요한 핵심 부품 · 소재는 여전히 일본과 해외에 의존하고 있는 실정이다. 그렇지만 절망하지 않아도 된다. 우리 정부가 차세대 또는 차차세대 성장동력으로 부품 산업을 키워나가고 있고, 완제품을 생산하는 국내 대기업들도 가격 경쟁력 확보 차원에서 부품 · 소재 육성에 애를 쓰고 있으니까 말이다. 또 대기업과 중소기업 간의 상생협력이 부품 · 소재에 집중되고 있다는 점도 긍정적이다.

도요타가 부품 · 소재 산업과의 협력을 통해 세계적인 기업으로 성장했듯이, 부품 · 소재 산업은 앞뒤 산업을 껴안고 간다는 점에서 단순한 비즈니스 이상의 특성과 의미를 갖는다. 결국 부품 · 소재 산업의 성장에서 가장 중요한 것은 세계 일류의 경쟁력을 확보하려는 노력이다.

선진 산업국 수준에 다다른 우리의 기계산업

도요타, 미츠비시 등 일본의 대기업 가운데 상당수는 기계산업 분야에서도 세계적인 경쟁력을 지니고 있다. 항공기 · 반도체 · 항공 분야의 세계 유수 기업들은 기계 분야에서도 경쟁력을 확보하고 있는데, 이 또한 그다지 놀랄 일은 아니다. 이들은 기계산업 중에서도 특히 공작기계(工作機械)를 중시하는데, 왜냐하면 바로 여기에 제품 생산성의 비밀이 담겨 있기 때문이다. 현대자동차도 국산화 시도에 앞서 공작기계 부문의 발전을 도모하지 않았던가. 하지만 공작기계는 기술과 지식의 보급이 쉽지 않다. 그런데도 우리나라는 이미 공작기계를 포함하여 기계산업 전반의 발전을 이뤄냈으니, 이것이야말로 우리가 선진 산업국의 대열에 합류했다는 징표가 아닌가 생각한다.

공작기계와 건설기계, 금형 등을 일반기계산업으로 분류하는데, 공장의 생산 설비 및 인프라 구축의 핵으로서 그 중요성은 더욱 커지고 있다. 제품을 생산하는 기계산업은 자본 집약적이고 기술인력 의존도가 높다는 특성을 갖는다. 그래서 미국, 일본, 독일 등 오랫동안 산업화를 진척시켜온 선진 3개국이 세계 일반기계 수출 시장의 40%를 점유하고 있다.

우리나라 기계산업의 무역수지는 2004년 흑자 기조로 전환되더니 2006년에는 수출 239억 달러, 무역 흑자 35억 달러를 기록했다. 아울러 세계 시장 점유율도 상승세를 나타내고 있다. 창원 · 반월 ·

시화 공단을 둘러보면서 나는 이러한 통계 수치가 실제 상황임을 절감할 수 있었고, 다소 섣부른 판단일지는 모르나 이미 우리 산업도 선진국 수준에 근접했음을 확신할 수 있었다. 앞으로 생산 활동에 필요한 인력과 자본만 좀 더 뒷받침된다면 외국 기업을 능가할 만한 기업이 우리나라에서도 얼마든지 나올 수 있다는 믿음이 생겼다.

2006년 정부가 마련한 '일반기계산업 경쟁력 강화 방안(MAIN-V 2015)'은 나의 이러한 낙관적 전망을 토대로 한 것이다. 이 방안에는 유망한 일반기계 분야에 대한 R&D 집중, 설계 기술 · 제조 혁신, 수출 다각화 등에 대한 내용이 담겨 있는데, 이것이 향후 우리나라 기계산업의 진로를 가늠하는 척도로 작용할 것이다.

'반디호'와 함께 이륙한 항공산업

2006년 11월 3일, 충남 태안 비행장에서 작지만 날렵하고 야무진 비행기 한 대가 힘차게 땅을 박차고 날아올랐다. '세상의 빛이 되라'는 의미에서 반디호로 명명된 이 비행기의 이륙으로 우리의 민간 항공산업도 세계를 향해 힘찬 나래를 펼쳤다. 이날의 행사는 국내 민간 항공기로서는 처음으로 해외에 수출된 '반디호'를 기념하는 자리였다. 더욱이 세계 최대 소형 항공기 시장인 미국에 수출한 것이어서, 우리 항공산업의 미래가 밝으리라는 예감이 들었다.

반디호는 1997년 항공우주연구원이 개발을 시작해 2002년에 연구용 시제기를 제작할 수 있었다. 산업자원부는 세계 소형 항공기의 수요가 매년 증가하므로 경제성이 있다고 판단하여 2002년부터 총 30억 원을 투입하였고, 이런 지원을 바탕으로 일반 운항과 시판 목적의 비행기 개발과 생산에 본격적으로 돌입하였다. 그 결과, 성공적인 생산과 함께 국내 첫 민간 항공기 수출이라는 쾌거까지 이루게 된 것이다. 특히 이번 수출은 미국에서 진행된 공개 경쟁 비행 시험에서 미국 벨로시티 사의 기종을 물리치고 선정된 것이라 더욱 의미가 컸다. 국내 항공기 기술력이 세계 시장에서 인정받을 정도로 성장했다는 뜻인 만큼 나도 한껏 고무되었다.

오늘날 항공산업은 미래 부가가치 산업의 하나로 손꼽힌다. 항공기는 소재 · 전자 · 기계 기술의 총체이기 때문에 항공기술의 발전은 곧 다른 산업의 발전으로 파급되곤 한다. 아울러 항공 전력은 국방 부문의 핵심 전력으로 독자적 항공기술 확보는 국가 안보 역량에도 크게 기여한다. 그러나 항공기술 개발에는 대규모 투자가 필요하고 투자금의 회수 기간도 길어서 자금력과 기술력이 없는 국가나 기업은 쉽사리 진입하기가 어려운 분야이기도 하다. 우리나라 역시 1990년대까지만 해도 미국으로부터 면허를 받아 F-5, F-16 등 군용기를 생산해왔다. 그러다 2004년 T-50의 개발에 성공함으로써 세계에서 12번째로 초음속기를 생산하는 나라로 부상했다. 이 기종은 현재 우리 공군에 납품하여 조종사를 양성하는 훈련기로 사용되고 있으며 해외 수출 협상도 진행 중이다.

민항기 분야도 지금까지의 단순하청 생산에서 탈피하여, 보잉과

에어버스의 신형 항공기와 GE의 신형 엔진 개발 사업에 위험 분담 파트너로서 참여할 만큼 기술력을 인정받고 있다. 아울러 틈새시장인 중소형 항공기와 무인기 부문에서도 기술 개발이 진행되고 있으며, 특히 헬기기술 자립화를 위한 한국형 기동 헬기 사업에 약 1조 3,000억 원을 투자하고 있다. 아마도 2012년경에는 우리 손으로 생산한 헬기를 볼 수 있을 듯하다.

해외 출장을 갈 때마다 우리가 타는 비행기 대부분은 보잉 사나 에어버스 사가 만든 것이다. 세계인들이 너나없이 이용하는 민간 항공기를 만든다는 것은 결국 국가 브랜드 가치를 높인다는 측면에서 무형의 자산이 된다. 그 무엇보다 안전이 중시되는 항공기를 만들 줄 아는 나라라면 세계 최고의 기술력을 가진 선진국일 거란 인식이 들게 될 테고, 그것이 자연스레 해당 국가의 프리미엄으로 쌓이는 것이다. 나는 언젠가 우리나라에서도 그런 민간 항공기를 만드는 기업이 탄생할 거라 믿는다.

1928년 대서양을 횡단한 최초의 여류 비행사 아멜리아 이어하트(Amelia Earhart)는 "누군가가 미래를 위해 현재를 저당하지 않으면 비행 기록은 결코 깨지지 않는다"는 말을 남겼다고 하는데, 어쩌면 항공산업이야말로 미래를 위해 현재를 저당해야 하는 분야가 아닌가 싶다. 따라서 기업은 물론이고, 국가도 나서서 과감한 투자와 지원으로 미래를 개척해야 한다. 참여정부는 외환위기 이후 항공산업의 구조조정과 경쟁력 향상에 많은 관심을 기울여왔으며, 기술 개발에도 상당한 재정 자금을 투입하고 있다.

기념 비행을 마친 반디호가 경쾌한 엔진음을 내며 사뿐히 활주로에 내려앉자 주변에서 뜨거운 박수소리가 터져나왔다. 하지만 그 순간 나는 기쁨과 책임감을 동시에 느꼈다. 이 작은 착륙이 우리 항공산업의 거대한 도약을 예감케 했기 때문이다. 미래 생활의 원활한 수송 수단으로서, 산업의 한 부문으로서, 융합기술의 복합체로서 항공산업은 국가가 미래를 걸어볼 만한 새로운 승부처인 것이다.

섬유 · 패션 산업의 르네상스를 기대한다

섬유는 지금도 한국 경제의 중추를 차지하고 있는 한편, 많은 고용을 창출하는 분야이다. '관세 및 무역에 관한 일반협정(GATT: General Agreement on Tariffs and Trade)' 같은 국제 무역협정에서 섬유산업만은 예외적인 무역 규제를 인정받은 것도 그런 연유에서다. 한·미 FTA에서 미국이 섬유 개방을 주저하는 것도 어쩌면 같은 맥락으로 이해될 수 있겠지만, FTA는 성격이 전혀 다르다. FTA는 총체적인 상호 무역 개방을 통해 이익을 추구하는 것이므로 미국은 섬유 부문의 협상에서 유연한 태도를 보여야 할 것이다.

2006년 6월에는 섬유업계의 원로들을 방문하고 미래의 진로에 대해 의견을 교환하였다. 이영희 씨를 비롯해서 한국의 내로라하는 패션 디자이너들, 섬유업계 경영자들과 이야기를 나누면서 패션 시장에서 우리가 가진 경쟁력에 대해 신뢰를 가질 수 있었다. 이후에 열린 대구 섬유 클러스터 정책 보고회와 11월에 가진 대구 상공회의소 초청 간담회, 익산의 니트산업센터 활동을 지켜보면서도 우리 섬유산업의 30년 역사를 지켜온 그분들의 열정에 새삼 고개 숙이지 않을 수 없었다.

하지만 그즈음 섬유 정책 관련 자료를 검토하다가 놀라운 사실을 하나 알게 되었다. 섬유 선진국인 이탈리아는 우리보다 인건비가 2배 이상 높은데도 가격경쟁력은 우리보다 7%나 높다는 점이었다. 그것은 르네상스 시대부터 전해져온 섬유 및 의류 가공 기술의 독창성과 고유한 스타일 및 디자인 역량, 그리고 디자인—생산—유통 간의 일원화된 네트워크 덕분이었다. 왜 우리의 섬유산업이 점차 경쟁력을 잃고 있는지 이해가 되면서 조금 씁쓸하기도 했다. 그러나 다행스럽게도 아직 희망은 있다.

우리의 섬유산업은 여전히 내수 기반이 받쳐주고 있고, 중견기업들이 자리를 잘 잡고 있으며 러시아 등 신흥 시장에 대한 수출도 꾸준히 이루어지고 있다. 또한 동대문을 중심으로 한 패션산업이 벤처 형태의 도전을 이어가고 있었으며, 창의적이고 의욕 넘치는 젊은 인재들이 속속 배출되고 있다. 섬유산업 역시 발전 가능성이 충분한 것이다. 이러한 여건을 기반으로 선진국보다 뒤져 있는 산업용 섬유, 스마트 섬유, '세컨드 스킨(second skin)'이라 불리는 인조 섬유 등 첨단 소재 개발에 매진하고 고급 패션 시장에 뛰어든다면 분명 승산은 있다.

이제부터는 좀 더 전략적으로 가야 한다. 이른바 '패션산업의 지식 기반화 전략'을 적극 추진할 필요가 있는 것이다. 정부는 기획부터 최종 섬유 제품의 마케팅까지를 아우르는 '종합 연구개발 프로젝트'를 통해 업계와 공동보조를 맞춤으로써 섬유 · 패션 산업의 르네상스를 이뤄야 한다는 생각이다.

유통산업과 자동차산업, 또 다른 다윗들의 탄생

한국의 산업사는 한마디로 약세인 다윗이 거대한 힘을 가진 골리앗을 물리치는 반전의 역사였다고 말할 수 있다. 이러한 '다윗의 신화'는 최근에도 일어났다. 2006년 4월과 5월에 걸쳐, 신세계와 이랜드가 월마트와 까르푸를 인수한 사건이 그것이다. 세계 1, 2위를 차지하는 굴지의 글로벌 기업이 결국 우리나라 토종 기업에 두손 두발 다 들고 떠난 것이다. 유통 시장 개방으로 관련업계 사람들이 노심초사하던 차에 오히려 외국의 유통기업이 모든 자산을 인계하고 물러났다는 것은 우리의 유통산업 역시 다윗의 반열에 올라섰음을 의미한다.

당시 일부 외신은 한국의 시장이 폐쇄적이라거나, 폐쇄적이지는 않지만 석연치 않다는 논조의 기사를 내보내기도 했다. 하지만 월마트는 산업자원부 당국자를 만나 한국 시장에 대한 자신들의 전략이 잘못되어 철수할 수밖에 없다는 입장을 피력하였다. 외국인 투자를 책임지고 있는 부처로서 우리에게도 월마트의 철수는 충격이었다.

그러나 경쟁에서 실패를 자인하고 철수하는 것은 시장경제 논리상 당연한 일이다.

2006년 4월에는 'RFID(무선인식) 리더스 클럽(Leaders Club)' 발족 회의가 열리기도 했는데, 이 자리에서도 나는 국내라는 경계를 넘어 해외로 진출하는 국내 유통업체들의 남다른 경쟁력을 다시 한 번 확인할 수 있었다.

한편 골리앗에 도전하는 또 하나의 다윗으로 '자동차산업'을 이야기할 수 있다. 최근 우리의 자동차산업이 노사 갈등으로 주춤하고 있는 것은 매우 안타까운 일이다. 세계 굴지의 위치에 있으면서도 세계적으로 유례없는 파업을 겪고 있는 한국의 자동차산업에 대한 우려가 크지만, 장관 시절 현장에서 확인한 한국의 자동차산업은 확실히 희망적이었다.

지난 10년간 세계 시장에서 점진적으로 판매 대수가 증가하던 우리의 자동차산업은 생산 1.5배, 수출 2.5배의 엄청난 성장으로 세계 5위 생산국으로 자리매김했으며, 지금 이 순간에도 미래 자동차산업의 핵심 중 하나인 '하이브리드 차'와 '연료전지 차'를 착실히 개발하고 있다.

2006년 5월 부산 벡스코(BEXCO)에서는 세계 각국의 첨단 자동차가 각축을 벌이는 '국제 모터쇼'가 열렸다. 나도 이 행사에 참여하여 국내에서 개발 중인 하이브리드 차와 연료전지 차를 시승했는데, 자동차산업의 패러다임 변화에 맞춰 세계 유수의 자동차기업과 경쟁하고 있는 우리의 친환경 자동차가 대견스러웠다. 2020년의 세계 자동차 시장은 중국과 인도의 급속한 수요 확대로 판매는 6,300만 대에서 1억 대, 보유는 8억 대에서 10억 대로 증가할 전망이다.

그러나 자동차 보급의 확대에 따라 야기되는 에너지 소비 및 환경오염 문제는 피할 수 없는 과제가 되고 있다. 때문에 전 세계 자동차 회사들은 친환경적인 하이브리드 차와 연료전지 차의 개발 및 양산에 박차를 가하고 있다. 실제로 북미 시장의 친환경 차 점유율이 2020년이면 45%에 달할 것으로 예상되는 만큼 기술력이 매우 중요한 경쟁력의 척도가 될 것이다.

안타깝지만, 현재 우리가 가진 미래형 자동차 기술은 일본을 비롯한 선진 경쟁국보다 뒤져 있다. 특히 일본은 1997년 도요타를 시작으로 하이브리드 자동차 78만 대를 판매하여 세계 선두를 달리고 있으며, 지속적인 성능 향상, 차종 다양화, 가격 인하 등을 통해 2010년 100만 대 생산과 50만 대 수출을 목표로 하고 있다. 이미 꽤 앞서가고 있는 것이다. 반면 우리는 노사 관계의 어려움, 기술 개발의 후발성 등의 이유로 어려움을 겪고 있지만, 세계적인 기업가 정신, 활발한 민 · 관의 협력과 대 · 중소 기업의 상생협력, 현장 생산성 등을 바탕으로 조기에 이들 선발기업을 따라잡을 수 있으리라 확신한다.

융(融)의 시대가 온다

과학기술 분야에도 퓨전(Fusion) 시대가 열리고 있다. 융합기술(FT: Fusion Technology)은 IT 시대 이후에 찾아올 미래 사회의 메가트렌드로 전망되고 있으며 새로운 혁명을 창조할 화두로 떠오르고 있다. 2007년 1월 8일부터 11일까지 미국 라스베이거스에서 열린 CES 박람회에서도 전자 기기와 콘텐츠 간의 융합이 새로운 화두로 제시되었다.

융합기술이란 인간이 개발한 다양한 기술 간 융합을 통해 연구개발의 효과를 증폭시켜 전혀 새로운 제품과 서비스를 창조하는 것을 일컫는다. 특히 예측할 수 없을 정도로 빠르게 발전하고 있는 첨단 과학과 기술 간의 융합은 상상하지 못했던 새로운 영역을 개발하여 미래 인간의 삶을 풍요롭게 하고 있다. 예컨대 세라믹 기술은 의학 기술과의 융합을 통해 인공뼈를 생산하고 있다.

융합기술의 발전은 미래의 산업 구조에도 영향을 미쳐 현재는 산업 분류 체계에도 존재하지 않는 새로운 기업과 산업군이 등장하는 등 산업계의 급속한 변화로 이어지리라 예측되고 있다. 나아가 건강하고 질 높은 삶의 실현, 지능적인 정보 문화 창달, 편리하고 안전한 생활 구현 및 친환경적 에너지자원의 확보 등 인간, 지식, 사회, 자연 각 분야에서 혁신적인 가치를 창출할 것으로 전망된다.

이러한 융합기술을 기반으로 하는 융합신산업은 미래의 시장 규모가 엄청나다는 점에서 주목받고 있다. 국내외 유력 조사기관과 연구소의 보고서를 종합해보면 2010년에는 융합신산업의 시장 규모가 무려 2조 달러에 이를 전망이다. 이는 2006년 기준으로 1조 5,000억 달러인 세계 디지털 전자 시장의 전체 규모를 웃도는 금액으로, 그 이후의 잠재가치는 짐작하기조차 어려울 정도이다.

따라서 우리도 당장 융합신산업 개발에 착수한다면 막대한 부가가치와 함께 새로이 형성되는 시장을 선점할 수 있을 뿐만 아니라 표준화를 통한 주도권도 확보할 수 있다. 물론 아직은 사업화 검증이 어려워 기업이 자체적으로 개발하기에는 위험 부담이 크고 산업화 기간도 많이 걸릴 것이다. 이 분야에 국가나 공공 부문의 역할이 강조되는 이유가 바로 여기에 있다.

선진국도 서두르고 있는 융합신산업

국가가 나서서 융합신산업의 기틀을 제공하는 까닭은 이 분야가 국가의 미래를 담보할 정도로 큰 잠재가치를 갖고 있기 때문이다. 산업 후발국으로 늘 남의 뒤를 쫓아다닐 수밖에 없었던 우리에게는 세계 산업의 질서를 주도할 수 있는 절호의 기회인 것이다. 그러나 융합신산업의 가능성에 주목하는 나라는 우리만이 아니다. 경쟁 국가들 역시 다가올 FT 시대를 일찍부터 준비해오고 있다.

미국의 융합신산업 발전 정책은 'NNI(National Nanotechnology Initiative)'에 기반을 두고 있다. 클린턴 전 대통령은 2000년 연두 교서를 통해 나노기술을 차세대 경쟁력 확보를 위한 핵심기술로 설정한 바 있다. 이후 미국은 세계적 수준의 나노기술 개발을 위해 연구 기반 시설을 구축하고 인재를 육성하는 등 인프라 구축과 함께 연구개발 결과의 사업화를 촉진하기 위한 정책을 추진하였다. 2002년 6월에는 미국 상무성과 과학재단(NSF)이 세계의 과학기술계를 이끌고 있는 주요 학계 연구자, 산업계 인사 및 정부기관 정책 연구자 등의 의견을 폭넓게 수렴하여 'NBIC(Nano, Bio, Info, Cogno) Converging Technologies'를 미래 과학기술의 기본 틀로 설정하였다.

EU 또한 이에 뒤지지 않기 위해 '미래기술예측위원회'를 구성하고 2004년 9월 IT · BT · NT에 인지과학과 인문사회과학을 추가하여 '지식사회 건설을 위한 융합기술 발전 전략(CTEKS: Converging Technologies for the European Knowledge Society)'을 새로운 미래 과학기술로 제시했다. CTEKS는 '유럽을 세계에서 가장 역동적이고 경쟁력 있는 지식 기반 경제로 만들자'는 캐치프레이즈 아래 보건, 바이오, 정보통신기술, 나노 및 소재, 에너지, 환경 및 기후 변화, 운송 및 항공 기술, 사회경제학 및 인문학, 우주 및 보안 기술 등 9개 중점 분야에 대한 연구를 진행하고 있다.

일본도 범정부 차원의 지원 방안을 마련하여 FT 정책을 시행 중이다. 일본 정부가 추진하는 융합신산업 정책은 2004년 5월 기초가 마련된 '신산업 창조 전략'인데, 이는 디지털 이노베이션과 시장 창조의 선순환 확대를 목적으로 만들어진 것이다. 그 골자는 IT · BT · NT 등 신기술 융합 혁신을 통해 일본 기업이 경쟁우위를 갖고 있는 연료전지, 정보가전, 로봇, 콘텐츠, 헬스케어, 환경 · 에너지 등 7대 신성장산업을 집중 지원하는 것이다.

이들에 비해 우리의 투자 규모는 아직 미흡하고 관련 기술도 상대적으로 떨어진다. 그러나 가진 것이 부족하고 시작이 늦다고 해서 반드시 결과가 나쁜 것은 아니다. 우리가 지금껏 세계 속에서 성장을 거듭해온 산업의 역사가 이를 말해준다. 나는 우리의 잠재력을 믿는다. 게다가 우리에게는 미흡함 속에서도 세계와 어깨를 견줄 만한 기술과 새로운 기술을 지속적으로 개발할 인재도 있다. 미국 국방안보 분야의 대표적 싱크탱크인 RAND 연구소는 2006년 7월 발간한 〈2020년 세계 기술 혁신 보고서(The Global Technology Revolution 2020)〉에서 우리나라의 신기술 창출 역량을 세계 7위 수준으로 평가하고 있다. 반도체, 휴대전화, 디스플레이 등 디지털 전자 분야에서 발휘되었던 기술이 높게 평가된 결과이다. 따라서 2006년 12월에 발표된 15대 차차세대 성장동력 육성과 R&D시스템 혁신을 지속적으로 추진한다면 이러한 우리의 기술잠재력을 유감없이 발휘할 수 있을 것이다.

한국이 창조한 융의 기술

우리나라에서 융합기술을 기반으로 새로운 성장동력의 지평을 연 사례로는 어떤 것이 있을까? 다음에 소개하는 몇 개 사례는 우리 융합신산업의 현주소를 살피는 좋은 기회가 될 것이다.

• 미래 생활의 중심, '스마트 의류' 상용화 실현 | 2006년 8월 의류 고유의 감성적 속성을 유지하면서 첨단 디지털 기능이 부가된 신개념의 '스마트 의류'가 국내 연구진에 의해 개발되었다. 일반 직물과 다름없는 질감과 촉감을 주면서도 디지털 신호를 전달하는 전도성 섬유재료, 직물 신호선, 직물 입력 장치, 광섬유 직조 원단, 바이오 프로텍션 섬유 등 특수 섬유들이 스마트 의류의 핵심기술을 구성한다. 스마트 의류 기술은 MP3 기능 의류, 헬스케어 의류, 발열 기능을 갖춘 아웃도어 스포츠 의류, 광섬유 의류, 디지털 컬러 의류, 미아 방지용 어린이 내의 등 다양한 신제품을 선보이며 미래 패션의 큰 흐름을 형성할 것으로 예상된다.

• 비타민 알약 크기의 캡슐형 내시경 | 21세기 프론티어 사업단 가운

데 하나인 '지능형 마이크로 시스템 사업단' 은 1999년 말부터 6년간의 기술 개발 끝에 '캡슐형 내시경' 개발에 성공했다. 이제 내시경 검진이 필요한 사람들은 알약 크기의 캡슐을 삼키기만 하면, 활동을 하거나 잠을 자는 동안 캡슐이 소화기관 내의 사진을 촬영하여 인체 밖의 수신 장치로 전송한다. 마취의 공포, 구토의 괴로움, 시술의 통증이 없는 편안한 내시경이 가능해진 것이다. 캡슐형 내시경의 이름은 '작은 로봇' 과 같은 기능을 한다는 뜻에서 '미로(MIRO: Micro Robot)' 라고 지어졌다. '미로' 는 2002년 미국의 기븐 이미징 사에서 개발, 출시한 캡슐형 내시경(필캠)보다 우수한 성능과 가격경쟁력을 갖추어, 향후 국내 시장은 물론 세계 시장에서의 활약이 기대된다.

• 군(軍) 경계인력 대체 가능한 감시 · 경계 로봇 | 세계적으로 주요 국가 기간 시설 등에 테러 위험이 고조되고 있는 가운데, 24시간 감시 및 경계가 가능한 지능형 로봇이 국내 독자 기술로 개발되었다. 이 로봇은 지금까지의 감시 장비와 달리, 감시 기능과 더불어 추적 및 제압 기능이 일체형으로 구성되어 활용성이 더욱 높아졌으며, 이스라엘 등지에서 개발, 시판 중인 감시 장비보다 뛰어난 기술인 것으로 평가받고 있다. 이 로봇은 주간 4km, 야간 2km의 거리에 있는 움직이는 물체를 자동 탐지하고, 음성인식 기술을 통해 가까운 거리(10m)에서 암구호를 통해 피아(彼我) 식별이 가능하다. 또한 침입자나 이상물체 탐지시 원격 조정에 의해 로봇에 탑재된 K-3 기관총 또는

비살상 고무탄총 등으로 제압하거나 경보음을 울려 초기 대응이 가능하므로 감시 및 경계 능력을 획기적으로 개선할 수 있을 것으로 기대된다.

• 현대판 임금님의 젓가락, 초고속 유전자 검사 기기 | 차세대 신기술 개발 사업을 통해 식중독균뿐만 아니라 중증 급성 호흡기 증후군(SARS), 조류독감 등 바이러스 검출에도 사용할 수 있도록 개발되었다. 세계에서 가장 빠른 초고속 유전자 검사 기기(초소형 Protein/DNA chip system)로 2007년부터 시판에 들어갈 예정이다. BIT 융합기술을 활용한 이 기기는 DNA 검사에는 10분, 식중독 검사에는 5시간 정도가 소요되는데, 이는 스위스 로슈(Roche) 사의 LightCycler(2003년), 미국 ABI 사의 Prism 7500(2004년) 등 외국 제품에 비해 소요시간이 3~4배 이상 단축된 것이다. 2007년부터 상용화 제품이 출시되면, 질병의 조기 발견 및 치료에 크게 기여할 것으로 기대된다.

• 차세대 척추디스크용 세라믹 인공뼈 | 국내 중소기업과 의료기관의 협력으로 생체 친화성이 뛰어나고 최고의 기계적 강도를 갖는 신개념의 '척추디스크용 세라믹 인공뼈' 개발에 성공하였다. 척추디스크용 세라믹 인공뼈를 사용하는 경우, 환자 몸에서 떼어낸 뼈를 별도로 이식하지 않고도 아래위 척추뼈를 붙일 수 있게 된다. 수술의 용이성과 성공률, 그리고 인체 안정성 등이 크게 향상되어 연간

500억 원 이상의 수입 대체 효과가 기대되며, 세계 시장에도 진출할 수 있을 것으로 전망된다.

융의 시대, 한국이 주도하라

개도국의 발전 이론 중에 '엉덩이 이론'이 있다. 등산에서 길을 잘 모르면 앞사람의 뒤만 잘 따라가도 정상에 오를 수 있는 것처럼 개도국도 선진국의 전례만 잘 따라가면 일정한 수준에 오른다는 뜻이다. 우리가 이제껏 해온 방식이 바로 그런 것이었는데, 그 속도가 남달라 세계의 부러움을 사기도 했다.

그러나 이제 더는 남의 엉덩이만 따라가기 힘든 위치가 되었다. 선두 경쟁이 치열해진 세계 질서 속에서 선진국이 우리에게 계속 뒷자리를 제공하지도 않을 뿐더러, 우리 입장에서도 남의 뒤만 좇아다닐 수는 없는 노릇이다. 디지털 전자산업만 봐도 어느새 선진국과 어깨를 나란히 할 만한 수준으로 올라서서 그들의 경쟁국이 되었기 때문에 앞으로는 우리 스스로 미래를 개척하지 않으면 안 되는 것이다. 선발자 전략은 한국이 직면한 생존의 길이 되었다. 메가 경쟁 시대에서는 앞으로 나서지 않는 한 도약은커녕 현재의 지위를 유지하기도 어렵다. "잡고 있는 헌 밧줄을 놓아야 새 밧줄을 잡을 수 있다. 똑같은 일을 비슷한 방법으로 계속하면서 나아질 것을 기대하는 것만큼 어리석은 일은 없다"는 아이슈타인의 지혜를 실천해나가야 할 시점이 된 것이다.

우리나라는 IT 시대와 이후 '융의 시대' 를 주도해나갈 수 있는 문화적 강점도 갖고 있다. 폭넓은 조기 수용자(early adopter)층을 형성한 '빨리빨리 문화' 와 반도체 제작에 응용되는 '10억 분의 1m 공정기술' 을 가능하게 한 젓가락 문화가 그렇다. 그동안 짧은 산업화의 역사에도 빨리빨리의 담대함과 젓가락의 섬세함으로 '빠른 추종자 전략(fast follower)' 을 구현하여 현재의 괄목할 만한 성장을 이뤄내지 않았는가.

더욱이 융의 시대는 '비빔밥의 시대' 라고도 표현된다. 온갖 요소를 골고루 섞어 새로운 맛을 창조하고, 편리함과 다양함을 동시에 해결하는 우리 고유의 비빔밥 문화의 강점을 살려 융합신산업의 선발자로 나서야 한다. 국가의 각 주체가 열린 마음으로 긍정적 에너지를 결집하여 시너지를 창출해야 'Post IT, FT 혁명의 시대' 의 선도국가로 도약할 수 있을 것이다.

IT, 산업의 새로운 날개

2006년 10월, 코엑스(COEX)에서 개최된 제 10회 'e-비즈니스 대상' 시상식에 참석했을 때의 일이다. 우리나라에 e-비즈니스가 본격 도입된 지 10년째가 되는 해이니만큼 상을 받는 분들의 면면이 궁금했다. 시상식 전에 수상자 명단을 살펴보니 대기업 자동차 회사에서부터 구청 보건소에 이르기까지 매우 다양한 분야와 업종에 걸쳐 수상자가 선정되었다. IT를 활용한 e-비즈니스 활동의 범위가 정말 넓어졌음을 새삼 느끼게 되었다. 하긴 나만 해도 웬만한 정보와 소식은 인터넷 커뮤니티나 전자메일을 사용하고 전자결재를 하고 있으니, IT는 이미 우리의 생활 속에 깊숙히 자리 잡은 도구이기는 하다.

우리 국민의 인터넷 이용률이 73.5%에 이른다고 한다. 아울러 휴대전화 가입자도 4,000만 명을 넘어서는 등 고도의 정보화 시대를 살고 있다. 하드웨어와 소프트웨어, 네트워크 등 디지털기술의 발달로 필요한 정보를 시간과 공간의 제약 없이 이용하고 교환할 수 있게 되었고, 개인은 물론 경제 활동을 하는 기업이나 조직 간의 정보 전달 형태도 바꿔놓기에 이르렀다. 기업 간 EDI(전자문서교환)시스템과 사내 인트라넷을 통한 종합적인 정보관리 체계는 이미 정착 단계를 넘어 메신저, 무선통신 수단 등 더욱 편리한 방향으로 진화하고 있다.

인터넷으로 경제 주체 간의 연결이 원활하고 용이해지면서 시장의 거래 비용이 급속히 감소되었다는 점도 디지털 경제의 특징 중 하나이다. 신제도학파인 코즈(R. Coase)의 이론대로 거래 비용이 감소되면서 기업의 규모는 축소되는 한편, 전문기업 간 네트워크 형성을 통한 기업 활동이 활발해진 것이다. 국내의 전자상거래 규모도 1996년에 14억 원에 불과하던 것이 2006년에는 391조 원을 기록하여 국내 총거래액의 약 20%를 담당할 만큼 급성장했다. 기업의 인터넷 홈페이지는 필수적인 마케팅 도구로 활용되고 있고, 대고객 업무도 대부분 온라인으로 이전하고 있는 추세다.

정부에서도 업무에 온라인을 적극 활용함으로써 신속하고 투명한 정책 기반을 구축하고 정책의 효율성도 배가시키고 있다. 예를 들어 특허청의 특허넷을 이용한 인터넷 특허 출원율은 세계 최고 수준인 96%에 이르고, 조달청의 '나라장터'도 투명한 조달시스템을 제공하는 동시에 비용 절감 효과도 상당한 수준이다. 산업자원부 또한 전자 무역·G4B 등 IT에 기반을 둔 정책을 수립, 추진하여 산업 생산성 향상을 위해 노력하고 있다.

고속도로는 닦았다

이러한 변화의 바탕에는 '국가 정보화 지수 세계 3위'로 대변되는 정보고속도로가 있다. 국가 전체를 촘촘한 그물망으로 연결하는 정보통신 인프라를 통해 산업의 부가가치를 높이고 있는 것이다. 또한 온라인 사이버 교육(e-learning), 인터넷을 활용한 건강 관리(e-health) 등 다양한 비즈니스 모델과 콘텐츠가 개발되고 있다. IT서비스 시장도 2010년까지 연 6%대의 성장이 예상되는 등 국가 경제의 신성장동력으로 발돋움하고 있다.

그러나 IT서비스산업의 긍정적인 전망과 국내 인프라의 확충에 비해 전체 산업 영역에서의 활용도는 아직 기대에 못 미치고 있다는 게 문제다. 국내 기업의 인터넷 활용도는 38%로 덴마크(70%)의 절반 정도이고, 이는 OECD 회원국 중에서도 15위(OECD, 2005년)에 불과하다. 글로벌 경쟁 시대에 세계 최고 수준의 정보고속도로를 구축하여 기업과 산업의 효율성을 제고하고 경쟁력을 높이자는 정책 목표가 무색할 지경이다.

따라서 산업자원부의 정책도 이러한 문제점을 극복하는 쪽으로 방향을 전환할 필요가 있었다. 즉, 기술적인 인프라 외에 산업 현장의 활용 수준을 높이는 문화적인 인프라를 구축해야 하는 것이다.

이에 산업자원부에서는 국가 IT 전략과 경제 정책의 연계, R&D 확대, 산업계의 IT 활용 확산 등을 목표로 정책을 연구하고 구체적인 방안을 마련하였다. 특히 산업 측면에서의 IT 활용 촉진, 디지털기술 융합을 통한 새로운 시장 창출, 기업의 정보화 역량 강화 사업의 정책 주체로서, 정보통신부와 함께 다양한 정책을 마련하여 시행하였다. 예컨대 기업들의 IT 활용을 통한 생산성 향상을 주요 방향으로 설정하여 중소기업의 IT화 사업, 기업 간 전자상거래 활성화를 위한 B2B 네트워크 구축 지원 사업 등을 추진하였고 최근에는 제조, R&D, A/S 등 가치사슬 전 과정을 혁신하는 IT 기반 가치 혁신 네트워크 구축 사업을 추진하고 있다.

최근에는 IT 산업과 기술 진보의 방향이 산업 전반의 디지털화로 가고 있어 이를 체계적으로 추진하기 위한 '산업 디지털 전략' 수립의 필요성도 대두된다. 그러므로 세계 최고 수준의 IT 인프라를 활용하여 기업의 디지털 역량을 강화하고 네트워크 연계 및 통합으로 산업의 가치사슬을 혁신하는 한편, 새로운 비즈니스 모델의 창출 및 글로벌화, 그리고 산업 디지털 지원 기반을 확충하기 위한 법 · 제도 등의 재정비가 필요하다.

이미 고속도로를 달리는 기업이 있다

최근 성공 가도를 달리는 글로벌 기업들 대부분은 혁신기술로 안정된 생산 기반을 갖추고, 여기에 IT를 접목하여 R&D와 애프터 마켓(after market)을 포함하는 마케팅 전략으로 이윤을 창출하고 있다. 이는 생산 부문만으로는 고부가가치 창출이 어려워졌다는 의미이기도 하지만, 시스템이나 정보화 도구의 활용 여하에 따라 생산 부문의 안정화는 물론 연계 영역으로 부가가치를 확대할 수 있다는 뜻이기도 하다. 미국의 컴퓨터업체인 델(Dell)은 공급사슬의 최적화와 IT 활용을 통해 무재고시스템을 운영하고 있고, 이러한 최적화된 생산시스템을 바탕으로 기업 이윤을 극대화하고 있다. 이런 예는 우리 기업들 가운데도 있다. 2006년 e-비즈니스 대상을 받은 기아자동차는 RFID 기술을 이용한 e-물류시스템을 국내 자동차업계 최초로 구축하여 재고 관리는 물론, 부품 정보도 실시간으로 제공하고 있다. 이를 통해 적기 납입과 효율적인 생산 · 물류 협업이 가능해져 발주 정확도를 58%에서 무려 99.8%로 끌어올렸으며, 연간 154억 원의 물류 비용을 절감하고 있다.

IT기술의 활용은 완성차업체인 대기업과 부품업체인 중소기업의 동반 성장, 즉 상생협력이라는 무형의 효과도 더불어 가져왔다. 그런 예로, 2004년에는 9개 중소업체가 각각의 전문기술과 IT기술을 활용하여 협업과 생산성 향상에 성공했다. 9개 회사의 통합 브랜드이며 일종의 가상기업인 금형 생산업체 '몰드존'은 중심 기업이 회사의 일감을 수주해 설계를 하면 나머지 8개 기업이 깎기－열처리－다듬기－조립 등의 단계에서 전문성을 발휘하여 협업 체제로 제품을 생산하는 형태로 운영된다. 특이한 것은 온라인을 통한 협업

인프라를 활용하고 있다는 점인데 설계, 가공 · 조립 등 모든 공정이 인터넷으로 처리되며 협업 성과도 'e-매뉴팩처링시스템'을 활용하여 처리한다. 전체 생산 과정에서 각각의 공정기여율을 컴퓨터가 정확하게 산출함으로써 자칫 성과를 둘러싼 분쟁이 생기지 않도록 미연에 방지하고 있다. 몰드존의 이런 생산 방식은 놀라운 경영 성과로 이어졌다. 이전까지 9개사의 매출액은 모두 합쳐도 25억 원에 불과했지만 2006년에는 139억 원으로 늘어났고, 납기일도 평균 90일에서 60일로 단축됐다. 결국 IT는 활용하기에 따라 협업은 물론 기술 혁신, 비용 절감, 생산성 향상 등 총체적인 측면에서 기업 활동의 성과를 높여주는 도구가 되고 있는 것이다.

이렇게 장황하게 기록해놓고도 IT와 산업의 밀접한 연관성에 대한 설명은 여전히 부족한 감이 든다. 내 지식이 일천한 탓도 있겠지만 개발, 생산, 판매, 마케팅, 재무, 인사, 고객만족 등 경영 활동 어느 한 곳이라도 IT가 활용되지 않는 곳이 없고, 어느 산업이든 연관성이 없을 수 없기 때문이다. 하지만 내가 굳이 나서서 설명하지 않더라도 정보화의 활용이 기업의 경쟁력을 높인다는 것, 그리고 피할 수 없는 흐름이라는 것은 이미 누구나 알고 있으리라 짐작한다. 단지 잘 몰라 외면하거나, 망설이거나, 아니면 활용 수준을 높이려는 의지가 모자랄 뿐이다.

무한 경쟁이 상시화된 시대이니만큼 IT를 통해 도약하려는 지혜로운 기업이 더 많아지길 기대한다. 아울러 정부는 산업별, 분야별로 다양한 IT 활용 모델을 개발하고, 활용도를 높이는 교육 기반을 확대하는 등 기업들의 욕구를 충족시키는 다양한 정책을 꾸준히 발전시켜야 할 것이다.

정보화 · 지식 기반 산업에서도 사람이 중요하다

한편, 정보화를 도구로 활용하는 지식 기반 산업 및 경제에도 주목해야 한다. IT를 바탕으로 하는 정보화는 정보 처리와 보존 · 공유는 물론, 지식 생태계에서도 훌륭한 도구로 활용될 수 있다. 다양한 지식과 정보는 사람의 창의성과 맞물려 교류될 때 비로소 지식 기반 산업으로 발전할 수 있다. 예컨대 도요타를 보라. 기업 혁신의 고유명사가 되어버린 '도요타식 생산 방법(TPS: Toyota Productivity System)'은 기술 경영을 도입하되 사람이 함께하는 자동화와 정보화를 추진한 것이 그 핵심이라 할 수 있다. 즉 기술 · 시스템 개발도 중요하지만, 사람의 지식이 보다 중요하다는 것이다. 그래서 도요타는 자동화된 생산시스템을 개발하더라도 그것을 제어하고 통제하는 권한과 책임은 현장 직원에게 맡겼다. 기계의 생산성과 인간의 창의성을 결합시킴으로써 생산 라인을 합리적으로 조절할 수 있었으며, 이런 문화가 경영 전반에 뿌리내려 오늘날 연간 10조 원 이상의 이익을 내는 초일류 기업으로 성장할 수 있었던 것이다.

기술 경영과 인재 경영은 불가분의 관계이다. 그리고 그것은 기업의 소명이자 국가의 목표이기도 하다. 정보화 · 지식 기반의 산업 시대를 맞아 정부는 '지식 선진국' 을 향한 새로운 패러다임을 도입하고 창출하는 '촉진자' 로서, 또 산업 · 기업의 '서비스 기관' 으로서 제 역할을 다해야 한다. 이를 위해서는 정보화를 가속시키는 한편, 인적 자원 양성을 위한 교육 투자도 게을리 하지 말아야 한다. 아울러 정보화를 질적으로 향상시켜 창조적인 지식 기반 산업으로 육성해야 한다.

기업 투자를 활성화하라

2006년 2월 28일, '민관 투자 협의회'가 최초로 개최되었다. 나는 이 자리에서 "연간 5% 성장과 35~40만 개 일자리를 만들기 위해서는 6~7%의 투자 증가가 이루어져야 한다"는 소신을 밝혔다. 참석자들 사이에서도 '투자 활성화'가 경제 운용의 최우선 과제라는 공감대가 형성되었다. 나아가 전경련, 대한상의 등 경제 5단체와 벤처협회 등은 투자 활성화를 위해 기업의 자유로운 의사결정을 제약하는 출자총액제한제(출총제) 등 사전적 규제가 축소 또는 폐지되어야 한다는 의견을 제시하였다.

이러한 의견 수렴을 거치면서 정부 내에서도 출자총액제한제도를 조정해야 한다는 공감대가 모아졌다. 나는 "제도 조정의 속도나 시기를 잘 선택하는 것이 매우 중요하다"는 입장을 피력하였다. 결국 정부는 2006년 4월 대통령 주재 경제 정책 협의회에서 '출총제

대안의 조기 검토'를 결정했고, '시장 개혁 3개년 로드맵'이 완료되는 2006년 말까지 출총제의 대안을 마련하기로 했다. 출총제의 전제 조건들이 서서히 충족되고 있다는 전제하에서의 합의였다. 그러나 그해 4월 모 대기업의 분식회계, 부당 내부거래, 납품 단가 인하 압력 등이 불거지면서 전체적으로 대기업에 대한 불신 분위기가 확산되기 시작했다. 나로서는 당혹스럽지 않을 수 없었다. 대기업 정책을 논의하는 자리마다 "외환위기의 경제 개혁 과정에서 대기업이 과거의 관행을 고치고 투명 경영을 하기 위해 노력하고 있다. 기업을 보는 시각이 달라져야 한다"고 누차 강조했기 때문이다.

위축된 기업 투자

공정거래법상에서 지칭하는 대기업 집단은 이러니저러니 해도 우리 경제의 중추이다. 그들은 1980년대 이후 전자 · 기계 · 자동차 산업 등에 대한 공격적 설비 투자를 통해 '한강의 기적'으로 대표되는 고도 압축 성장의 견인차 역할을 해왔다. 그러나 그 이면에서는 부채 비율 600%, 계열사 간 상호 지급보증을 통한 과도한 차입, 선단식 경영 등의 문제점도 안고 있었다. 개별 기업의 부실은 기업 집단 전체의 부실로, 기업 집단의 부실은 은행과 국가 경제 전체의 부실로 이어질 수 있기 때문에 크나큰 문제가 아닐 수 없다.

결국 1997년의 동아시아 외환위기 때 한보, 기아, 삼미 그룹의 부도라는 전주곡을 거쳐 12월 국가 전체가 부도 위기를 맞게 되었다.

결국 1999년 대우 그룹이 해체되면서 대기업 집단의 경쟁적인 선단식 경영 행태는 사실상 종말을 고하게 된다.

1998년 우리나라는 -6.9%의 경제성장률, 150만 명의 실업자, 중소기업의 연쇄 도산 등 끝 모를 나락으로 떨어졌다. 이 기간 중에 정부는 일련의 재벌 개혁을 단행하였다. 적대적 M&A의 전면적 허용과 주주 자본주의 도입, 상호 지급보증 금지와 부채 비율의 200% 제한 등을 통해 기업 재무 구조의 건전성을 유도했고, 출총제 재도입과 지주회사제도의 도입 등을 통한 기업의 지배 구조 개선 조치를 시행한 것이다. 이 같은 조치는 참여정부에서도 '시장 개혁 3개년 로드맵'으로 이어졌다.

외환위기 이후 일련의 시장 환경 변화로 대기업 집단의 경영이 많이 투명해졌고, 글로벌 스탠더드를 지향하는 모습으로 바뀌게 된다. 1997년에 396%에 이르던 제조업 분야 평균 부채 비율이 2005년 4월에 102%까지 떨어지면서 대기업 집단의 무분별한 확장과 그룹 전체의 동반 부실화 가능성이 거의 해소되었다. 또한 주식 시장의 외국인 투자 비율이 37%에 이르고 집단소송제도, 사외이사제도 등 소액주주 보호 장치가 도입되는 등 기업의 내·외부 감시 장치도 대폭 확충되었다.

그러자 대기업들은 국제결제은행(BIS) 규제 등 금융 환경의 변화, 기업 지배 구조 변화 등에 대처하기 위해 여유자금을 투자 등 생산적인 분야에 활용하지 않고 기업 내에 쌓아두는 전략으로 선회하였다. 2006년 9월 말 기준으로 상장기업 535개 사가 기업 내에 쌓아둔 자금 규모가 322조 원, 유보율이 609%에 달할 정도였다. 또한 기업 투자 자금을 공급해야 할 주식 시장이 오히려 기업 투자 자금이 유출되는 창구로 전락하였다. 적대적 M&A에 대한 위협을 해소하기 위해 주식 시장을 자사주 취득을 방어하는 수단으로 활용함으로써 결과적으로는 비생산적인 분야에 투자 재원이 활용된 것이다. 실제로 2000년 자사주 취득은 5.7조 원으로 유상증자 조달액 11.8조 원의 절반에도 미치지 못했으나, 2006년 1~9월에는 유상증자는 3조 원, 자사주 취득은 5.8조 원으로 역전되었다. 결국 이러한 요인으로 인해 현재 우리 경제는 기업 투자 위축과 성장잠재력 훼손, 고용 없는 성장이라는 3가지의 숙제를 떠안게 되고 말았다.

투자 활성화 & 지배 구조 개선, 두 마리 토끼 잡기

주지하다시피 기업들에게 좋은 환경을 조성해주기 위해서는 가급적 규제를 없애거나 완화해야 한다. 미국의 경우, 좋은 기업 환경을 제공하기 위해 '바닥을 향한 경쟁(race to the bottom)' 이라는 모토로 규제 최소화를 위한 제도 정비를 가속화하고 있다. 장기 불황에 시달리던 일본도 2002년 우리나라의 출총제와 유사한 제도를 폐지하는 등 대기업의 투자 증가를 유도하고 있다. 이러한 정책들이 중소 협력업체의 투자 증가로 이어지고 최종적으로는 경제 전체의 상승을 이끄는 선순환 구조를 구축하여 제조업 회복에 결정적 계기가 됨에 따라 일본이 '잃어버린 10년'에서 벗어나는 데 크게 기여하고 있다.

반면 우리는 출총제와 같은 규제가 양날의 칼이 되어 때때로 우리 경제의 발목을 잡곤 한다. 기업은 규제 완화를 통해 기업의 투자 여지를 살려야 한다는 입장이고, 정부나 시민단체는 "출총제는 불투명한 기업 지배 구조를 바로잡기 위한 방안이며, 기업이 경영권 방어에만 치중하는 소극적인 경영 태도가 오히려 투자 위축의 진범"이라며 맞서고 있다. 원칙적으로는 다 맞는 말이다. '투자 활성화'와 '기업 지배 구조 선진화' 모두가 우리 사회의 중요한 지향점이다. 결국 무엇이 좋은 지배 구조이고, 공정한 경쟁 환경을 조성하는 가장 실효성 있는 대책이 무엇인지에 대한 심사숙고가 필요하다. 특히 시장 상황과 경영 환경의 변화를 주시해야 한다.

산업자원부 장관으로 있으면서 나는 기업의 투자 활성화가 우리의 성장잠재력을 제고하는 중요한 요인임을 강조하였다. 환율 절상과 고유가에 단단히 준비하고 선제적으로 대응하는 노력이 요구된다는 점도 직원들에게 누차 이야기하였다. 특히 투자 불확실성 해소가 매우 중요하다는 인식을 심어주려 했다. 투자 위축을 초래하는 출총제와 같은 사전적 규제 대신에 상법 및 증권거래법상의 소액주주 보호 조치와 같은 사후적 규제로 전환하는 것이 시장 친화적이고 효율적이라는 의견도 피력했다.

정부의 경제부처들 또한 민간기관과 함께 부지런히 출총제의 대안을 모색했다. 그리하여 2006년 7월에는 '시장경제 선진화 T/F' 를 구성하여 재경부, 산업자원부, 공정위 등 관계부처와 경실련, 참여연대, 전경련 등 민간 대표가 함께 그간의 시장 개혁 성과와 기업 투자 실태를 평가하는 등 다양한 논의가 있었다. 공정위는 '순환출자 규제와 중핵기업 출총제' 의 정책조합을 '출총제 대안' 으로 제시하였다. 재경부도 초기에는 '신규 순환출자 금지' 를 수용하는 방향으로 입장을 정리해가고 있던 참이라 '순환출자 규제' 가 거의 정부안으로 굳어지는 상황이었다.

그러나 '순환출자 규제' 는 대기업 집단의 경영권을 취약하게 하고 계열사 간 출자를 활용한 대규모 투자를 사실상 어렵게 하는 부작용이 있다. 또한 과거 20년여 동안 적법행위를 통해 형성된 기업의 지배 구조를 불법 행위로 규정, 정부 정책에 대한 신뢰성을 저하시켜 기업 경영의 불확실성을 가중시키는 측면도 있기 때문에 효과적인 대안이 아니라는 판단이다. 그래서 도요타도 핵심 계열사를 중심으로 순환출자를 형성하여 안정적인 경영 환경을 만들어 기업경쟁력을 강화하고 있는 것이다.

이에 산업자원부는 '출총제 완화와 시장 자율적인 순환출자 해소' 를 출총제 대안으로 삼아 관계부처와 조율했고, 최종적으로 '출총제를 완화하고 순환출자 관련 직접적 규제는 도입하지 않는다' 는 정부안을 마련하였다. 당정 협의 과정에서 일부 국회의원들은 대기업 집단 문제를 해결하기 위해 규제를 더욱 강화해야 한다고 주장했고, 또 다른 의원들은 투자 활성화를 위해 출총제를 폐지해야 한다는 상반된 의견을 제시했다. 그러나 기업 경영의 불확실성을 해소하고 투자 활성화를 위한 기반을 마련하기 위해서는 정부안이 최선의 선택이라는 점에 대해 대체로 공감하였다.

결국 장기적인 시각에서 기업경쟁력을 강화하여 국민 경제의 성장잠재력을 제고하는 쪽으로 가닥이 잡혔다. 출총제의 정부 개편안이 발표되자 기업 단체들은 "정부의 출총제 완화를 계기로 기업이 투자를 늘리는 노력을 전개하겠다"고 입장을 발표하였다. 그렇게 되기를 학수고대한다. 기업들 스스로 기업 지배 구조의 투명성과 건전성을 높여 세간의 불신을 말끔히 씻어야 한다. 개선된 제도를 잘못 활용하다가는 사후 규제를 통해 더 많은 제한을 받게 될 것이기 때문이다.

출총제뿐만 아니라, 기업 경영에 관련된 법·제도들은 글로벌 스탠더드와 생산성을 고려하여 신중하지만 지속적인 개편 과정을 거쳐야 한다. 기업 활동을 불편하게 만드는 제도를 고치고, IT기술 등 새로운 경제 사회 기반을 반영하는 법제를 만들어가야 한다. 상법과 증권거래법 등에 산재하는 불완전 규제, 중복 규제 등도 통합 정리하는 노력을 기울여 기업의 막대한 비용을 유발하는 일이 없어야 한다. 물론 법·제도를 악용하거나 탈법하는 행위는 철저히 규제되어야 한다. 이러한 개선을 통해 기업가 정신의 부활과 투자 활성화, 한국 자본주의의 성숙을 기대한다.

노사 관계, 제3의 성장동력

2006년 3월 24일 GM대우 부평 공장을 방문하여 닉 라일리 사장과 서희택 노조 수석 부위원장과 자리를 같이 했다. GM대우가 2001년 정리 해고한 1,720여 명을 모두 복직시킨 것에 대해 고마움을 표시하는 자리였다. GM대우의 조치는 노사 화합의 큰 이정표를 세운 것으로 평가할 수 있다. 한때 강성 노조로 유명하던 GM대우는 2002년 4월 회사 출범 이후 5년째 파업으로 인한 생산 차질이 없다. 그 덕분에 이 회사는 2006년 총 140만 대의 수출을 기록해 전체 GM 계열사들 가운데서 새로운 수출 신기록을 수립했으며, 한국 시장에서도 상당히 선전했다.

우리나라의 노사 관계는 그리 좋지 않은 것이 현실이다. 2006년 국제경영개발대학원(IMD)의 국가경쟁력 조사에서도 노사 협력 수준은 여전히 61개 조사국 중 최하위를 기록했다. 일부 노동조합들은 연례 행사로 파업을 하고 있는데, 한 대기업은 19년째 매년 여름마다 파업에 돌입하기도 한다. 외국인 투자자들은 한국에 투자를 꺼리는 이유로 하나같이 노사 갈등을 들고 있다. 이러한 갈등적 노사 관계 때문에 우리 산업과 경제가 낭패를 볼 것이라는 우려가 팽배할 때쯤 나는 산업자원부 장관에 부임했다.

노동계와 정부가 함께한 일자리 창출

노사 관계가 기업은 물론 산업계와 국가 경제, 사회 발전의 중요 요소임은 누구나 잘 알고 있다. 그래서 정부 차원에서도 여러 가지 노동 정책을 마련하고 있으며, 각 주체들의 이익을 조율하기 위해 노사정위원회, 노사정대표자회의 등을 통해 다양한 논의를 펼치고 있다. 노사 관계는 산업자원부와도 밀접한 관련을 맺고 있었으나, 노동 문제가 산업자원부의 직접적인 정책 영역은 아닌 만큼 그간 노동계와의 공식적인 접촉은 전무하다시피 했다.

그러나 정부와 노동계가 동시에 고민하고 있는 '양질의 일자리 창출' 은 노사 문제와 연관해서 양측이 공감대를 형성하는 발판이 될 수 있으리라는 생각이 들었다. 그래서 산업자원부 장관으로서 노동계와 만나 생산적인 토론과 협력을 도모해보자는 발상으로 몇 가지 사업을 추진하기로 했다. 그중 하나가 KOTRA와 한국노총이 '외국인 직접 투자 유치를 위한 공동협력 약정' 을 체결하는 데 일조한 것이다. 2006년 4월 18일에 열린 이 체결식에는 나도 참석했는데, 외국인 투자 유치를 통해 일자리 문제를 해소할 수 있으리라 기대하는 마음이었다. 그동안 노동계는 외국인 투자를 투기자본으로 규정하고 반대하는 입장이었으나, 일자리 창출을 위해서는 생산적인 외국인 투자 유치가 꼭 필요하다는 점에 대해 한국노총이 전향적으로 동의해준 덕분에 약정 체결이 가능했다.

이 약정을 계기로 그해 미국과 일본에서 열린 외국인 투자 환경 설명회에도 이용득 한국노총 위원장이 참석했다. 평소 이 위원장은 "시대가 바뀌었으니 사람도 조직도 함께 바뀌어야 하는 법이다. 우리 자신부터 변해야 할 필요가 있다"고 말해왔는데, 그러한 발언이 결실을 맺은 것이다. 우리나라의 강성 노조를 의식해 투자를 망설이고 있는 외국의 투자가들에게 노총 대표가 직접 투자 유치에 나선 것은 매우 긍정적인 효과를 가져왔다. 현장에서 이용득 위원장에게 많은 질문이 쏟아졌고 다수의 투자가들이 긍정적인 평가를 내려주었다. 이 자리에서 나는 이런 방식으로 노동계와 협력한다면 상당한 성과를 얻을 수 있다는 확신을 갖게 되었다. 특히 일자리 창출 문제는 사회적 요구를 해소하는 동시에 이해 당사자 간에 협력할 여지가 많은 부분이었다.

한편 당시에는 많은 기업들이 노사 문제와 고임금 부담으로 공장의 해외 이전을 추진하고 있었다. 이에 따라 국내의 제조업 공동화와 그로 인한 일자리 부족에 대한 우려가 날로 심각해지는 상황이었다. 나는 이 문제 역시 노동계와 함께 진지하게 고민하고 토론해보고 싶었다. 그런 마음으로 2006년 7월 11일, 한국노총 사무실에서 도시락을 겸한 '산업자원부-한국노총 정책 간담회'가 처음으로 개최되었다. 산업자원부에서는 나를 비롯한 차관과 주요 본부장들이 참석했고, 한국노총에서는 위원장과 수석 부위원장, 그리고 주요 연맹 위원장들이 참석하였다. 산업자원부가 '노사정 공동 IR의 성과 및 향후 계획'과 '양질의 일자리 창출을 위한 질 좋은 성장 추진 현황 및 계획'을 발표하였고, 자유토론이 이어졌다. 제조업 공동화에 대한 견해 차이가 다소 있었으나, 기업의 투자 활성화를 통한 일자리 창출이 필요하다는 데는 의견이 일치했다. 특히 이용득 위원장은 "노조도 사회의 책임 있는 주체로서 밖으로는 투자 유치, 안으로는 노사 안정을 통해 새로운 노사 관계를 정립할 필요가 있다"는 요지로 발언했는데, 그 이야기를 들으며 우리나라의 노사 관계에 새로운 희망이 싹트고 있다는 생각에 마음이 뿌듯했다.

그 후 8월에는 노동계에서 또 하나의 축인 민주노총과의 정책 간담회가 산업자원부 대회의실에서 개최되었다. 민주노총 회원사인 현대자동차 노조가 한 달 가까이 장기 파업을 진행하고 있었고, 포항건설 노조는 포스코 본사를 점거하는 등 사태가 불안한 상황에서 개최하는 간담회였기 때문에 주위의 우려도 많았다. 특히 행사 전날 민주노총 위원장이 단식 투쟁에 돌입하여 간담회 개최 자체가 불투명해지기도 했다. 그러나 어려운 국면에서도 조준호 위원장은 간담회 개최에 대한 약속을 지켜주어 무리 없이 행사를 진행할 수 있었다. 이날 자유토론 시간에는 양측의 공통 관심 사항인 '양질의 일자리 창출' 뿐만 아니라 제조업 공동화, 양극화 해소, 한 · 미 FTA, 원하청 불공정 거래, 자동차 · 화섬 · 유통 산업 활성화 대책, 전력산업 구조 개편 문제 등 다양한 주제로 이야기를 나누었는데, 예정 시간을 한 시간이나 초과할 정도로 뜨겁게 논의가 진행되었다.

양대 노총과의 정책 간담회는 시작치고는 적지 않은 수확을 남긴 행사였다. 우선 산업 정책에 대한 근로자들의 다양한 의견을 수렴할 수 있는 기회가 되었으며, 특히 산업자원부와 노동계가 양질의 일자리 창출이라는 공동 목표를 확인하고 협력하기로 함으로써 향후 정책 시행에서 탄력을 받을 수 있었다. 그러나 가장 큰 수확은 투쟁 일변도의 노동운동에서 벗어나 대화와 토론을 통해서도 얼마든지 서로를 이해하고 협력할 수 있다는 작은 이정표를 세웠다는 점이다. 처음이라 미약한 부분이 있었지만, 이러한 파트너십이 장기적으로는 상생과 상호 발전에 디딤돌이 될 수 있을 것이다.

서로를 비춰주는 별이 되자

산업적 측면에서 노동계의 파업은 막대한 손실로 이어진다. 2006년 현대자동차의 22일간 파업은 1조 1,000억 원의 생산과 6억 6,000 달러의 수출 차질을 빚었다. 여기에 기업의 대내외 신인도 저하, 관련산업에 대한 파급 효과까지 더한다면 이루 말할 수 없이 소모적인 행위가 아닐 수 없다. 빈발하는 노사 간 갈등과 파업은 외국인 투자 유치에도 걸림돌이 되며, 국민의 생활 불편, 경제 위축, 국가 이미지 손실로도 이어진다. 그야말로 상처뿐인 싸움이라 하겠다. 그러나 파업의 이면에는 노동계로서는 당연한 권익과 합당한 이유들도 존재한다. 파업 또한 헌법이 규정하고 있는 근로자의 권리인 것이다. 문제는 소모적이고 비생산적이며 극단적인 방법이 동원된 파업이다. 그래서 노동계와 함께 기업과 산업계, 국가와 국민 모두가 지혜를 모아 소모적이고 파괴적인 파업 문제를 해결해야 한다.

이를 위해서는 우선 노조를 파트너로 인정하지 않는 기업들의 자성이 필요하다. 사실 합리적이고 실리적인 노사 관계는 기업의 보이지 않는 힘으로 작동한다. 예컨대 도요타 노조는 회사가 19조 원의 영업이익을 냈을 때도 미래형 자동차 개발을 위해 4년간 임금을 동결하고, 무려 55년간 무파업 기록을 세웠다. 도요타의 글로벌 경쟁력 뒤에는 이런 협력적인 노사 관계가 있었던 것이다. 이는 회사가 노조를 탄압하거나 무력화해서가 아니라 쌍방이 서로 배려하고 이해하는 노사 문화가 자리 잡고 있었기에 가능한 일이었다.

우리의 노사 관계도 바로 이런 방식으로 진화해야 한다. 노사가 서로 마주보고 앉는 것이 아니라 바로 옆자리에 나란히 앉아 기업의 미래 비전을 공유해야 한다. 다행히 2006년에는 산업자원부의 중개를 통해 노사가 함께 마음을 여는 만남과 협력의 기회를 가짐으로써 동반자 관계로 거듭나고자 하는 노사 및 노정 관계에 작은 밀알이 뿌려진 것 같아 무척 기쁘다.

밤하늘에 빛나는 별들 중 대다수는 다른 별의 빛을 받아야 비로소 빛을 낼 수 있다고 한다. 노사 관계도 마찬가지다. 서로가 서로를 비춰줄 때 더욱 빛이 날 수 있는 것이다. 노사 상생을 통해 우리 경제가 세계의 밤하늘을 밝히는 아름다운 별무리로 수놓아질 날을 기대한다.

빠른 것이 느린 것을 잡는다

소수의 대기업에만 의존하는 경제는 후진국 범주에 머무를 수밖에 없고, 소수의 국민만이 경제 활동의 과실을 누리게 되어 양극화를 심화시킨다. 반면 중소기업의 발전은 경제 효율성을 높일 뿐만 아니라, 다수가 참여해서 과실을 공유한다는 의미에서 경제 민주주의의 큰 축이다. 질 좋은 성장, 부품 · 소재 산업 발전, 상생협력 등은 중소기업의 발전 없이는 불가능한 정책 구상들이다. 또한 중소기업의 발전은 중소-중견-대기업으로 이어지는 역동적인 산업 조직 창출, 창업에서 중소기업으로 진화하는 비즈니스, 중소기업과 지역 경제의 융합을 통한 지역 활성화에 핵심 인자가 된다.

현재 자영업체를 포함한 우리나라의 중소기업은 300만 개로 전체 사업체의 99.8%를 차지하고 고용의 86.5%를 차지하는 등 산업의 중추 역할을 하고 있다. 그러나 중소기업다운 중소기업, 글로벌 경쟁을 이겨낼 수 있는 중소기업은 상대적으로 소수라는 것이 문제이다. 더구나 2004년 이후 원화의 급격한 절상, 고유가, 원자재 가격 상승 등으로 중소기업의 채산성이 급속히 악화되고 의욕도 저하되고 있어 더욱 안타깝다.

우리나라는 10명 미만 소기업 비중이 OECD 국가 중에서 가장 높다. 이러한 소규모 업체들은 영세한 자본에 경쟁력 기반도 약해서 창업 이후 생존율이 매우 낮다. 한국개발연구원(KDI)에 따르면, 1994년 대기업 계열사를 제외한 중소 제조업체 5만 6,000여 곳 가운데 10년 후인 2003년 말까지 생존한 기업은 25%에 불과했으며, 이들 중소기업 중에서 종업원 300명 이상의 기업으로 성장한 업체는 단 75개(0.1%)에 불과했다.

덴소가 없으면 도요타도 없다

일본 산업계에선 "덴소가 없으면 도요타 자동차도 없다"는 말이 있다. 세계적인 초일류 기업인 도요타 자동차도 덴소라는 협력기업이 핵심기술과 부품을 제공하지 않으면 최고 품질을 자랑하는 자동차를 만들 수 없다는 뜻이다. 도요타의 조그마한 협력업체에서 출발한 덴소는 현재 매출이 270억 달러에 이를 정도로 성장하여 세계 모든 자동차업계와 협력 관계를 맺고 있다. 또한 모토로라도 전체 휴대전화 부품 중 70%를 일본의 중소기업에서 수입하고 있다. 중소기업의 역동적인 발전이 일본의 산업 전체를 받쳐주고 있는 것이다.

최근 마이너스 성장률에서 벗어나 '라인 강의 회생' 을 세계에 알리고 있는 독일의 경제 회복 배경에도 전체 특허 및 발명 건수의 60% 이상을 차지하는 중소기업이 있다. 선진 경제일수록 중소기업이 강한 것이다. 강한 중소기업 없이 경제 선진국이 되기란 불가능한 것이다. 또한 세계 경제는 기술 혁신과 비즈니스 혁신 속도가 매우 빨라지고 있으며, 하이테크 기술을 개발하고 혁신하는 과정에서 중소기업의 역할이 전례 없이 강조되고 있다. 특히 IT, 생명공학 분야에서 눈부신 활약상을 보여주는 중소기업들이 늘고 있고, 대기업들은 이러한 중소기업과 협력하기 위해 지분 투자에 열을 올리고 있다.

이제 우리나라도 시장에서 높은 평가를 받을 수 있는 중소기업을 배출해야 한다. 임시 방편적인 정책이나 시장 경쟁에서 기업을 보호해주는 중소기업 정책에서 벗어나야 한다는 의미이다. 우선, 자생력을 갖춘 '혁신형 중소기업' 육성이 절실하다. 혁신형 중소기업은 일반 중소기업에 비해 일자리 창출은 3배, 매출액은 4배나 높은 성과를 보이고 있다. 지금의 목표대로 2008년까지 3만 개의 혁신형 중소기업을 육성하면 총 56조 원의 부가가치를 창출하여 GDP의 6.7%를 차지하고, 85만 명의 고용을 창출할 것이라고 중소기업연구원은 추정하고 있다.

앞으로의 과제는 정부 R&D 성공 기업, 신기술 인증 기업(NET), 신제품 인증 기업(NEP), 일정 신용등급 이상 기업 등을 조사하여 혁신형 중소기업 후보군을 발굴, 지원하는 것이다. 그리고 중소기업진흥공단, 기술보증기금 등 관계기관의 전문가를 활용하여 업체별 특성과 수요에 알맞은 진단 · 컨설팅을 제공하고 지원하는 것도 좋은 방법이다. 장기적인 관점으로 중소기업 육성 정책을 꾸준히 실시한다면 우리도 일본이나 독일이 부럽지 않은 강한 중소기업군을 가질 날이 반드시 올 것이라 믿는다. 물론 기업 스스로의 혁신과 노력이 우선임은 두말할 나위가 없다.

'크기'가 아니라 '속도'가 중요하다

경영학의 창시자로 불리는 레스터 서로는 저서 《지식의 지배》에서 모험을 즐기고 변화에 신속히 대응하는 '기업가 정신(entreprenuership)'을 국부 창출의 가장 중요한 요소로 들고 있다. 기업가 정신 없이는 기술 혁신이 있을 수 없으며, 기술 혁신 없이는 부를 창출할 수 없다는 것이다.

오늘날은 큰 것이 작은 것을 잡아먹는 시대가 아니라, 빠른 것이 느린 것을 잡아먹는 시대라고 말할 수 있다. 그렇다면 중소기업도 철저한 기업가 정신으로 무장한 채 가볍고 민첩하게 움직임으로써 대기업 못지않게 강한 회사가 될 수 있지 않을까? 경제가 발달할수록 틈새시장도 많아지고 다양한 비즈니스 모델이 탄생할 수 있기 때문에 크기가 중요한 것이 아니라 변화하는 속도가 중요해지는 것이다. 이런 전략으로 성공한 회사로 장갑 생산업체인 '마이다스'를 들 수 있다. 이 업체는 기술 개발을 통해 방탄 소재 장갑, 정전기 흡수 장갑 등 고부가가치 상품을 출시함으로써 현재 세계 장갑 시장에서 1, 2위를 다투고 있다. 지속적인 혁신과 기술 개발, 그리고 시장 변화에 유연하다면 규모가 작은 중소기업도 충분히 글로벌 경쟁력을 갖게 되는 것이다. 따라서 앞으로도 정부의 중소기업 정책은 이러한 혁신형 중소기업들의 발전을 지원하는 데 역점을 두어야 할 것이다.

2

뛰어난 인재가 넘치는 기술 공화국 만들기

지금 우리는 또 하나의 갈림길을 앞에 두고 있다.
그간 우리가 세계 시장에서 경쟁우위를 갖고 있던 산업 분야는
공급 과잉으로 이미 양적 성장의 한계에 이르렀다.
세계 시장 점유율을 하루가 다르게 높여가는 중국 등의 개도국과,
막대한 자금력과 기술력을 바탕으로 첨단 기술 개발을
가속화하고 있는 미국 · 일본 등의 선진국 사이에서
우리는 어디로 나아갈 것인가?
그 답은 바로 지식기술 집약형으로 산업 구조를 고도화하는 것이다.

기술 혁신이 국가의 운명을 좌우한다

2006년 10월 17일, '제7회 세계 지식 포럼' 이 서울에서 열렸다. 그 자리에서 나는 경쟁 전략 분야의 세계 최고 권위자이자 하버드대 교수인 마이클 포터와 대담하는 기회를 가졌다. 그는 "한국은 지난 8~9년간 놀라운 경쟁력 향상을 이뤄냈다" 고 인정하면서 "이는 한국 기업들의 높은 전문성과 창의성, 그리고 한국 정부의 지속적인 투자의 결과" 라고 설명했다. 그러면서 그는 우리 기업의 문제점에 대해서도 놓치지 않았는데, "한국 기업들은 과거 일본 기업들과 마찬가지로 여전히 수익성보다는 외형 확대에 치중하는 경향이 있다" 고 지적하며 "한국 기업도 이젠 창조적인 전략을 수립해야 한다" 고 충고했다. 아무래도 우리나라는 제조업을 근간으로 경제 성장을 이루어냈기 때문에, 경제의 주축이 되는 기업들의 흥망이 창조적 기술 혁신에 달려 있다는 뜻 깊은 조언이었다.

실제로 기술 혁신 없이는 나라의 성장잠재력을 극대화할 수 없는 것이다.

기술 혁신 없이는 경제 성장도 없다

한 나라의 성장잠재력이란 그 나라가 보유한 생산요소(노동, 자본)의 투입으로 얼마만큼의 산출물을 생산해내느냐를 말한다. 이때 중요한 것이 바로 총요소 생산성이다. 총요소 생산성에는 노동, 자본 등 단일요소 생산성 측정에는 포함되지 않는 기술, 노사, 경영 체제, 법 · 제도 등이 반영되기 때문에 총요소 생산성이 증가했다는 것은 곧 기술 혁신이 이뤄졌다는 뜻이기도 하다.

글로벌 경쟁이 격화되고 있는 오늘날에는 과거와 같이 노동이나 자본과 같은 물적 요소의 투입보다는 기술과 제도 등의 총요소 생산성을 향상시키는 것이 보다 중시되고 있다. 예를 들어 OECD 국가들의 GDP 성장 내용을 보면 기술 기여도가 50% 이상이었으며 특히 생산성 향상의 2/3 이상이 기술 혁신에 의한 것으로 나타났다. 또한 기술 수준이 높아질수록 기술 혁신의 역할 비중이 커지고 있는데, 우리나라도 투입 요소별 경제 성장 기여도가 1970년에는 노동 39.9%, 자본 15.2%, 기술 혁신 12.8%이던 것이, 1990년대 후반에는 노동 8.5%, 자본 28.8%, 기술 혁신 55.4%로 바뀌어 기술 혁신의 기여도가 크게 증가했다.

그렇다면 기술 혁신은 어떻게 경제 성장을 가져오는가. R&D를 통한 기술 혁신은 총요소 생산성을 직접적으로 증가시키는 한편, 인적 · 물적 자본 축적에도 간접적인 영향을 미친다. 또한 R&D는 해당 산업뿐만 아니라 그와 기술적 연관성을 맺고 있는 다른 산업의 생산성 증대까지 수반한다. 이른바 R&D의 외부 효과이다. 결국 기술 혁신을 통해 생산 원가를 낮출 수 있게 되고, 이는 기업 이윤 및 노동자의 소득 증대와 제품가격 인하를 가져온다. 수요가 늘어나 규모의 경제가 실현되고, 학습 효과가 커져 원가 절감으로 이어지는 선순환 구조를 만들어내는 것이다. 따라서 R&D의 양적 확대 및 질적 제고를 통한 기술 혁신으로 산업 및 기업 현장 전반을 재무장해야 한다.

우리나라가 이룬 1960년대 이후의 높은 경제성장률은 선진 기술의 도입 및 개량과 요소 투입, 수출 주도형 성장 전략을 바탕으로 한 것이었다. 그 결과 1995년 1인당 국민소득 1만 달러 시대에 진입했고, 현재는 세계 11위의 경제 규모를 갖추게 되었다. 하지만 경제 성장의 견인차 역할을 했던 요소 투입형 성장 전략이 1990년대 중반부터 한계에 부닥쳐 1995년 이후 11년 동안 '국민소득 1만 달러 트랩'에서 벗어나지 못하고 있는 것이다.

과거 우리나라와 선진국 사이에 현저한 기술 격차가 존재할 때에는 캐치업(catch-up)이나 기술 전파 효과, 즉 '후발자 이익'이 생산성 향상에 큰 기여를 했던 것이 사실이다. 그러나 이제 우리의 기술 수준이 선진국과 어깨를 나란히 하고 있고, 나아가 일부 산업에서는 프론티어가 됨에 따라 이전에 누려왔던 후발자 이익이 대폭 감소하여 생산성 증가 속도가 둔화되고 있다. 또한 외부적으로는 중국 등 개도국이 급부상하고 국내 기업들의 아웃소싱 및 해외 이전이 증가하는 추세이며, 내부적으로는 임금 수준이 상승하고 저출산 · 고령화에 따른 노동 투입이 감소함에 따라 전통적인 제조업뿐만 아니라 일부 IT 산업마저도 과잉 공급 단계에 진입하여 자본 효율성이 저하되고 있는 실정이다. 앞으로도 지속적으로 잠재성장률을 높이고자 하는 우리에게는 내우외환의 형국이다. 하지만 답이 없는 것은 아니다. 창조적 기술 혁신을 통해 생산 체질을 개선한다면 여전히 희망은 있다.

추격형에서 창조형 기술 혁신으로!

앞서 언급했듯이 그간 우리의 기술 혁신 체제는 선도 기술을 추격하는 데 적합한 구조로 발전해왔다. 연구 기반이 취약한 상황에서 산업화라는 목표를 위해 인력, 연구기관, 자금 등 내부 자원을 투입하여 선진국을 추격하는 정책을 펼쳐온 것이다. 덕분에 기업, 대학, 연구소 같은 혁신 주체들의 기술 혁신 역량이 발전할 수 있었다.

지난 10년간 R&D 투자 규모도 점증해왔다. 물론 아직도 미국(1/13), 일본(1/6), 독일(1/3) 같은 선진국보다는 한참 부족하지만, 2005년 GDP 대비 2.99%에 이름으로써 OECD 회원국 평균을 상회하는 수준으로 성장하였다. 이러한 투입 부문의 양적 성장을 바탕으로 논문이나 특허 등 연구 성과도 지속적으로 증가하였다. 미국 특허 등록만 보더라도 1981년에는 17건에 지나지 않았으나 2006년에는 5,835건으로 크게 증가하여 세계 4위 수준으로 성장하였다. 이러한 성장을 기반으로 선진국의 원천기술과 핵심 부품 · 소재를 도입, 흡수, 개량하여 공정기술을 혁신함으로써, 지금은 일부 분야에서 세계적인 경쟁력을 확보할 수 있게 되었다. 특히 조선산업은 세계 1위의 생산량을 기록하고 있으며, 반도체산업은 세계 3위(D램 부분은 1위), 석유화학은 4위, 철강은 5위, 자동차 부문도 5위를 차지하였다. 미국 〈포춘〉 지가 선정한 세계 500대 기업에 국내 기업 12개사가 포함되는 성과도 거두었다.

문제는 지금부터다. 현재까지 우리는 선진국을 따라가는 추격형 방식으로 기술 개발을 해왔기 때문에 무엇을 개발할 것인지에 대해서는 어느 정도 선례가 있었다. 그러나 이제는 다르다. 원천기술을 외국에 의존하는 모방형 기술 혁신 전략만으로는 우리와 유사한 모방 전략을 구사하면서 생산 단가가 낮은 신흥 개도국의 추격을 따돌리기가 어렵다. 게다가 요즘 선진국들이 자국의 원천기술을 보호하기 위해 기술 이전을 기피하는 전략을 쓰고 있다는 것도 문제다. 또한 원천기술을 보유하지 못했기 때문에 지불해야 하는 로열티의 부담도 점점 커지고 있다. 예를 들어 코드분할 다중접속(CDMA: Code Division Multiple Access) 방식 휴대전화의 경우, 내수용은 매출액의 5.25%, 수출용은 5.75%를 지급해야 하고, DVD의 경우 매출액의

20~30%를 로열티로 지급하고 있다. 해외 부품 수입 비중도 DVD는 70%, 휴대전화는 50%, 산업용 로봇은 65%에 달한다.

결국 이 모든 문제를 단번에 해결하는 방법은 '창조적 기술 개발' 이다. 우리가 남의 나라에서 원천기술을 비싼 값에 사오지 않아도 되도록 우리 스스로 원천기술을 개발해야 하는 것이다. 그것이 이른바 '창조적인 전략' 이다. 지금까지 관습적으로 해왔던 선진국 추격형 체제를 과감히 버리고, 창조형 기술 혁신 체제로 패러다임을 바꿔나가야 한다. 우선 산·학·연 혁신 주체가 스스로의 창조 역량을 강화해야 하고, 독창적인 혁신 성과를 창출해야 하며, 그것을 사업화하는 능력을 갖추어야 한다. 또한 혁신 주체 간 연계·협력을 강화하여 산·학·연의 개별적이고 단독적인 활동을 '네트워크형·개방형' 으로 발전시키는 것이 중요하다.

지난 세월 우리가 R&D 분야에서 큰 성과를 내지 못한 데는 기술 혁신의 주체라고 할 수 있는 기업, 대학 및 연구소 등이 각자 보유하고 있는 지식 및 인적 자산을 교환하여 효과적인 공동 학습과 공동 활용을 수행하지 못한 탓도 있다. 제조업의 단독 개발 비중이 80%를 넘는다는 통계가 바로 이런 상황을 대변해준다. 이것은 기업들이 요구하는 산업 수요와 대학 연구 사이에 미스매치가 존재하기 때문이다. 결국 지금까지의 산학협력은 이름만 협력이었을 뿐 실질적으로 작동되지는 못했던 것이다.

또한 기술 개발 투자의 내용 면에서도 양극화가 뚜렷하다. 상위

10대 기업이 전체 민간 R&D의 44%를 차지하고 있고, 삼성전자 1개 기업이 우리나라 기업 R&D의 1/4 수준인 4조 원 이상을 투자하고 있다. 중소기업의 연구개발비 비율은 10% 정도로 OECD 국가 중 하위권이다. 중소기업의 R&D 투자 부진은 중소기업의 혁신 역량을 떨어뜨릴 수밖에 없고, 이것이 다시 대기업과 중소기업 간의 양극화 현상을 심화시키고 있다.

R&D 지원 시스템과 공과대학 혁신이 답이다

산업자원부 장관으로 재직하는 동안 이러한 문제의식은 늘 나의 어깨를 짓눌렀다. 가장 시급한 일이 무엇인지부터 찾아야 했다. 그래서 1995년에 구축된 이래 10년 동안 변화가 없던 산업기술 R&D 지원 시스템을 전면적으로 개편하였다. 'R&D시스템 혁신 추진단'을 운영하여 차차세대 성장동력으로 육성할 만한 15개 전략기술 분야를 선정하였으며, 이를 집중적으로 지원하는 체제를 구축하였다. 그간의 응용 · 개발 기술을 중심으로 한 'follower R&D' 단계를 넘어 핵심 · 원천 기술을 집중 개발하는 'front-runner R&D' 전략을 추진할 수 있는 기반을 마련한 것이다.

산업자원부 장관으로서 기업인들을 만날 때마다, 그들이 공통적으로 어려움을 호소해온 부분은 우수한 기술인력 확보에 관한 문제였다. 기업에 우수한 기술인력을 제공함으로써 산업계의 니즈를 충족시키려면 우선 공과대학의 혁신이 필수적이다. 기술인력을 양성,

공급하는 주체는 기본적으로 공과대학 내에 있기 때문이다. 또한 공과대학의 혁신은 기업과 대학이라는 기술 혁신 주체들 간의 협력과 연계를 촉진하는 산학협력 활성화의 초석이기도 하다.

나는 이런 생각을 '공과대학 혁신 비전과 전략'으로 구체화하여 2006년 11월에 발표하였는데 산업계와 학계, 그리고 정부가 1년여의 기간 동안 머리를 맞대고 함께 만든 것이니만큼 그 실현 가능성이 매우 높을 것으로 기대하고 있다. 또한 정치(精緻)한 기술 평가를 기반으로 한 기술금융의 확대 방안과 대학·연구소 등 공공연구기관이 보유한 우수한 기술을 이전시키는 기술 이전 조직의 강화 방안 등 성과 확산을 위한 대책들도 함께 마련하였다.

우리 경제가 세계에서 유례를 찾아볼 수 없을 정도로 급성장할 수 있었던 것은 노동 집약적 산업에서 자본 집약적 산업으로 산업 구조를 시기적절하게 전환했기 때문이다. 그리고 지금 우리는 또 하나의 갈림길을 앞에 두고 있다. 그간 우리가 세계 시장에서 경쟁우위를 갖고 있던 산업 분야는 공급 과잉으로 이미 양적 성장의 한계에 이르렀다. 세계 시장 점유율을 하루가 다르게 높여가는 중국 등의 개도국과, 막대한 자금력과 기술력을 바탕으로 첨단 기술 개발을 가속화하고 있는 미국·일본 등의 선진국 사이에서 우리는 어디로 나아갈 것인가?

분명한 목표는 현재의 경제력을 넘어 진정한 선진 경제 대국의 대열에 합류하는 것이다. 그러기 위해서는 지금까지 거듭 강조해왔듯이 우리의 산업 구조를 지식기술 집약형, 가치 창조형으로 고도화하는 데 우리의 역량을 집중해야 한다.

21세기 부의 원천은 '지식'

21세기 들어서 지식 기반 경제 시대가 도래했다고 하면서 지식재산에 대한 중요성을 너나없이 강조하고 있다. 항암 보조 치료제 가운데 CSF(백혈구 증식인자)라는 것이 있다. 이 약은 1g당 값이 53만 달러이다. 금값의 약 2만 6,000배에 달하는 셈이다. 이는 21세기 부의 원천이 무엇인지를 보여주는 단적인 사례이다.

실제로 미국을 대표하는 500대 기업의 자산 80% 이상은 특허나 디자인 등 무형 자산이 차지하고 있다. 이러한 변화를 감지한 인텔사의 크레이그 배럿 회장은 "미래 사회에서는 신기술 등 지식재산이 전 세계 산업의 판도를 바꿀 것이기 때문에 지식재산의 개발이 핵심 열쇠가 될 것"이라고 언급했다.

총성 없는 전쟁이 벌어지고 있다

지식재산이 이렇듯 중요해지면서 지구촌 곳곳은 총성 없는 전쟁으로 뜨겁게 달궈지고 있다. 우리나라도 예외는 아니다. 2004년 PDP(Plasma Display Panel: 플라즈마 디스플레이 패널)로 시작된 한·일 기업 간의 특허 분쟁은 이제 액정표시장치(LCD), 플래시 메모리 등 우리 기업의 주력 상품 전 분야로 확대되고 있는 추세이다. 사실 나라 간에 빚어지는 특허 분쟁은 어제오늘의 일이 아니다. 1987년 미국의 TI(Texas Instrument)가 한국 기업과 일본 기업을 대상으로 반도체 특허 분쟁을 일으켰고, 지금까지도 미국 기업의 특허 공세는 이어지고 있다.

2004년의 PDP 특허 분쟁에 대해, 당시 한국과 일본의 언론들은 "한·일 기술 전쟁 개막의 본격적 신호탄", "역사적인 지식재산권 분쟁"이라는 말로 묘사하였다. 일본 기업들이 한국 기업을 대상으로 이토록 초강경 대응을 한 이유는 한국 PDP업체의 부상이 위협적일 정도라고 판단했기 때문이다. 우리의 기술력이 좋아졌다는 점에서는 긍정적이지만, 분쟁에 휘말리기 시작한 것은 또 다른 걱정거리가 아닐 수 없었다.

한국 기업들이 부상하기 전 PDP 분야의 종주국은 일본이었다. 2001년만 해도 마츠시타, 후지쓰, 히타치플라즈마 같은 일본 업체들이 세계 시장의 97%를 차지하고 있었다. 이후 삼성SDI와 LG전자가 본격적으로 PDP를 양산해내면서 일본의 시장점유율은 급격히 줄어

들었다. 그러자 일본은 자신들의 시장을 잠식해가는 우리 기업들을 향해 '특허 분쟁'이라는 카드를 꺼내든 것이다. PDP 특허 분쟁 외에도 2004년 5월에는 도시바가 삼성전자, 기륭전자, 현대오토넷 등을 상대로 DMB 특허 사용료로 매출액의 2%를 요구하였고, 그해 11월에는 후지쓰가 하이닉스반도체를 상대로 낸드 플래시 메모리 특허침해 소송을 제기하였다.

아마도 이러한 특허 공세는 더욱 거세질 것이다. 특히 우리나라가 2004년부터 추진해오고 있는 10대 차세대 성장동력 전략이 2005년 5월 일본 정부가 선정한 7개 신성장산업 분야와 많은 부분 겹치기 때문에, 일본 기업은 그 주도권을 잡기 위해 우리 기업에 대한 특허 공세의 고삐를 늦추지 않을 것이다.

우리가 일본 등 선진국들로부터 특허 공세에 시달릴 수밖에 없는 까닭은 우리나라의 산업이 초기에는 선진 기술의 모방과 복제를 기반으로 발전한 탓이다. 무슨무슨 기술의 "국산화", "수입 대체", "국내 최초"라는 말이 우리에게 자긍심을 주던 시절이 우리에게 있었다. 그러나 지금은 "세계 최초"만이 살아남는 세상이며, 특허 하나에 수십억 달러가 오가는 것이 다반사이다.

미국과 일본을 비롯한 기술 선진국들은 특허 장벽을 치고 더는 모방을 용납하지 않겠다는 태도를 고수하고 있다. 1984년 미국은 하이테크 산업의 무역수지가 적자를 기록하자, 일본에 뒤지는 경쟁력을 회복하기 위해 특허 보호를 강화하는 정책을 마련하기 시작한다. 그 결과 친특허(pro-patent) 정책을 꾸준히 추진하여 1985년에는 기술무역수지가 55억 달러 흑자에 불과하던 것이 1991년에는 138억 달러, 2002년에는 249억 달러로 증가하였다. 덕분에 미국의 기업들도 정보통신기술, 생명공학 등 하이테크산업의 세계 시장에서 주도권을 잡아, 한 해에 수백억 달러에 이르는 특허 사용료를 챙기고 있다.

일본은 2002년 '지식재산 입국'을 선포하고 지식재산 정책에 대한 범정부적 조정 · 협력 시스템을 구축했다. 총리 산하에 지식재산 전략본부를 구성하는 한편 2006년에는 제2기 지식재산 추진계획(2006~2008년)을 수립하여 국가적으로 지식재산의 창조 · 보호 · 활용을 촉진해나가고 있다.

또한 그동안은 지식재산권에 대한 개념조차 희박하던 중국과 아시아 국가들마저 지식재산 경쟁에 뛰어들고 있다. 우리가 미국과 일본의 기업들만 경계하고 있는 사이 어쩌면 중국이나 싱가포르, 대만의 무명 기업인으로부터 특허침해 소송을 당할 수도 있는 일이다. 서둘러 대비책을 마련해야 할 이유가 여기에 있다.

우리에게도 청신호가 나타나고 있다

그렇다면 우리의 지식재산권 전략은 현재 어떤 수준인가? 미국이나 일본보다 짧게는 10년, 길게는 30년 정도 뒤처져 있다고 전문가들은 판단하고 있다. 어쩌다가 이렇게 되었을까? 그동안 우리는 남의 기술을 모방하느라 바빠 기술 혁신이나 특허전략에까지 관심을 쏟을 여력이 없었기 때문이다.

1960년대부터 1970년대까지 우리는 자체적인 기술을 거의 갖고 있지 않았다. 당시 우리가 할 수 있는 일이란 단순기능공을 통해 외국 기술을 도입하여 모방하는 '의존형 개량기술 개발 전략'이었다. 그러니 보호받을 만한 지식재산을 갖고 있을 리 만무했다. 지금까지 우리는 선진국에서 사양기에 접어들었거나, 성숙기에 있는 기술을 도입하는 전략을 주로 추구해왔다. 1978년부터 1979년에 걸쳐 1~2단계 기술 도입 자유화 조치가 이루어진 것도 바로 이러한 기술 도입의 필요성 때문이었다.

그러다가 중화학공업의 육성에 필요한 기술력을 확보하기 위해 정부 출연 연구소를 설립하여 필요한 기술을 제공하기 시작하였고, 아울러 민간의 기술 개발을 촉진하기 위한 제도도 마련하였다. 그 일환으로 특허청도 발족(1977년)하게 된다.

1980년대에 들어서면서 선진국들의 기술보호주의가 강화되자 우리도 지식재산권에 대한 중요성을 인지하게 되지만 여기에 체계적으로 대응하지는 못했다. 미국과의 양자 협의 결과로 물질특허제도를 도입하였고(1987년), 일부 저작권에 대한 보호 강화 조치가 취해졌다. 결국 우리나라는 1990년부터 1995년 무렵까지 각종 국제조약에 가입하는 방식을 통해 국제적 수준의 특허제도를 갖게 된다. 이때까지의 특허 정책은 의약품과 컴퓨터 프로그램 발명 등의 신기술을 특허법 테두리 안에서 보호하는 정도에 그쳤다. 뿐만 아니라 국제조약

가입이나 법 개정 등도 우리의 자주적 판단에 의한 것이라기보다는 다른 나라의 요구에 의해 수동적으로 이뤄진 경우가 많았다. 특허 등록 건수 역시 기껏해야 한 해에 수천 건 내외였고, 그나마 외국 기업에 의한 특허 등록이 대부분이었다. 1996년이 되어서야 전체 특허 등록 건수 가운데 내국인이 차지하는 비중이 처음으로 50%를 넘게 되었다.

2000년대에 들어서면서 우리나라의 지식재산 창출에 청신호가 나타나기 시작했다. 선진국과 잦은 특허 분쟁을 겪게 되면서 정부와 기업이 동시에 지식재산권의 중요성을 인식하고 관련 전략에 대해 고민한 덕분이다. 그즈음 우리 기업들은 독자적인 기술을 개발하여 지식재산권의 양을 늘려나가기 시작했다. 2005년 우리나라의 산업재산권 출원은 세계 4위, 내국인이 WIPO(세계지적재산권기구)를 통해 출원한 국제특허는 세계 6위, 미국 특허청 출원 세계 4위, 일본 특허청 출원은 세계 3위였다. 특히 WIPO 국제특허 출원은 2006년에는 영국까지 추월하여 세계 5위를 차지하는 기염을 토했다.

지식재산 강국이 되기 위한 필수 조건

흔히 기술무역 적자가 곧 기술력 부족을 말해주는 척도라고 말하곤 하는데 꼭 그렇지는 않다. 예컨대 독일은 기술무역수지 적자국이다. 우리나라도 마찬가지다. 다시 말해, 우리나라와 독일은 외국의 원천기술을 도입한 다음, 그 기술의 산업화를 통해 더 많은 부가가치를 창출하는 국가인 셈이다. 이러한 방식도 그 나름의 장점을 갖고 있다. 하지만 21세기의 세계 시장에서 경쟁력을 갖기 위해서는 지식재산 창출에 더 많은 관심을 기울여야 하기 때문에, 정부와 기업이 힘을 합쳐 보다 치밀한 전략을 세워야 한다.

우선 지식재산의 창출 · 활용 측면에서, 대학 등 공공연구기관의 지식재산 역량을 강화하고 기업들 전반에 지식재산 전략 경영 체제를 확산시켜야 한다. 연구자들에게 끊임없이 지식재산권 마인드를 불어넣어야 하고, 기술 이전 전담 조직(TLO: Technology Licensing Office)의 지식재산 업무 역량도 향상시켜야 한다. 현재 국내 대학과 공공연구기관은 '기술이전촉진법'과 '산학협력법'에 의거하여 대부분 TLO를 운영하고 있지만, 특허 보유 현황과 기술 이전 건수는 아직 미미하다. 국내의 TLO들이 외형적 모습만 갖추었을 뿐 제 기능을 발휘하지 못하는 경우가 많고, 발명 주체인 대학과 연구소가 지식재산권 전담 직원을 두지 않는 등 여전히 특허 전략에 무관심한 탓이다. 반면 일본은 2004년 TLO의 국내외 출원 건수가 1,925건으로 1999년에 비해 6.1배가 증가하였고, 특허 사용료 수익도 1999년의 2,040만 엔에서 2004년에는 29억 400만 엔으로 142배나 늘어났다(경산성, 2005년).

사실 특허 분쟁과 같은 극한의 경쟁에서 직접적으로 이득을 보거나 손실을 보는 당사자는 기업이다. 그런데도 우리 기업들의 지식재산권 관리 수준은 선진국의 주요 기업들에 비해 크게 부족한 실정이다. 예컨대 IBM은 특허 등 기술료 수입이 17억 달러로 전체 순이익의 약 20%를 차지하는 수준이어서 이를 통해 전체 R&D 비용의 30%를 충당하고 있는 반면, 우리나라 기업들이 행하는 지식재산 경영의 핵심 전략은 고작해야 부족한 기술을 매입하는 정도에 머물고 있다. 또한 미국과 유럽의 기업들은 지식재산 전담 조직을 운영하는 비율이 각각 96%와 83%에 달한다. 일본의 경우에도, LG전자를 상대로 PDP 특허 분쟁을 제기한 마츠시타는 전사적으로 약 800명의 특허 인력을 보유하고 있고, 소니는 본사 소속 지식재산센터의 200여 명을 포함하여 총 300명의 지식재산 전문인력을 확보하고 있다. 또한 특허 경영의 선구자인 캐논은 약 400명의 사원이 근무하는 지식재산본부를 운영하고 있으며, 특허 부서를 운영한 역사도 30년이 넘는다. 그러나 우리나라의 기업들이 지식재산 전담 조직을 운영하는 비율은 19%에 지나지 않으며, 대표적인 세계 기업이라고 할 수 있는 삼성전자와 LG전자만 해도 지식재산 전담인력이 각각 250명, 200명에 불과하다.

캐논의 CEO였던 게이조 야마치는 지식재산권의 중요성에 대해 이렇게 말했다고 한다. "나는 우리 기업의 연구원들이 논문보다 특허 보고서를 더 많이 읽고 기술 보고서보다 특허 보고서를 더 많이 작성할 것을 장려합니다. 왜냐하면 특허에 강한 몇몇 기업만이 생존하는 이 시대에는 그것이야말로 우리 기업이 살아남는 유일한 방법이기 때문입니다." 게이조 야마치는 기업 생존의 방법론으로서 '특허' 와 '지식재산' 에 관해 말하고 있지만, 이것이 어찌 기업에만 적용되는 이야기겠는가. 오늘날에는 어떤 국가도 이러한 생존 전략을 갖고 있지 않으면 미래를 장담할 수 없다.

그래서 우리는 국가의 R&D 정책에 특허 동향 분석 결과를 활용하고 있다. 2005년부터 시범사업으로 선정된 국가 연구개발 사업의 연구 기획 및 신규 과제를 선정할 때 특허 동향 분석 결과를 참고하여 외국 기업들이 이미 특허로 확보한 기술 분야에 정부가 중복 투자하지 않도록 막아 R&D 사업의 효율성을 증진시키려는 것이다. 또한 이를 통해 국제특허 분쟁을 예방하고 선도기술 분야의 국제특허를 획득하도록 돕고 있다. 이러한 특허 동향 분석이 정부의 모든 R&D 사업으로 확대된다면 보다 실효를 거둘 수 있을 것이다.

앞에서도 언급했듯이 기업과 정부, 대학과 연구소 등에서 지식재산 전략을 수립하고 실천하는 데는 무엇보다 지식재산 전문인력의 양성이 중요하다. 그런데 우리는 전문인력들의 정확한 실태조차 파악하지 못하고 있다. 기업, 대학, 연구기관 들의 지식재산권 전문인력 보유 현황 및 수요에 대한 면밀한 조사를 실시하고, 이 결과를 바탕으로 수요 부문 및 분야별로 지식재산권 전문인력 양성 종합계획을 수립해야 한다. 일본도 2003년 7월 '지적 재산의 창조, 보호 및 활용에 관계된 추진계획' 의 세부 추진계획으로 지식재산 인력 양성 종합계획을 수립한 바 있다.

선진국의 특허 공세를 이겨내려면

지식재산 창출도 중요하지만, 창출된 지식재산을 보호하는 일도 중요한 과제로 대두되고 있다. 우리나라 제품의 기술 및 디자인 경쟁력이 높아지면서 중국 등 해외에서 모조품으로 인한 피해가 증가하고 있으며, 핵심기술을 유출하려는 시도도 자주 일어나고 있다. 정부는 2006년 9월, '산업기술의유출방지및보호지원에관한법률'을 제정하여 핵심기술 유출을 방지할 제도적 발판을 마련했다. 앞으로는 다른 나라에 의한 지식재산권 침해가 일어나지 않도록 정부와 기업이 힘을 합쳐 철저히 대응해야 할 것이다.

또한 거세지고 있는 선진국의 특허 공세 속에서 관련 분쟁을 미리 예방하려면 제도 정비와 지식재산권 관리 역량 혁신이 필요하다. 따라서 특허 사건을 특허법원이 관할할 수 있도록 법·제도를 우선 정비해야 한다. 미국과 일본은 일반 법리 논쟁과는 현저히 다른, 즉 기술 판단이 중심이 되는 특허 사건들은 그것이 심결취소 소송이든 침해 소송이든 상관없이 전문 특허법원에서 다룬다. 반면 우리나라의 특허법원은 특허청의 심판 사건만 다루고 있을 뿐 침해 소송은 모든 법원에서 취급하고 있어 전문화에 역행한다. 앞으로는 변리사에게도 침해 소송의 공동대리 자격을 주는 문제 등을 포함하여 지식재산권을 보다 철저히 관리할 수 있도록 제도 개선을 검토해야 할 것이다.

역사적으로도, 외국인의 지식재산권이든 내국인의 지식재산권이든 권리 보호가 잘된 국가만이 눈부신 발전을 이루었다. 15세기 이탈리아의 르네상스, 19세기 영국의 산업혁명이 그러한 사례가 아니겠는가. 앞으로 우리나라가 선진국에 진입하느냐 마느냐는 결국 지식재산의 창출 · 보호 · 활용을 추진하는 제도가 얼마나 잘 정비되느냐에 달렸다고 해도 과언이 아닐 것이다.

산학협력은 경제 체질 개선을 위한 보약

핀란드 오타니에미 사이언스 파크, 이곳은 1만 5,000명의 학생과 3,000명의 연구원이 밀집한 북유럽 최대 혁신 클러스터 중 하나이다. 세계 최고의 휴대전화 개발 회사인 노키아(Nokia)도 이곳에서 성공의 싹을 틔웠다. 〈비즈니스 위크〉 지가 꼽은 세계 10대 'Hot Region'에 선정된 사실에서 증명되는 것처럼 지금도 이곳에선 250여 신생기업들이 창업보육실에서 최고 기업의 꿈을 키우고 있다.

그 중심에 헬싱키 공과대학(HUT: Helsinki University of Technology)이 있는데, 이 학교가 소위 '클러스터의 비전 제시자(Vision Provider)'인 셈이다. HUT의 목표는 산·학·연 간의 기술 혁신 네트워크를 강화하여 창의적인 R&D 활동을 전개하고, 연구 결과가 신속히 사업화될 수 있도록 지원하는 것이다. 또한 HUT는 학생과 입주 기업을 위해 현장 수요에 입각한 세계 최고 수준의 교육 환경을 제공하고 있다.

산학협력으로 윈윈한다!

핀란드 오타니에미 사례는 산학협력의 중요성과 성과를 압축적으로 보여준다. 그들의 산학협력 전략은 우리 경제의 체질을 혁신 주도형으로 바꾸는 데도 매우 좋은 선례가 될 것이다. 실제로 현재 우리나라 산업 정책에서 산학협력은 매우 중요하고도 시급한 정책 과제이다. 기업, 대학, 연구소 등 혁신 주체들이 각자의 역량을 서로 보완하고, 연구개발에 따른 위험을 분산하며, 개발된 기술을 활용하는 데 이것만큼 유용한 수단이 없기 때문이다. 특히 대학이 박사급 연구인력의 70% 이상을 보유하고 있고, 기업이 전체 R&D 투자의 76%를 차지하는 현실을 감안하면 산학협력이야말로 기술 혁신 자원을 가장 효율적으로 활용할 수 있는 수단이다.

이런 인식에 따라 2000년대 이후부터는 산학협력을 R&D 정책의 핵심 기조로 삼고 있다. '기업 활동의 지원', '대학 · 기업 간의 연계 · 협력'을 R&D 정책의 기본 철학으로 삼고 있는 산업자원부는 물론이고, 교육인적자원부에서도 '산학협력과'를 신설하였고, 기초 · 원천 기술 연구를 강조하던 과학기술부도 산학협력을 통해 연구개발 성과를 높이는 데 관심을 갖는 등 산학협력은 이제 외면할 수 없는 정책 트렌드로 자리 잡아가고 있다. 특히 참여정부는 '신(新) 산학협력의 비전과 추진 전략'을 발표(2003년 9월)하는 등 산학협력 활성화를 주요 국정 과제로 역점 추진해왔다.

이러한 정부의 노력이 결실을 맺은 것일까? 이제는 거의 모든 대학에 '산학협력단'이 구성되어 있고, 권역별 '산학협력 중심 대학*'이 산학협력의 허브로 자리매김하는 등 성공 모델이 나타나고 있다. 아울러 '계약형학과제도' 등을 도입하여 산업계와 대학이 공동으로 교육 과정을 개발하는 사례가 늘고 있고, 학생들의 기업 현장 실습 실적도 학점으로 인정되고 있다. 전·현직 교수 등으로 구성된 '산업기술 지원단'이나 '가족회사제도(Family Doctor)'도 중소기업이 기술적 어려움을 해결하는 데 도움을 주고 있다.

13개 산학협력 중심 대학들은 약 6,400개의 가족회사와 협약을 체결하여 기업은 R&D 역량을 확충하고, 대학은 현장 실습을 확대할 수 있게 되며, 또한 계약형 학과 운영으로 졸업생 취업이 연계되는 등 기업과 대학이 서로 윈윈하는 계기가 마련되고 있다. 2004년 9월부터 2006년 7월까지 2년간의 가족회사 운영 성과를 보면, 총 431건의 공동 기술 개발, 164건의 기술 이전, 488건의 특허 출원이 이루어졌다. 이런 공동 기술 개발을 통해 가족회사 매출은 평균 13.0%의 증대 효과**를 거두었다. 인력 양성 차원에서도 성과가 있었다. 대학

* 대학을 산학협력의 허브로 육성하기 위해 산학협력 활동을 위한 시설·장비 구축, 산학 공동 연구개발 활동을 위한 비용을 지원하고, 대학 전반의 체제를 산학협력 중심으로 개편하는 사업이다. 2004년부터 5년간 8개 권역, 13개 대학에 총 2,160억 원을 지원해 오고 있다.

** 6,420개 가족회사 중 2004~2005년의 매출액을 밝힌 181개 기업의 평균.

은 가족회사와의 현장 실습에 1만 5,000여 명의 학생을 참여시킬 수 있었고, 가족회사의 교육 수요에 초점을 맞춘 특성화 프로그램에 재학 중인 학생 수도 3만 2,000여 명에 이른다. 이런 긴밀한 협력 결과, 13개 산학협력 중심 대학 총 취업자 1만 8,000여 명 가운데 1만 3,000여 명이 가족회사 및 지역 내 관련 기업에 취업했다. 또한 가족회사 입장에서도 R&D 역량을 확충하고, 재직 근로자 3,400여 명에 대해 해당 대학에서 재교육을 받은 것으로 나타났다.

이제 막 걸음마를 뗀 수준

그러나 아직은 대학과 기업의 인식이 완전히 바뀌지 않았고, 사회 전반의 문화와 인프라의 뒷받침도 부족하다. 산학협력이 일상화되고 제도화된 구미 선진국에 비하면 우린 이제 막 첫걸음을 뗀 것에 불과하다. 따라서 몇 가지 개선해야 될 점이 있다.

첫째, 생산 기능과 R&D 기능이 유기적으로 결합된 혁신 클러스터를 창출해야 한다. 특히 우리나라는 대규모 산업 집적지가 수도권 및 영남 지역에 편중되어 있어 지역적으로 산학협력 확산에 한계가 있다. 또한 산업 집적지가 존재하더라도 산업이 특화되어 있지 못하면 대학의 특성화나 역량 집중이 어렵다. 이러한 문제점을 해소하기 위해서는 대덕 등 연구 기능 중심의 단지는 생산 및 산업화 기능을 보완하고, 기존 생산 중심의 산업 단지는 연구개발 역량을 보완해야 한다. 이를 위해 산업자원부는 2005년부터 기존 생산 중심의 7개 산업 단지를 시범 단지로 지정하여 산·학·연 협력 네트워크 활성화, 기술 교류 및 이전 촉진 등을 통해 혁신 클러스터로 발전시키는 사업을 추진하였다. 아울러 BK21 등 대학에 대한 재정 사업을 지원하는 경우나 해외 R&D센터를 유치할 경우 지역 전략 산업을 고려하여 집적화를 적극 유도해야 한다.

둘째, 대학과 기업이 자발적으로 산학협력에 나설 수 있도록 인센티브시스템을 구축해야 한다. 장관 재임시 수도권에 소재한 어느 공대를 방문했을 때의 일이다. 산학협력 관련 사업 책임자였던 한 교수가 이런 말을 했다. "교수가 중소기업 기술 지도를 많이 했다거나, 가족회사 지원 성과가 높다고 해도 평가에는 별 도움이 되지 않습니다. 그럴 시간에 차라리 논문 한 편을 더 쓰는 게 훨씬 낫지요. 산학협력이요? 현 평가시스템으로 어림도 없습니다." 뼈아픈 얘기지만 이것이 우리의 현실이다. 또한 중소기업은 중소기업대로 영세성 때문에 연구개발 자체에 소홀한 경우가 많고, 대기업은 대기업대로 대학의 연구 역량을 불신하는 경우가 많아서 산학협력에 적극적이지 않다.

결국 대학과 기업 모두 산학협력에 보다 적극적으로 나설 수 있도록 관련 제도를 마련해나가는 것이 시급하다. 우선, 교수의 업적을 평가할 때나 정부에서 R&D 과제를 선정할 때 교수의 산학협력 실적을 실질적으로 반영토록 해야 하고, 산업계 인사가 보다 쉽게 대학사회로 유입될 수 있는 환경을 조성해야 한다. 다행히 최근에는 정부나 대학 사회에 공감대가 형성되고 있고 산업자원부와 교육인적자원부 등을 중심으로 교수 평가시스템을 개선하기 위해서는 대학 재정 지원 방식을 개편해야 한다는 논의가 이뤄지고 있어 조만간 이 문제는 해결될 것으로 기대한다. 이참에 기업이 R&D의 파트너로서 대학을 적극 활용할 수 있도록 '산학협력특별세액공제' 와 같은 세제 혜택을 부여하는 방법도 생각해볼 필요가 있다.

셋째, 개발된 기술의 이전 및 사업화를 촉진할 수 있는 시스템을 구축해야 한다. 사실 우리 대학은 총 R&D 투자의 10% 이상을 활용하면서도 연구 성과가 산업체로 이전되어 실용화되는 정도는 미흡하다는 비판을 받아왔다. 2003년을 예로 살펴보자면, 우리 대학의 연구개발 투자 대비 기술료 수입 비율은 0.14%로 미국 대학 2.9%의 1/20에 불과한 수준이다. 이런 문제를 해결하기 위해 산업자원부는 권역별로 대학과 연구소 내에 TLO를 육성하고 있다. 현재 28개의 TLO가 구성 · 운영 중인데, 앞으로 2010년까지 그 수를 40개로 늘려 나갈 것이다.

또한 교육인적자원부와 함께 '산학협력기술지주회사제도' 를 도입하고자 추진 중이다. 기존 산학협력단은 비영리 특수 법인이라는 기관의 설립 목적상, 보유한 기술을 이전하여 적극적으로 수익을 창출하기가 어려웠기 때문이다. '산학협력기술지주회사' 가 설립되면 대학은 보유하고 있는 기술을 제공하고, 민간기업(엔젤)은 자본을 투자함으로써 대학 · 기업 간의 새로운 파트너십이 형성될 수 있을 것이다.

넷째, 지역의 산업 여건이나 대학 특성에 기초한 산학협력이 이루어져야 한다. 대학별로 집적지 기업의 수요와 대학의 특성화 유형에 따라 산학협력이 자발적으로 이루어지는 시스템이 구축되어야 한다는 것이다. 이를 위해서는 대학 내의 산학협력 활동이 보다 자율적으로 이루어질 수 있도록 정부의 지원 역시, 사업별 지원이 아닌 일괄 지원 형태인 패키지형으로 전환될 필요가 있으며, 기존의 지원 사업도 유기적으로 연계하여 지원의 효율성을 극대화해 나가야 한다.

다섯째, 산업계와 대학을 이어주는 중간 조직이 활성화되어야 한다. 다시 말해, 산학협력이 촉진되기 위해서는 대학과 산업계 사이에 실질적인 협력과 의사소통을 활성화하기 위한 시스템이 구축되어야 한다. 현재 10개 업종에 산업별 인적자원개발 협의체(Sector Council)가 구성 · 운영 중이지만 실질적인 활동은 미흡하다. 협의체 기능을 활성화하기 위해 관련 인력 및 조직을 강화하고, 공과대학 산업기여도 평가, 대 · 중소 기업 기술인력 교류 지원 사업 등 그 활동 영역을 지속적으로 확대해나가야 할 것이다. 아울러 대학별로도 산업계 자문단을 구성하여 대학과 지역 산업계 간의 만남과 교류의 장을 넓혀나갈 필요가 있다. 대학이 지역 혁신 주체로 나서려면 지역 산업계가 원하는 기술을 개발하고, 그 일을 맡을 인재를 육성하는 데 역량을 집중해야 하기 때문이다.

마지막으로, 산학협력 문화가 전방위적으로 확산되어야 한다. 광역 단위별로 운영 중인 테크노파크를 중심으로 산 · 학 · 연 등 지역 혁신 주체들이 다양한 형태로 네트워킹하고 공동 학습을 활발히 해야 한다. 또한 '잘하는 대학'과 '못하는 대학'을 연계하고, 성공 사례집 발간 등을 통해 산학협력의 성공 사례를 확산시켜야 한다.

산학협력은 '선택'이 아니라 '필수'

이제 막 뿌리를 내리고 있는 산학협력이 보다 활성화되기 위해서는 산업계와 대학 모두의 노력이 필요해 보인다. 그러나 굳이 따진다면 기업보다는 대학이 먼저 팔을 걷어붙여야 한다. 산학협력에 목말라 있는 중소기업들은 필요성을 느끼면서도 막상 협력의 주체로 나서기에는 현실적인 여력이 부족하기 때문이다. 대학 입학 정원이 입학생 수보다 많아진 현실에서, 인재를 채용하는 기업의 수요에 부응하지 못하는 대학은 결국 도태될 수밖에 없다는 현실을 감안하면 더욱 그러하다. 결국 산학협력은 대학의 생존 문제에 대한 해답이기도 한 것이다.

공과대학, 변신이 필요하다

대통령의 핀란드 국빈 방문 때의 일이다. 인구 500만의 작은 나라, 척박한 기후와 부족한 자연자원을 가진 유럽의 변방 핀란드가 어떻게 세계 1위의 국가경쟁력을 유지하고 있는지 궁금했던 나는, 타르야 할로넨 핀란드 대통령이 자국의 경쟁력 비결에 대해 다음과 같이 말하는 것을 듣고는 내심 놀랐다. "우리에게는 세 가지 비결이 있습니다. 첫 번째 비결은 바로 '교육' 입니다. 두 번째도 '교육' 입니다. 세 번째도 '교육' 입니다." 간단한 답변이었지만 그 속에는 깊은 울림이 있었다.

핀란드 역시 1990년대 초반에 우리나라와 비슷한 경제 위기를 겪었다. 하지만 그 와중에도 교육에 대한 투자를 늘려나갔고, 이를 기반으로 양성한 세계 최고 수준의 인력이 핀란드 경제를 회생시킬 수 있었다. 특히 울루 대학, 헬싱키 공과대학 등에서 배출된 우수한 기술인력이 핀란드 경쟁력의 핵심이 되고 있다.

그렇다면 우리나라는 어떤가. 2006년, IMD에서는 우리 공과대학의 경쟁력에 대해 조사 대상 61개국 중 54위라는 혹독한 평가를 내렸다*. 기업체 대상 설문조사 성격이라 객관성에 의문을 제기하는 사람도 있지만 우리나라의 공학 교육과 산업 현장 간의 괴리를 드러내주는 한 단면임은 부인할 수 없다.

이뿐만이 아니다. 산업계도 우리나라의 대학 교육에 대해 날선 비판을 주저하지 않는다. 신입사원 업무 성취도에 대한 기업의 만족도는 25% 수준에 불과한데, 기업에서는 그 원인으로 대학 교육의 문제점을 거론하면서 대졸 신입사원의 연간 재교육 비용이 연 4.9조 원에 이르고 1인당 평균 재교육 비용도 6,200만 원에 이른다고 지적(경총, 2005)하고 있다.

성장의 주역, 대한민국 공과대학의 현주소

그러나 초고속 압축 성장을 이루어내며 불과 40년 만에 세계 11위 경제대국으로 올라선 대한민국의 놀라운 성공 뒤에는 기술인재를 양성해온 공과대학이 있었다는 점도 부인할 수 없다. 생산 현장에서 땀 흘려 일한 기능인력부터, 연구소에서 밤낮없이 기술 개발에 주력

---

* 실제 평가 항목은 '우수한 엔지니어를 노동 시장에서 쉽게 구할 수 있는 정도'이다. '대학 교육의 사회 요구 부합도'에 대해서는 61개국 중 50위라는 평가를 내렸다.

한 핵심 연구인력까지, 우리 성장의 주인공을 양성해온 주역이 바로 공과대학 아닌가.

문제는 오늘날엔 환경이 판이하게 달라졌다는 것이다. 기술의 급속한 발전과 융복합화 추세, 모방에서 창조의 경제로 나아가는 지금, 우리의 공과대학들도 변화와 혁신을 단행하지 않으면 안 되는 상황이라는 이야기다.

우리나라의 공과대학들은 학부 공학인력 배출 규모가 미국과 비슷한 수준인 7만 명에 가까울 정도로 양적 측면에서는 크게 성장했지만 대학의 질적 경쟁력은 취약하다는 비판을 받고 있다. 우선 특성 없는 백화점식 학과 운영*으로 선진국의 공과대학과는 달리 자체 핵심 역량이나 지역의 산업 여건을 고려한 차별화된 전략이 미흡하다는 것이다. 또한 산업계 수요를 반영할 수 있는 교육 체계가 마련되어 있지 않아 급변하는 기술 수요에 적절히 대응하지 못한 채 이론 중심의 교육이 주를 이루고 있으며, 산학협력이 활성화되지 못해 대학의 산업 지원 기능 역시 미흡하다는 비판을 듣고 있다.

물론 이러한 문제점이 공과대학의 탓만은 아니다. 대학 총재정에서 정부 지원이 차지하는 비중이 23.2%에 불과하여 OECD 평균인 76.4%에 비해 현저히 낮고, 그나마도 주로 R&D 사업에 치우쳐 교육에 대한 투자가 매우 부족하다. 부처별로 이뤄져온 산발적인 지원

---

* 대학당 학과 수 변화 : (1990년) 37.5개 → (2004년) 56.6개.

사업이 오히려 공과대학의 핵심 역량 제고에 저해 요인으로 작용해 왔다는 비판도 많다. 산업계도 그동안 공과대학에 대해 대안 없는 비판만 해온 것은 아닌지 반성해볼 필요가 있다. 산업계의 수요라는 것이 산업 분야별, 기업 규모별로 다양한데도 그 구체적인 수요를 대학 측에 전달하는 데는 소홀하지 않았나 싶다.

산업자원부와 교육부는 이러한 문제점을 해소하고, 공과대학의 경쟁력을 세계적 수준으로 높여가기 위해 2006년 11월 6일 대통령이 임석한 '공과대학 혁신포럼 2006' 에서 '공과대학 혁신 비전과 전략' 을 발표하였다. 이는 2006년 5월 산업자원부와 교육부가 '대학 혁신과 산학협력 활성화를 위한 공동 협약' 을 체결하고, 산업계 · 학계 · 정부가 참여하는 '공학 교육 혁신 포럼' 을 구성하여 공과대학 혁신 방안을 논의한 결과였다.

공과대학 혁신의 비전은 글로벌 수준의 특성화된 공학 교육과 산학협력을 통해 대학과 산업의 경쟁력을 강화하는 것이다. 이를 위해 대학 혁신, 산업계 역할 강화, 정책 혁신 등 3개 축으로 공과대학 혁신을 위한 정책 방안을 도출하였다. 공과대학 혁신은 대학만의 노력으로는 불가능하고, 산업계 · 정부 등 공과대학을 둘러싼 각 주체의 혁신과 연계되어 추진되어야 하기 때문이다.

공과대학 혁신을 위한 3가지 핵심 전략

공과대학 혁신의 첫 번째 전략은 지역 산업 여건 및 대학의 핵심 역량에 기초하여 각 공과대학별로 경쟁우위가 있는 분야로 특성화를 추진하는 것이다. 모든 대학이 백화점식으로 운영되어서는 경쟁력을 확보할 수 없다. 그래서 산업자원부는 2006년 6월부터 74개 공과대학과 함께 전략 유형*이라는 개념을 도입하여 공대별 특성화 방안을 마련하였다. 그 결과, 현재보다 특정 기업이나 특정 산업에 특화된 맞춤형 인력 양성이 확대(현재 26.6% → 향후 40.2%)되고, 연구인력과 엔지니어 배출 규모도 대학 유형별로 차별화될 것으로 나타났다. 실례로 호서대학은 디스플레이 · 반도체 산업 등 지역산업에 적합한 인력 양성에 초점을 맞춘 특성화 학과를 운영하기로 하였고, 포항공대는 대학원 운영을 박사과정 중심(전체의 85% 이상)으로 재편하고, 융합기술 전문대학원을 확대하기로 했다.

이렇게 도출된 대학별 특성화 모델을 실현하기 위해 산업자원부는 '공학교육혁신센터'를 대학에 설치할 계획이다. 이 센터는 공과대학의 유형별로 차별화된 공학 교육 및 산학협력 프로그램을 설계하고, 이를 실제 교육 과정 및 산학협력 활동에 반영하는 공과대학 내의 혁신 전담 기구 역할을 수행하게 될 것이다.

또한 전공 교육 내실화, 소프트 스킬(soft skill) 배양 등 공학 교육의 기본 품질을 제고하기 위해 '공학교육인증제'를 확산하는 방안

---

* 수요자(특정 기업, 특정 산업, 범산업), 산출 인력(연구인력, 엔지니어)을 두 축으로 대학이 전공 등 교육 프로그램을 어떤 분야, 어떤 규모로 차별화할지를 제시한 모습.

도 마련하였다. 양질의 평가자를 양성하고, 인증 대학에 대한 R&D 과제 가점 부여 등 각종 인센티브를 제공하여 인증 대학을 지속적으로 늘려나가는 한편, 우리 교육 환경에 맞는 인증 기준도 마련할 것이다.

한편 공과대학의 산업 지원 기능도 강화해야 한다. 이를 위해 산학협력 중심 대학 정책을 실시한 후부터 활성화된 대학 · 기업 간 교육 · R&D협력시스템인 가족회사제를 2015년까지 5만여 개(2006년 말 기준 6,400여 개)로 대폭 확대하고, 협력 내용 또한 단순 기술 지도에 그치지 않고 R&D, 사업화, 마케팅 등 기업 활동 전반으로 넓혀나가야 할 것이다. 그 일환으로 가족회사 유치 · 지원 성과 등 산학협력 실적이 우수한 교수들이 높은 평가를 받을 수 있도록, 재정 지원과 연계하여 대학의 교수평가시스템 개편을 유도할 필요가 있다. 아울러 기술 이전 전담 조직 육성, 산학협력 기술 지주회사 설립 등을 통해 대학이 보유한 기술의 기업 이전도 적극 추진해나가야 한다.

그러나 공과대학 혁신에는 그 무엇보다 산업계의 역할이 중요하다. 우선 산업계가 대학을 향해 마음을 열어주어야 하고 희망을 품어주어야 한다. 구체적으로 말해, 보다 적극적인 태도로 공학 교육에 대한 수요를 표출해야 한다는 것이다.

정부는 산업계가 이러한 일을 잘 수행할 수 있도록 산업계의 관점에서 공과대학을 평가하는 '산업기여도평가제도' 를 도입할 계획을 갖고 있다. 이 제도를 통해 대학의 활동을 산업계가 어떻게 바라보고 있으며, 실제로 대학의 교육이 산업에 얼마나 공헌하고 있는지를 매년 평가하고 점검해볼 수 있게 될 것이다. 우선 2007년에는 전자 · 조선 산업 인적자원개발 협의체를 중심으로 관련 학과(전자공학과, 조선학과 등)의 산업기여도를 평가하고, 이를 등급화하여 공표할 것이며, 추후에는 다른 산업 분야로도 이러한 평가제도를 확대할 것이다.

정부의 대학 재정 지원 방식도 개편되어야 한다. 특히 대학의 강점 분야를 집중 지원하여 특성화를 유도하고, 부처별 지원 사업의 시너지 창출을 위해 교육인적자원부 · 산업자원부 · 과학기술부 등 관계부처 지원 사업 간의 연계 · 조정 시스템을 강화할 필요가 있다. 나아가 중장기적으로는 각 부처 사업을 현재의 개별 단위사업별 지원 체제에서 대학별 발전 전략에 따른 패키지형 지원이 가능하도록 해야 한다. 이를 위해 교육인적자원부에서 이미 운영 중인 '대학특성화지원전문위원회'의 기능을 활성화하여 부처별로 사업을 설계할 때 사전 협의가 이루어지도록 할 예정이다. 아울러 대학 특성화 및 산학협력 촉진을 위한 인센티브 체계 마련을 위해 '특성화 · 산학협력 지표'를 마련하여, 대학 재정 지원 사업을 평가할 때 관련부처가 동일한 잣대를 적용할 수 있도록 할 계획이다.

기술인재들이여, 선진 한국을 견인하라

이제까지 정부의 각 부처는 마치 경쟁이라도 하듯 각종 대학 관련 사업을 쏟아냈다. 하지만 그 사업들이 긴밀하게 연계되지 못한 탓에 대학의 구조와 문화를 근본적으로 바꾸는 데는 한계가 있었다. 그런 면에서 산업자원부와 교육인적자원부가 손을 맞잡은 것은 상당히 의미 있는 일이었다고 생각한다. 양 부처의 정책 공조가 앞으로도 계속해서 성공적으로 추진된다면 대학에 미치는 영향력은 매우 클 것이며, 대학의 문화와 체질을 근본적으로 변화시킬 수 있을 것으로 기대한다.

2006년 현재 대한민국은 저출산과 고령화, 양극화라는 무거운 짐을 짊어지고 힘겨운 언덕길을 오르고 있다. 우리가 직면한 이 같은 어려움을 슬기롭게 극복하고, 가속화되는 세계화의 흐름에 능동적으로 대처하기 위해서는 인재 중심의 국가 발전 전략이 정말로 중요하다. 그 전략의 한가운데에 우리 공과대학이 서 있는 것이다. 공과대학은 선진 한국을 견인할 기술인재 양성의 책임을 지고 있다. 세계 최고 수준의 공과대학 경쟁력 확보를 위한 공과대학 혁신, 이제 그 시동이 걸리고 있다.

공공연구기관, 돈만 먹는 하마?

참여정부는 매년 4월이면 국가 재원의 배분 방향을 결정하는 '국무위원 재원 배분 토론회'를 1박 2일로 개최한다. 대통령이 직접 주재하는 이 토론회에는 각 국무위원들이 모두 참석하여 국가의 재원을 중장기적인 관점에서 어떻게 배분하는 것이 좋을지를 논의한다.

2006년 2월 산업자원부 장관에 취임한 나 역시, 그해 4월 재원 배분 토론회에 참석하였다. 이 토론회를 준비하면서 산업자원부 간부들과 회의를 했는데, 산업기술 R&D 부서에서 무시할 수 없는 압력(?)이 들어왔다. "산업자원부는 앞으로 R&D 지원에 승부를 걸어야 합니다. 그것만이 우리나라가 글로벌 경쟁에서 성공할 수 있는 길입니다. 산업계, 연구소, 대학 등이 우리 부처에 바라는 것은 보다 많은 R&D 예산 지원입니다. 우리 정부의 R&D 부담률은 25% 정도로 선진국 평균에 비해 매우 낮은 수준입니다. 장관님. 이번 토론회에서는 특히 산업기술 R&D 분야에 더 많은 재원이 투입될 수 있도록 강조해주셨으면 합니다." 진심을 담은 그의 주장에 대해서는 나도 이미 동의하는 바였다.

정부 R&D 10조 원 시대가 열리다

재원 배분 토론회에서는 크고 작은 많은 이슈들이 논의되었다. 특히 R&D 분야에서는 산업 부문 비중을 축소하고, 기초 공공 분야의 투자를 강화해야 한다는 의견을 가진 부처도 있었다. 이에 대해 나는 "R&D 재원 배분은 경제 성장 전략, 산학협력의 형태 등에 따라 국가마다 다르지만, 최종 목표는 산업경쟁력을 제고하는 것이므로 우리 경제의 발전 수준으로 보아 산업기술 부문에 지속적인 투자가 이루어져야 한다"는 주장을 펼쳤다.

결국 산업자원부의 산업 및 에너지 분야의 2007년 R&D 예산은 2조 원을 상회하는 수준으로 책정되었다. 산업기술 담당 부서가 내게 부여한 숙제를 어느 정도 달성한 것이다. 물론 그 숙제가 아니었어도 산업기술 부문의 R&D 지원은 결코 축소되어서는 안 된다. 2000년대로 접어들면서 민간 기업의 연구 역량이 확대되고 경쟁 패러다임도 기술 개발 경쟁에서 승리하는 자가 그 결과물을 독식하는 형태로 변화되고 있다. 당연히 정부의 산업 정책 또한 산업기술 R&D 지원 정책 중심으로 변화할 수밖에 없다. 2007년 국가 R&D 예산이 10

조 원 규모에 이르고, 산업자원부 주도로 지원되고 있는 산업기술 예산이 2조 원을 넘겼다는 것은 우리 정부가 기술 개발 투자에 전력을 다한다는 증거라 할 수 있다.

하지만 문제는 금액이 아니라 이 돈을 누가, 어디에, 어떻게 쓰느냐 하는 것이다. 출연 연구소나 기업을 방문할 때마다 기술 개발을 하는 분들이라면 하나같이 "열심히 기술을 개발하고 있습니다. 정부에서 많이 도와주세요"라고 말한다. 하지만 몇 가지 자잘한 기술 개발 성과에 대해서는 자주 들어도, 기술개발시스템 전반이 어떻게 좋아지고 있는지에 대해서는 별로 듣지 못했다. 어쩌면 R&D 성과를 제대로 낼 수 있는 시스템이 아직 마련되어 있지 못한 게 아닌가 의구심도 들었다.

그래서 R&D 예산 2조 원에 걸맞은 시스템을 새로이 만들기로 했다. 투입되는 R&D 예산이 늘어났으므로 그 예산을 효율적으로 사용할 수 있도록 R&D지원시스템을 전면적으로 혁신하자는 생각이었다. 우선 '산업기술 R&D시스템 혁신추진단'을 구성하였다. 산업자원부 과장급 직원과 민간 전문가 등이 추진단에 참여해 관련 과제를 논의하여 2006년 8월 14일 '신산업기술 R&D시스템 혁신 추진방안'을 발표하였다. 추진방안의 주요 내용은 다음 네 가지로 요약된다.

첫째, 산업 R&D 투자를 향후 우리 경제의 성장 원천이 될 수 있는 차세대 반도체, 디스플레이 등 15개 국가 전략기술 분야의 핵심 원천기술 개발에 집중 투자하되, 기술 분야별로 각각의 특성을 반영할 수 있는 방식으로 투자하여, 획일적이었던 기존의 기술 개발 방식을 탈피하도록 한다.

둘째, 기술 개발을 통해 건강, 안전, 환경 등 사회 인프라를 구축하고 삶의 질을 향상시키는 R&D 투자를 확대한다.

셋째, 그동안 양적 투입 중심으로 R&D 지원이 이뤄졌으나 앞으로는 여기에서 벗어나 '선행 특허 조사' 및 '경제성 평가' 등을 통해 R&D 지원의 효율성을 선진국 수준으로 높여나가도록 한다.

넷째, R&D 자금 지원 과정에서 정부의 책임성을 강화하는 한편, 국민의 이해도를 높여나가도록 한다. 이를 위해 산업자원부는 2006년 6월 조직을 개편하여 실제 업무 및 기능을 R&D 지원 중심으로 전환하였으며, 2007년부터는 매 분기별로 산업기술 R&D 사업 현황 및 성과에 대한 진도 보고서를 작성하여 공개하기로 하였다.

공공연구기관, 변화의 머리가 되라!

자원이 부족하고 기술 기반이 취약했던 40여 년 전의 우리나라는 중장기적으로는 중후장대형 중공업을, 단기적으로는 조립 · 생산 기술 중심의 수출산업 육성을 통한 '기술 입국(技術立國)'을 경제의 비전으로 삼았다. 당시 우리가 먹고살 길은 수출뿐이었고, 수출의 동력은 기술 개발을 통한 제조업 강화에서 찾을 수밖에 없었기 때문이다.

이러한 정책 목표에 따라 최초의 공공연구기관인 '한국과학기술

연구소' 가 1966년에 설립되었고, 이곳에서 꾸준한 연구개발이 이루어져 기업이 요구하는 대형 원천기술을 개발했으며, 개발된 기술을 기업에 이전하여 사업화함으로써 기술 선진화에 상당한 기여를 하였다.

특히 1990년대에 대형 국책 사업으로 추진된 D램, HDTV, 자동차 핵심 엔진 등의 기술 개발에서는 공공연구기관이 주도적인 역할을 수행했다. 공공연구기관을 중심으로 대학, 수요 기업, 핵심 부품 기업들이 기획 단계에서부터 상호 협력함으로써 산업계가 필요로 하는 핵심기술들을 개발해낸 것이다.

그 가운데 HDTV는 최근 부상하고 있는 유망 디지털 가전 가운데, 국내 기업이 가장 강력한 경쟁력을 보유하고 있는 분야이다. 아날로그 시대에는 우리나라가 컬러TV와 VCR 등에서 일본과 4~16년의 기술 격차를 갖고 있었지만, 현재의 HDTV에서는 일본과 거의 동등한 수준의 독자적인 원천기술을 보유하고 있다. 이렇게 되기까지는 1990년부터 1999년까지 10년 동안 기업과 정부, 연구소 및 학계가 힘을 모아 국책 프로젝트로 추진해온 'HDTV 수상기 개발 사업' 및 'HDTV용 주문형 반도체 개발 사업' 이 결정적 역할을 하였다. 정부와 민간이 투입한 총연구비가 1,800억 원이었으며, 생산기술연구원과 전자부품연구원도 각각 사업의 총괄기관으로서 제 역할을 했다.

우리나라가 전 세계 휴대전화 시장의 40%를 점유하여 이 분야에서 세계 1위라는 이름값을 내세우게 된 것도, 메모리 반도체 분야에서 세계 시장을 독식하고 있는 것도, 또 세계에서 4번째로 고속전철을 개발한 철도 강국이 된 것도, 연간 350만 대의 자동차를 생산하는 세계 5위 자동차 강국으로 발전하게 된 것도 공공연구기관의 꾸준한 연구개발 노력이 없었다면 불가능했을 것이다.

공공연구기관은 이렇듯 굵직한 기술 개발 프로젝트를 수행하는 한편, 중소기업들이 어려워하는 기술 문제를 그때그때 해결해주는 작지만 건실한 성과도 내고 있다. 앞에서 소개한 '몰드존'이 그 구체적인 사례로, 이는 생산기술연구원이 중소기업 지원을 위해 추진한 프로젝트였다.

하지만 이러한 성과에 만족하는 데서 한발 더 나아가, 거시적인 눈으로 변화하는 세계를 바라보아야 한다. 즉 공공연구기관도 더욱 가속화되는 치열한 경쟁 패러다임과 정책의 변화에 맞게 그 역할과 위상이 변화해야 한다는 것이다. 선진국이 개발한 것을 모방하는 방식이 아니라, 기술 개발의 위험이 커서 기업들이 주저하는 부문에 공공연구기관이 과감하게 도전하여 창조적 기술 혁신 성과를 달성해야 한다.

현재 공공연구기관들은 국가 R&D 예산의 40% 이상을 사용하면서도, 개발한 기술의 70% 이상이 실용화되지 못한 채 사장된다는 문제점을 안고 있다. 또한 적절한 인사정책이 뒤따르지 않아서 젊은 연구인력들이 대학이나 해외로 자리를 옮기는 일이 잦다. 이런 이유들로 이른바 "연구비 먹는 하마"로까지 비쳐지고 있는 실정이다. 이런 비판을 불식시키기 위해서라도 공공연구기관은 변해야 한다.

우선 국가의 정책 목표에 부합되는 위상부터 재정립하여, 전략 분야에 연구 역량을 집중할 필요가 있다. 공공연구기관은 인력 양성과 교육이 주기능인 대학, 이윤 추구가 최우선 목표인 기업과는 달리 기술 개발이 주 업무인 전문 연구 집단이다. 대학이 실행하는 학문 중심의 기초 연구와, 기업이 하는 단기 상업성 위주의 기술 개발과는 차별화되는 일을 하는 것이 옳다. 다시 말해, 산업계의 수요를 반영한 핵심 원천기술과 대형 복합시스템 기술을 개발하는 데 전념하여 다른 연구 주체와는 분명하게 구분되는 고유 영역을 구축해나가야 한다.

이와 함께, 연구개발의 효율성도 더욱 높여가야 한다. 공공연구기관은 기본적으로 국민의 세금으로 운영되는 '공공' 기관이다. 연구원 또는 연구기관의 개인적인 관심에 근거한 연구개발이 아니라 국가와 국민이 필요로 하는 연구개발에 힘써야 한다. 좋은 연구 과제를 발굴하고 철저한 사전 기획을 통해 계획성 있는 개발을 추진함으로써 실패와 시행착오를 최소한으로 줄여 국민의 세금이 헛되이 사용되지 않고 있다는 믿음을 심어주어야 하는 것이다.

타코마 브리지에서 배워야 할 것

미국 워싱턴 주 타코마 해협에는 '타코마' 라는 이름의 다리가 있는데 그 위용이 대단하다. 하지만 이 다리는 1937년에 현수교로 준공되었다가 준공 3년 만인 1940년 11월 7일에 붕괴된 뼈아픈 경험을 갖고 있다. 미국 국민은 토네이도에도 끄떡없게 설계되었다는 이 다리가 고작 19m/s의 산들바람 앞에서 맥없이 무너지는 것을 보며 경악했고, 그 충격은 비난의 화살이 되어 공사 책임자들을 향해 되돌아갔다.

만약 이것으로 타코마 브리지의 역사가 끝나버렸다면, 교량기술을 예술의 경지로 끌어올렸다고 칭송받는 현재의 타코마 브리지는 존재하지 못했을 것이다. 하지만 당시 공사 관계자들은 카메라로 녹화된 교량 붕괴 장면을 철저히 분석하여, 그 어떤 바람에도 견딜 수 있는 진동 메커니즘을 규명했다. 그리고 끊임없는 기술 개발을 통해 마침내 오늘날과 같은 훌륭한 '뉴 타코마 브리지'를 1950년 5월 14일 다시 완공했다.

새로운 기술은 결코 쉽게 탄생하지 않는다. 그것은 더 좋은 세상을 만들기 위해 기술 개발에 매진하는 연구자와 노동자의 땀과 노력을 필요로 한다. 2006년 5월 국내에서도 이런 노력이 결실을 맺은 새로운 기술의 탄생을 목격할 수 있었다. 순수 국내 기술로 개발된 상상 속의 로봇 '에버원(EveR-1)'이 첫 선을 보인 것이다. '에버원'은 상반신을 움직일 수 있고 외모와 행동, 감정 표현이 인간을 빼닮은 로봇이다. 이 로봇은 가는 팔과 작은 얼굴을 가졌으며, 35개의 초소형 모터로 동작을 구현함으로써 기술적 어려움을 한 단계 극복한 것으로 평가받고 있다. 이러한 상상 속의 로봇이 우리 앞에 모습을 드러내자, 우리 기술로도 충분히 세계로 나아갈 수 있다는 자부심으로 모든 사람들이 감격하지 않을 수 없었다.

이런 경이로운 성과를 이뤄내는 일을 즐거이 담당해야 할 주체가 바로 공공연구기관이다. 이런 목표를 이루기 위해 우리 정부 또한 일반 대학과 기업이 손을 대기 힘든 기술 분야에 막대한 예산을 쏟아붓는 것이다. 공공연구기관의 존재 이유는 국가 과학기술의 뿌리가 되는 기술 개발을 통해 산업경쟁력을 제고하고, 나아가 차세대를 책임질 원동력을 제공하여 국민의 삶을 윤택하게 하는 데 있다. 우리 기술자들이 꿈을 실현하기 위해 끊임없는 노력으로 '에버원'을 만들어냈듯이, 또한 타코마 브리지가 세계 최고의 훌륭한 다리로 재탄생할 수 있도록 연구하고 고민한 사람들이 있었듯이, 우리의 공공연구기관 또한 중단 없는 자기반성과 혁신 노력을 통해 21세기 기술강국 시대에 부응할 수 있도록 제 역할을 다해야 할 것이다.

지금 기업에는 기술금융 시장이 필요하다

"우리나라 금융은 전당포 수준입니다." 국책 은행 총재를 지낸 어느 금융 전문가의 탄식이다. 특히 부동산 담보 능력이 거의 없고, 단지 기술만 가지고 있는 기업이나 개인을 위한 금융 시장은 전혀 형성되지 않았다고 해도 틀린 말이 아니다. 그렇다고 시장이 형성될 때까지 망연자실 기다리기만 할 것인가? 정부가 나서서 시장 조성을 위한 역할을 해야 하지 않을까? 정부가 일정한 역할을 수행해야 한다는 것이 나의 판단이다.

세계 최대 인터넷 경매업체인 '이베이'는 1995년 2명의 창업자에 의해 옥션웹(Autionweb)이라는 이름으로 시작되었다. 이렇게 작은 규모로 시작한 이베이가 세계 최대 인터넷 경매업체로 탈바꿈할 수 있었던 것은 옥션웹의 기술력과 비즈니스 모델이 가진 엄청난 시장잠재력을 평가한 벤처캐피털의 투자가 결정적이었다. 벤처마크캐피털 사는 옥션웹에 총 500만 달러를 투자, 22%의 지분을 획득하였다. 이베이는 이를 바탕으로 2000년에 매출 5억 달러의 기업으로 성장했고, 벤치마크캐피털도 이 거래를 통해 4만 9,000%에 해당하는 천문학적인 수익을 올렸다. 기업이 보유한 기술력 등 미래 성장성의 가치 평가에 기반한 투자가 기업과 금융 양자에 얼마나 큰 수익을 가져다줄 수 있는지를 보여주는 사례이다.

데스밸리를 건너는 법

우리나라의 R&D 투자는 GDP의 3% 정도로 어느덧 선진국 수준에 이르게 되었으나 R&D 성과를 사업화시키는 실적은 아직 선진국의 절반 수준에 불과하다. 국민의 소중한 세금과 기업들의 자금이 투입된 R&D 성과가 사업화를 통해 실질적인 일자리 및 부가가치 창출로 연결되지 못하는 것은 상당히 안타까운 일이다.

기업이 직접 개발하거나 이전받은 기술을 활용하여 제품의 생산과 판매로 연결하는 기술 사업화 과정에는 소위 데스밸리(death valley) 현상이 존재한다. 데스밸리는 말 그대로 '죽음의 계곡'을 가리키는데, 서부 개척 시대였던 1849년 캘리포니아로 향하던 이민자 그룹이 지름길인 줄 알고 이 계곡을 지나다가 물 한 방울 풀 한 포기 없는 뜨겁고 황량한 사막을 무사히 빠져나가지 못한 채 죽음에 이르렀기 때문에 붙여진 이름이다. 바로 이런 '죽음의 계곡'들이 곧잘 우리 기술 개발자들의 발목을 붙잡곤 하는 것이다.

그런데 이러한 데스밸리 현상은 흔히 자금 부족에서 비롯된다. 미국 상무성에 따르면 개발이 완료된 기술을 사업화하는 데는 보통 기술 개발에 들었던 자금의 10배 이상이 들어간다고 한다. 우선 시제품을 만드는 데 성공해야 하고, 그것을 대량 생산으로 이어가야 하며, 궁극적으로는 실수요자의 니즈를 충족시켜야 한다. 참으로 멀고 험난한 여정이 아닐 수 없다. 때문에 자금이 충분치 못한 중소기업들은 금융기관으로부터 자금을 확보하는 일이야말로 사업 성공의 가장 중요한 열쇠인 것이다.

왜 기술 투자를 기피하는가?

그런데 왜 금융기관들은 기술 투자를 기피하는 것일까. 그것은 정보 비대칭성, 미래 상황에 대한 높은 불확실성, 사업화 초기 단계인 기업의 자산 특성이라는 세 가지 이유에서 비롯된다.

우선, 정보 비대칭성이란 무엇인가. 경제학적으로 정보의 비대칭성은 역선택이나 도덕적 해이 현상을 야기하고, 자금이 최적 규모보다 지나치게 적게 공급되어 시장 실패를 가져온다는 개념이다. 그런데 비용 구조가 비교적 잘 알려진 생산 설비 투자와는 달리 기술 개발 투자는 성공 가능성, 자금 소요액 등에 대한 투자자와 기업 간의 정보 비대칭성이 클 수밖에 없다.

게다가 신기술을 사업화하는 것은 기본적으로 '불확실성' 을 내포하고 있다. 많은 자금을 들여 기술 개발에 성공했다 하더라도 이를 제품화했을 때의 시장 수요가 확보되어야 수익으로 연결되는데, 이때 잠재 수요에 영향을 미치는 시장 상황의 불확실성을 평가하기가 매우 어려운 것이다. 금융기관은 그 속성상 자신이 평가하고 관리할 수 없는 불확실성을 기피하며, 따라서 불확실성이 수반되는 기술 투자를 위한 자금 조달이 최적 수준에 이르기 어려운 것이다.

마지막으로 기술 개발이 기업 활동의 중심인 벤처 기업은 유형자산을 거의 갖고 있지 않다. 자산이라고 해봐야 특허나 지식 같은 무형 자산뿐이어서, 물적 담보를 요구하는 금융기관으로부터 자금을 조달받기란 결코 쉬운 일이 아니다. 아무래도 금융기관의 입장에서는 생산 설비와 같은 유형 자산에 투자하면 사업이 실패하더라도 설비를 처분하여 투자금의 일부를 회수할 수 있지만, 기술 개발에 투자하면 실패했을 때는 자금 회수가 거의 불가능하기 때문이다.

실제로 신기술을 기반으로 창업하는 기업을 지원하는 벤처투자자금은 2000년 2조 원 규모였던 것이 2005년에는 5,200억 원 규모로 급격히 감소하는 등 그 조성이 매우 부진하다. 특히 사업화 초기 기업에 자금을 지원하는 엔젤 투자는 2002년 이후 거의 중단된 상태이고, 3년 미만의 창업 초기 기업에 대한 벤처캐피털 투자는 2001년 72.4%를 정점으로 하여 2005년에는 26.5%까지 감소하여, 기술 사업화 초기 단계에 대한 금융 공급 부족 현상이 심화되고 있다. 또한 은행 등을 통한 간접금융도 담보 및 실적 위주로 대출이 이뤄지고 있기 때문에 매출이 발생되지 않은 중소기업이 자금을 조달받는 데 어려움을 가중시키고 있다.

기술 평가부터 제대로 하자

사실 금융기관들의 투자 기피를 불러오는 정보 비대칭성, 불확실성 문제는 우량기업 선별을 위한 기술 평가(technology valuation)가 신뢰성을 확보하지 못한 탓도 크다. 현재 우리나라에는 법령으로 지정한 기술평가기관이 40여 개 있으나, 대부분 정책 자금 집행이나 내부 보증용으로 사용되고 있어 아직 시장에서는 신뢰를 얻고 있지 못하다. 기술 평가의 신뢰성을 제고하여 원활한 기술금융 공급시스템을 만드는 일이 시급한 것이다. 정부는 앞으로 5년 동안 공신력 있는 기술평가시스템을 체계적으로 구축해나가겠다는 계획을 발표하였다.

이 계획은 정부 R&D 과제에 대한 경제성 평가를 실시하고, 공공분야에서 수요를 확충해 기술 평가 시장을 현재의 연간 200억 원 수준에서 2010년에는 연간 500억 원 수준으로 확대한다는 것이다. 또한 기술평가기관 지정 기준과 사후관리제도를 강화하고 기술평가기관들 간의 경쟁 체제를 구축하여 전문성을 높여간다는 계획이다. 아울러 표준화된 기술 평가 기법을 개발 · 보급하고, 기술평가기관들이 기술 정보를 공유할 수 있도록 기술 평가 정보 DB시스템을 구축, 운용하기로 하였다. 기술 평가 전문인력을 양성하기 위한 방안으로는 기술가치 평가, 기업가치 평가 등 분야별 전문 교육 프로그램을 체계적으로 운영하기로 했고, 중장기적으로는 대학원의 기술평가 과정 개설을 지원하며, 기술평가사 등 관련 전문자격제도를 도입하겠다는 내용을 담고 있다.

하지만 이러한 계획이 잘 실천되어 기술 평가가 시장의 신뢰를 얻고, 그 덕분에 기술금융 시장이 자생적으로 형성되더라도 그러기까지는 과도기를 거칠 수밖에 없다. 이러한 과도기에는 어쩔 수 없이 정부 주도하에 '기술 평가에 기반한 기술금융 공급'을 확대해나갈 필요가 있다.

이런 문제의식에 따라 2006년 4월 20일 여의도 63빌딩에서 여러 금융기관들이 참석한 가운데 '기술 이전 사업화 정책 심의회'를 개최하였다. 혁신형 중소기업들에 대한 금융 지원을 위해 마련된 이 자리에서는 각 기업들의 기술력을 평가하고 지원해주기 위해 기술보증기금, 기술거래소 등과 기업은행, 우리은행, 신한은행 등 주요 시중은행이 업무협약(MOU)을 체결하였다. 물적 담보력이 부족한 중소기업을 대상으로 한 기술평가기관의 기술성 · 사업성 평가를 토대로 금융기관이 신용대출을 지원하는 것이 업무협약의 주된 내용이었다. 우수한 기술을 개발하고도 담보력이나 재무 실적이 미흡하여 자금 조달에 어려움을 겪던 중소기업들이 이 협약을 계기로 당면한 문제를 약간이나마 해소할 수 있었을 것이라 생각한다. 또한 금융권도 기존의 담보 위주 관행에서 벗어나 새로운 잠재력을 가진 기업들에 눈을 돌릴 수 있게 되었을 것이다.

궁극적인 목표는 민간 기술금융 시장 조성!

한편 기술 사업화 초기 기업에 장기간 투자하는 기술사업화 전문 투자조합(500억 원)도 결성되었다. 이 조합은 국내 최초로 선진국형 투자조합인 유한회사형(LLC: Limited Liability Company)으로 결성되었는데, 이를 계기로 대덕특구투자펀드(1,000억 원), 과학기술투자펀드(500억 원) 등 기술사업화 전문 투자펀드가 속속 조성되고 있다.

아울러 정부는 기술 평가와 금융을 연계한 공적 보증기관인 기술보증기금의 역할을 더욱 강화하기로 했다. 기술보증기금을 기술 혁신형 기업에 대한 전담 보증기관으로 특화하여 현재 전체 보증액의 25% 수준인 기술평가보증을 2009년에는 60% 수준으로 확대하는 한편 기술이전보증, 기술평가투자보증 등 다양한 형태의 기술보증 도입을 추진 중이다.

그간 혁신형 중소기업의 자금 조달을 어렵게 했던 물적 담보 위주의 금융 관행을 극복하는 방안도 마련되었는데, 특허권 등 지식재산권의 미래 현금 흐름에 기초하여 자금을 조달할 수 있도록 기술유동화증권, R&D 프로젝트금융, 기술신탁 등 새로운 금융상품을 개발해 나가기로 한 것이다.

하지만 이 모든 방안들은 앞서 말한 것처럼 단지 과도기의 정책일 뿐이다. 정부가 이런 정책들을 내놓는 까닭은 시장 실패 영역을 치유하여 궁극적으로는 기술금융 시장이 자생적으로 태어나 원활히 작동할 수 있는 기반을 조성하기 위함이다. 기술금융은 근본적으로 '시장 기능' 중심으로 움직여야 하며, 이를 위해서는 민간 금융 부문의 역량과 의지가 필수 조건이다.

현재 정부는 금융업 및 금융상품 규제를 철폐하여 대형화된 금융투자회사(투자은행: investment bank)를 육성하여 직접금융 시장을 활성화하는 것을 골자로 하는 '자본시장통합법' 제정을 추진 중이다. 기존의 은행과 달리 위험을 인수하는 데 적극적인 투자은행 육성을 통해 금융 시장을 직접금융 시장 위주로 재편하면 리스크가 높지만 미래 성장성이 큰 혁신형 기업에 대한 자금 중개가 좀 더 원활해질 것으로 기대한다.

유감스럽게도 우리나라의 금융산업은 위험을 적극적으로 부담하고 관리하는 능력이 취약하다. 은행은 기업금융보다 주택담보대출 등 가계대출에 치중하고, 증권사는 증권인수나 M&A보다는 증권중개와 위탁매매에 치중하고 있다. 그 결과 시중의 풍부한 유동자금이 미래의 성장동력이 될 혁신산업 부문으로 유입되지 못하고, 부동산 등 비생산적인 부문으로만 유입되고 있다. 혁신형 중소기업이 제대로 성장하려면, 기술기업의 고위험 · 고수익 구조를 적절히 활용하여 위험을 관리함으로써 투자수익을 극대화하는 전문적인 역량을 지닌 금융산업의 뒷받침이 필수적이다. 자본시장통합법 제정이 금융회사의 위험 관리와 투자 역량을 강화하여 기술 집약형 중소기업들이 글로벌 기업으로 성장할 수 있는 금융시스템 선진화를 견인하게 되기를 바란다.

표준 전쟁, 승자가 모든 것을 차지한다

현재 세계 시장을 무대로 벌어지고 있는 '표준 전쟁'을 보고 있노라면 세계적인 록 그룹 아바(ABBA)의 '승자가 모든 것을 차지한다(The Winner Takes It All)'라는 노래가 떠오른다. 표준 전쟁의 승자는 향후 막대한 시장을 창출하여 경제적 이익을 누리게 되지만, 패자는 시장 종속이라는 상처와 함께 엄청난 경제적 손실을 떠안아야 하기 때문이다.

유명한 예로 1970년대 일본에서 소니와 마츠시타가 비디오테이프 레코더(VTR) 방식을 두고 벌였던 '비디오 전쟁'을 들 수 있다. 이때 소니는 베타 방식으로, 마츠시타는 VHS 방식으로 각기 다른 방식의 VTR을 제작하였는데 소니의 것이 먼저 시장에 출시되었을 뿐만 아니라 성능 면에서도 우수하였다. 하지만 후발업체인 마츠시타가 미국 및 유럽의 기업과 컨소시엄을 형성하여 표준화에 성공함으로써 세계 시장을 석권하였다. 결국 선발업체였던 소니의 베타 방식은 성능을 중시하는 방송용으로만 사용되는 불운을 겪어야 했다.

마이크로소프트의 빌 게이츠가 세계 제일의 부자가 된 것도 알고 보면 '표준'을 선점했기 때문이 아닌가. 이처럼 오늘날 세계 시장에서는 표준을 선점하는 것이 곧 사업 성패를 가름하는 중요한 전략이 되고 있다.

'표준', 세상을 움직이는 기준

우리의 일상생활에 직접적으로 영향을 미친 표준화 성공 사례도 있다. 몇 해 전까지만 해도 휴대전화마다 충전 방식이 달라 전화기를 바꿀 때마다 충전기도 바꿔야 했는데, 이제는 모든 휴대전화의 충전기가 표준화되어 그런 불편함을 덜게 되었고 연간 약 3,500억 원의 절약 효과까지 거두고 있다.

이렇듯 표준화는 인간 생활 곳곳에 두루 영향을 미치고 있다. 아침에 일어나서 출근을 하고 정오 무렵에 식사를 하고 저녁 무렵에 퇴근을 하는 우리의 생활 방식도 일종의 표준화 과정을 거쳐서 정해진 것이라고 볼 수 있다. 또한 우리가 늘 이용하는 교통신호 체계, 전원의 전압과 주파수, 플러그와 콘센트, 텔레비전 전송 방식, 컴퓨터의 프로그램 언어 등도 모두 표준화인 셈이다.

최초의 표준화는 고대 이집트에서 '표준화된 원통 모양의 돌'을 무게 단위로 사용한 때로 거슬러올라가는데, 그 이래로 표준은 국가 차원에서 중요한 정책으로 다뤄지기 시작했다. 그리고 오늘날에는 세계 시장을 확보하기 위한 기업의 경영 전략, 나아가 국가의 산업 정책 수단으로까지 자리매김하게 되었다.

특히 1995년 세계무역기구(WTO: World Trade Organization) 출범을 계기로 세계 시장에서 표준의 역할은 더 큰 변화를 맞고 있다. WTO의 부속 협정인 '무역상기술장벽협정(TBT: Technical Barriers to Trade)'은 국가 간의 자유로운 교역을 방해하는 대표적인 비관세 장벽으로 표준을 주목하고, 앞으로 일정 기간 내에 WTO 가맹국들은 자국의 표준을 국제표준에 맞추도록 규정하고 있다.

세계 시장이 단일화 · 디지털화 · 네트워크화되면서 기업과 국가도 표준경쟁력을 갖지 못하면 세계 시장에서 도태될 수밖에 없는 상황이 도래하였다. 신기술 개발과 특허 확보도 중요하지만 무엇보다 국내 기술을 국제표준에 맞추는 것이 경쟁력을 높이는 필수 조건이 된 것이다. 세계 최고의 기술을 개발해도 국제표준이 되지 못하면 시장에서 받아들여지지 못해 결국 연구비만 소모한 꼴이 된다. 그런 신세가 되지 않으려면 기술 개발의 전략을 바꿀 필요가 있다. 예전처럼 비밀리에 신기술을 개발하기보다는 제품의 기술 개발 단계에서부터 가능한 한 많은 기업과 제휴하여 지지 세력을 늘려야만 우리 기술을 국제표준화하는 단계에서 유리한 입지를 확보할 수 있기 때문이다.

국제표준 선점 경쟁은 표준화의 개념마저 바꾸고 있다. 원래 표준화란 새로운 기술이 개발되고 상용화되어 시장에서 경쟁을 거친 다음에 호환성 확보를 위해 논의하는 것이라는 개념이 우세했지만, 이제는 표준화에 대한 논의가 신기술 개발 착수 단계부터 시작된다. 기술 개발과 표준화를 동시에 진행해야만 기술 개발도 성공하고, 표준화도 성공하여 궁극적으로 세계 시장을 선점할 수 있기 때문이다.

'표준을 선점하는 자가 세계 시장을 선점한다' 라는 말은 이제 구호에만 그치지 않는다. 전 세계 무역량의 80%가 국제표준의 영향을 받는다는 OECD의 발표는 국제표준의 선점으로 세계 시장 선점이 가능하다는 것을 웅변하고 있다. 또한 표준은 개발 비용 대비 수십 내지 수백 배의 경제적 효과를 창출할 수 있다. 산업자원부가 2001년에 자본재 부품을 생산하는 93개 업체를 대상으로 조사한 바에 의하면 10억 원의 표준 개발 투자 비용으로 459억 원의 경제적 효과를 창출하여 약 46배의 투자 효과를 거둔 것으로 나타났다.

표준 강국으로 가는 길

그러나 2005년 말 현재, 국제표준화기구(ISO/IEC)의 국제표준 2만여 종 가운데 우리 기술이 반영된 것은 고작 110여 건에 불과하다. 이러한 현실을 인식한 정부는 2010년 국제표준 세계 7위권에 진입하는 것을 목표로 1999년에 '국가표준기본법' 을 제정 · 공포하였고, 5년 단위의 '국가표준 기본계획' 을 수립하도록 명문화하였다. 이에 따라 2000년에 범정부적으로 '제1차 국가표준 기본계획' 을 수립하여 5년간 추진하였고, 내가 산업자원부 장관으로 일한 2006년에 '제2차 국가표준 기본계획' 을 수립하여, 현재 추진 중이다. '제2차 국가표준 기본계획' 의 4대 중점 추진과제는 다음과 같다.

첫째, 국가표준 체계의 선진화를 위해 19개 부처가 86개 법령에 의해 각기 관리하는 각종 국가표준 · 인증제도를 통합하여 '국가 대표 인증 마크' 와 단일번호 체계를 도입함으로써 범국가적 통합표준 시스템을 구축하는 것이다. 특히 국가표준 · 인증제도의 혁신을 통해 표준 체계의 통일성과 투명성을 확보함으로써 기업의 경영 효율과 소비자의 편익을 높이도록 한다.

둘째, 표준기술 하부 구조 강화를 위해 국가표준 체계의 기초가 되는 측정표준 분야를 확대하고 측정 능력을 향상시키는 것이다. 즉, 표준물질 개발 및 보급 체계를 확립하고 참조표준을 개발하는 시스템을 구축함으로써 산업경쟁력을 뒷받침하기 위한 표준 인프라를 강화하도록 한다.

셋째, 국제표준화 대응 역량을 강화하기 위해, 국제표준으로 채택되는 기술의 비율을 높일 수 있도록 국제표준화 활동을 지원하는 시스템을 정비하는 것이다. 그리하여 2007년에는 세계표준 주도국이 되는 것이 목표이다.

넷째, 민간의 표준화 역량을 강화하기 위해 정부가 주도하는 하향식 표준 제정 방식을 민간이 주도하는 상향식 표준 제정 방식으로 바꾸는 것이다. 이때 전문성 있는 민간이 주도하는 표준화 포럼 등을 통한 '인재 육성'은 세계 표준 강국으로 거듭나기 위한 대전제라 할 수 있다.

우리나라가 진정한 표준 강국에 진입하려면 헨리 포드 같은 사람들이 더 많아져야 한다. 자동차 대중화의 기틀을 놓은 미국의 '자동차 왕' 헨리 포드는 자동차 양산을 위해 '포드시스템'을 도입하였다. 100년 전에 도입된 이 포드시스템의 핵심은 '생산모델 단일화를 위한 부품 표준화'와 '공구 사용법 개선을 통한 공정 표준화'로 요약된다. 물론 헨리 포드가 추진했던 것은 기업 내부 생산 과정에서의 표준화 전략으로 오늘날 우리 기업이 나아가야 할 '국제표준 선점' 같은 표준화 전략과는 다소 차이가 있다. 그러나 헨리 포드가 시도한 기업 경영에서의 표준화는 오늘날에도 표준화 전략의 밑거름으로서 기업들에게 시사하는 바가 크다.

따라서 우리 기업들도 앞으로는 기업 경영 차원에서 표준의 중요성을 인식하고 적극적인 대응 태세를 갖추어야 한다. 세계 시장에서 우리나라의 전자 제품, 자동차, 정보통신 제품 등이 경쟁력을 가질 수 있었던 것은 표준을 활용한 품질경영시스템을 적극적으로 도입했기 때문이다.

'표준'은 제품의 품질경쟁력을 향상시킬 뿐만 아니라 공정 혁신과 원가 절감 등 기술 혁신에 촉진제 역할을 한다. 특히 우리나라가 개발한 CDMA 방식의 휴대전화나 디지털 TV가 세계 시장에서 경쟁력을 확보할 수 있었던 것은 초기 기술 개발 단계부터 표준을 채택하여 기술 혁신에 성공했기 때문이다. 요컨대 기술 개발과 표준화 활동의 일체화를 추진해야 한다.

날마다 새로워지는 표준화 이슈에도 적극적으로 대응해야 한다. 기업의 사회적 책임에 대한 표준을 정립하고, 재난 발생에 대비한 비상계획 표준을 정립해야 하며, 나아가서는 표준화 활동에 소비자의 참여를 증대시키는 등 기술 개발, 마케팅, 생산 부문, 경영 전략 등 전 부문을 아우르는 전사적 표준화 체제를 구축해야 할 것이다.

또 하나 놓치지 말아야 할 것은, 기업들 스스로가 표준화 인재를 적극적으로 육성해야 한다는 점이다. 표준은 한마디로 '기술 외교'라 할 수 있기 때문에, 기술적인 지식의 바탕 위에서 특허 지식, 외국어 구사 능력, 협상 수완 등 다양한 지식과 경험을 겸비한 인재가 필요하다.

이렇게 정부는 정책으로, 기업은 기술로 힘을 합친다면 국제표준을 선점하여 산업 4강으로 우뚝 설 날도 그리 멀지 않으리라 기대한다.

3

무역 규모 1조 달러 시대를 준비한다

세계는 지금 경제력 경쟁의 시대로 접어들고 있다.
세계의 모든 국가들이 무역에 참여하고
비교우위 전략을 수립하고자 몰두하는 것이다.
우리도 단순한 개방과 상품 수출 차원에서 한발 더 나아가,
세계를 무대로 삼는 적극적인 진출 전략을 세워야 한다.
1970, 1980년대와 같이 세계 시장을 상대로 제품을 팔되
기술 · 지식 · 서비스 전략을 동원하여 마케팅을 한다면
수출 5,000억 달러, 무역 1조 달러 시대도
우리 앞에 활짝 열릴 것이라 확신한다.

수출, 3,000억 달러가 가져다준 희망

산업자원부 장관으로 있던 2006년 한 해를 돌아보면, 사무실에서 자리를 지키고 있던 시간은 채 10%도 안 되었던 것 같다. 끝없이 이어지는 간담회, 세미나, 기념식 등을 통해 여러 분야의 사람들을 만났고, 또 적지 않은 시간 종합상사 영업사원처럼 해외로 뛰어다녔다. 세계 유수의 CEO와 경제학자, 타국의 지도자를 만나며 우리 산업이 세계 4강에 진입할 수 있는 길을 모색했다. 우즈베키스탄을 시작으로, 몽골, 아제르바이잔, 아랍에미리트, 일본, 중국, 캐나다, 카자흐스탄, 그리스, 루마니아, 핀란드……. 때로는 에너지 공동 개발을 위해, 때로는 산업 및 경제 협상을 위해 쉴 틈 없이 뛰어다닌 나날이었다.

2006년 12월 5일에도 나는 노무현 대통령의 국빈 방문 동행차 인도네시아에 있었다. 양국 간 교역 · 투자 및 산업 · 자원 분야의 실질적인 협력 방안을 논의해 세 건의 MOU를 맺었는데, 바로 이곳에서 놀랍고 기쁜 소식을 들었다. 우리나라의 수출이 3,000억 달러 고지에 올랐다는 뉴스였다.

산업자원부 장관으로 취임하면서 나는 수출이 경제 활력의 핵심인 만큼, 장관의 성적표는 수출 목표를 제대로 달성하느냐에 달려 있다고 생각하였다. 하지만 장관 재임 내내 원화 고평가와 고유가, 원자재 가격 상승 등 3중고가 계속 이어졌기 때문에 수출 성적표를 잘 받을 수 있을까 하는 걱정이 머리에서 떠나지 않았다. 그런데 결국 우리 경제가 수출 3,000억 달러라는 새로운 지평을 연 것이다. 수출 3,000억 달러를 달성하던 그날 외국에 있었던 탓에, 산업 현장의 기업인들과 근로자들, 산업자원부 식구들과 함께 어깨를 얼싸안을 수 없었던 것이 정말 아쉬웠다.

이젠 국민소득 3만 달러도 가능하다

2006년 우리의 수출은 3,260억 달러에 달했다. 1964년 수출 1억 달러를 기록한 지 42년 만에 달성한 국가적 쾌거이자 우리 경제사에 한 획을 긋는 대사건이었다. 수입까지 합친 무역 규모는 6,353억 달러였다.

사실 우리나라의 경제성장 과정은 수출의 역사라 해도 과언이 아니다. 지난 40여년 동안 우리는 수출 현장에서 밤 새워 물건을 만들고 이를 팔기 위해 세계 시장을 누볐다. 라면부터 미사일까지 돈이 되는 것이면 무엇이든 수출한다는 일념으로 모두들 열심이었다. 그런데 불과 40여년 만에 상상도 하지 못한 미래를 창조한 것이다. 수출 3,000천억 달러는 소나타 자동차로 1,400만 대 값에 해당하고, 우리 국민이 연간 내는 세금의 1.7배에 달하는 엄청난 금액이다.

우리의 수출 규모가 오늘날에 이르기까지는 수많은 역경이 있었다. 두 차례에 걸친 오일 쇼크, IMF 외환위기, 동구권의 민주화와 소련의 붕괴, 중국과 인도 등 신흥 시장의 부상……. 하지만 우리는 그때그때의 위기와 도전을 수출 다변화의 기회로 활용하였다. 또한 1990년대 아날로그 시대가 디지털 시대로 전환되던 시기를 놓치지 않고 반도체 등 IT 산업을 새로운 수출동력으로 발전시켰다.

세계에서 우리보다 앞서 수출 3,000억 달러를 넘어선 나라는 미국, 일본, 독일 등 10개국에 불과하다. 우리가 세계 11대 수출 대국에 진입한 것이다. 3,000억 달러 클럽에 가입한 국가들이 산업화의 역사가 길거나 국민소득 수준이 높은 선진 경제 대국인 것을 감안하면, 우리 경제에 대한 희망이 절로 솟는다.

수출 3,000억 달러의 빛과 그늘

이제 우리는 한반도에 위치한 조그마한 나라가 아니라, 세계를 무대로 활동하는 글로벌 리더십을 갖춘 선진 경제 국가이다. 수출의 내용을 들여다보아도, 조선은 부동의 세계 1위를 고수하고 있고 반도체, 자동차, LCD 등에서도 세계 5위 내의 위상을 갖추었다. 과거

만성적인 무역 적자를 기록하던 기계산업도 2년 전부터는 흑자로 돌아섰다. 우리 제품의 브랜드 이미지도 상당히 개선되어 세계인이 갖고 싶어 하는 상품으로 확실히 자리매김하고 있다.

더욱 강조하고 싶은 것은 우리 수출이 원화가 급격히 평가 절상되는 상황에서도 호조세를 유지하고 있다는 점이다. 과거에는 원화가 조금만 절상되어도 즉시 타격을 받는 취약한 구조였으나 지금은 환율이 수출에 미치는 영향이 과거보다 제한적이다. 이는 그만큼 우리 수출산업의 경쟁력이 강화되었다는 뜻이기도 하다. 수출 제품의 품질과 디자인이 좋아지고, 세계 수요에 따라 수출이 증가하는 모습을 보이고 있다. 조사에 따르면 우리 기업의 가격경쟁력은 환율 하락으로 인해 경쟁국 기업에 비해 낮아지고 있지만, 품질경쟁력은 우위를 유지하고 있는 것으로 나타났다.

하지만 수출 호조의 이면에는 그늘도 있었다. 중소기업을 중심으로 수출 채산성이 크게 악화되어 환율 변동에 대응할 수 있는 시스템을 지속적으로 보완하고 금융 지원 등의 조치를 취했으나, 만족스러운 해법을 얻을 수 없었다. 원화 가치가 일본 엔화 대비 20% 이상 급등하는 상황에서 미시적인 대응에 한계가 있었다. 환율은 외환 당국에 맡겨 시장 친화적으로 끌고 가야 한다는 것이 나의 소신이긴 하지만, 때에 따라서는 적극적인 외화 유동성 조절이 필요하였다. 중소 수출업체가 계속 줄고 있다는 무역협회 조사 보고서를 접하면서 수출 채산성 문제의 심각성을 새삼 느끼지 않을 수 없었다. 매일

매일의 환율 동향에 일희일비할 이유는 없지만, 기업의 채산성 문제에 대해서는 기술과 생산성 향상을 통해 만회하려는 노력이 꾸준히 요구된다.

우리 경제의 버팀목인 수출이 과거에 비해 강한 경쟁력을 갖추었다고는 하지만, 앞으로도 항상 글로벌 경쟁력 변화에 민감하게 대응해야 한다. 해외 시장에서 선진국의 견제가 강화되고 있고 브릭스와 후발 개도국까지 국제 경쟁에 가세하고 있는 상황이기 때문이다. 기계류 및 부품 · 소재 산업의 수입의존도 역시 반드시 해결해야 할 과제이다. 중국 특수로 부품 · 소재 산업이 급성장하기는 했지만 반도체와 디스플레이 등 주력 수출산업 분야에서 쓰이는 핵심 장비와 부품 및 소재는 여전히 막대한 금액을 해외 수입에 의존하고 있다.

질 좋은 수출 구조로 지속 성장을!

우리의 수출이 좀 더 도약하기 위해서는 중장기적으로 금융 · 관광 · 교육 등 서비스 분야 수출이 본궤도에 올라야 한다. 또한 제조업에서 주력 상품군의 확대, 부품 · 소재 기업의 경쟁력 제고, 개방과 해외 투자 활성화를 통한 시장 확대 등 3가지 핵심 전략을 통해 '질 좋은 수출 구조'를 만들어나가야 한다. 수출이 내수로 이어져 많은 일자리를 창출하고, 제조업 수출이 관련 서비스업 수출과 연계되고, 대기업과 중소기업이 상생협력을 통해 해외에 동반 진출하는 모습을 보여주어야 한다.

우선 수출이 동태적인 경쟁력을 확보할 수 있도록 차세대 수출 성장동력을 지속적으로 발굴해야 한다. 최근 수출이 어려운 여건하에서도 호조세를 보인 것은 수출산업의 포트폴리오가 다양화된 덕분이다. 조선, 철강, 석유화학 등 전통적인 주력산업에 반도체, 휴대전화, LCD 등 첨단 IT산업이 더해져 대외 여건 변화에도 잘 견디는 탄력성을 갖게 된 것이다. 따라서 반도체, 휴대전화 등을 이을 바이오, 에너지 · 환경, 나노 등 첨단 제품의 개발이 조속히 이루어져야 한다. 제조업과 서비스업, 에너지와 플랜트, IT산업, 그리고 문화와 융합한 수출 상품도 개발해야 한다.

두 번째로, 부품 · 소재 기업의 경쟁력을 획기적으로 제고시켜 수출의 부가가치를 높이고 수출과 내수 간의 연계 고리를 복원해야 한다. 완제품과 달리 부품 · 소재는 단기간에 선진기업을 따라잡아 경쟁력을 확보하기가 용이하지 않다. 그러나 이것이야말로 '질 좋은 수출 구조'를 정착시키기 위한 필수 조건이다. 따라서 부품 · 소재 기업이 원천기술 개발 역량을 키우고 그것을 효율적으로 사업화할 수 있도록 원활한 금융 지원을 해주어야 한다. 또한 M&A를 통해 기업 규모를 확대하여 글로벌 아웃소싱 참여가 가능하도록 발전시켜야 한다.

마지막으로 더욱 치밀한 글로벌 전략을 세워야 한다. GATT · WTO 체제를 이어가는 DDA 협상 등 다자 간 무역 체제에 능동적으로 참여하여 우리 기업의 활동무대를 넓혀나가야 할 것이다. 한 · 미

FTA 등 양자협력 체제를 전략적으로 활용해나가는 지혜가 필요하다. 개방과 세계 시장 진출, 외국인 투자, 해외 투자를 통해 쌍방향으로 경제 교류를 확산하면서 글로벌 경쟁력을 확보해야 하는 시점이다. 이미 국내 주력기업군들이 이러한 글로벌 경영 활동을 해오고 있다는 사실을 직시해야 한다.

오늘날 다국적기업들은 전 세계를 상대로 최적의 생산 및 유통 시스템을 구축하고 있다. 그것이 세계적인 추세라면 우리 역시 전략적인 해외 투자를 활성화하여 지정학적인 비교우위를 지속적으로 높여나가야 할 것이다. 국내 모기업과 해외 자회사가 거미줄 같은 네트워크를 구축해서 기업 내 무역을 강화하는 등 무역 구조를 고도화해야 한다.

세계는 이념 경쟁에서 벗어나 경제력 경쟁의 시대로 접어들고 있다. 세계의 모든 국가들이 무역에 참여하고 비교우위 전략을 수립하고자 몰두하는 것이다. 우리도 단순한 개방과 상품 수출 차원에서 한발 더 나아가, 세계를 무대로 삼는 적극적인 진출 전략을 세워야 한다. 1970, 1980년대와 같이 세계 시장을 상대로 제품을 팔되 여기에 기술 · 지식 · 서비스 전략을 동원하여 마케팅을 한다면 수출 5,000억 달러, 무역 1조 달러 시대도 우리 앞에 활짝 열릴 것이라 확신한다.

일본 시장을 얻으면 세계 시장을 얻는다

"대일 무역 적자를 당장 해소하는 것은 어렵지만 하나의 계기라도 만들고 싶다."

장관 취임 초반, 부품 · 소재 산업을 챙기면서 언론을 향해 이렇게 말한 바 있다. 우리나라는 1965년 일본과 경제 관계를 맺게 된 이후 줄곧 무역 역조가 40년이나 지속되고 있으며, 무역 적자 규모 또한 240억 달러를 넘어서고 있다. 그만큼 소득이 누출되고 일자리가 없어진다는 이야기이다. 물론 교역에 따른 이익이 발생하고 있고, 국민들이 성능 좋고 디자인이 세련된 일본 제품을 소비하는 이익을 누리고는 있다. 그러나 다른 나라에서 취한 무역 이익을 대부분 일본 적자로 메우는 구조가 고착되는 것은 간과할 수 없는 문제이다. 이러다 보니 "앞으로 팔고 뒤로 밑진다"는 말이 나올 수밖에 없는 것이다.

대일 역조를 전환시킬 모멘텀이 마련되었다

대일 무역 적자 문제를 해결하기 위해서는 지금까지의 추이를 살펴보아야 한다. 수교 직후부터 1978년까지는 중화학공업 시책에 따라 일본으로부터 많은 기계류를 수입하여, 대일 수입의존도(대일 수입/총수입)가 44.5%까지 치솟기도 하였다. 1979년부터 1985년까지는 '수입선다변화제도' 도입에 따라 대일 수입증가율이 하락한 시기로 대일 무역 적자 규모도 30억 달러 정도에 머물렀다. 1986년부터 1988년까지는 3저 호황에 따른 수출 호조로, 전자 · 자동차 부품 등 수출용 부품 · 소재 중심으로 대일 수입이 확대되었다. 또한 이 시기에는 소비자들 사이에서도 코끼리표 밥솥, 니콘 카메라, 소니 워크맨 등 일본 전자제품들의 인기가 하늘을 찔렀다. 1989년부터 1997년까지는 전반적인 대일 수출 부진 속에 반도체 제조용 장비 등 핵심 장비의 수입이 증가하였다. 반면 최근에는 대일 부품 · 소재 의존은 완화된 반면 소비재 의존 비중이 확대되고 있다.

대일 무역 역조의 가장 큰 원인은 우리나라의 산업 육성 정책이 '일본 모방형'을 기반으로 한 탓에 기계류, 부품 · 소재 등 핵심 산업 기반이 풀세트(full-set)형 산업 구조를 갖춘 일본에 대부분 의존해왔다는 데 있다.

물론 정부도 그동안 다양한 시도를 해왔다. 그러한 정책 가운데 하나가 1970년대 후반부터 시행한 '수입선다변화제도'이다. 말 그대로 일본에 집중되어 있는 수입선을 다른 여러 국가로 다변화함으로써 일본 무역 역조 현상을 극복하자는 의도였다. 예상대로 이 제도는 대일 수입의존도를 낮추는 효과를 가져왔다. 그러나 수입을 줄이거나 국산으로 대체한 것은 아니기 때문에, 오히려 수출경쟁력을 약화시키는 결과를 가져왔다. 이에 정부는 자본재산업을 육성하지 않는 한 대일 무역 역조의 근본적인 문제를 해소할 수 없다는 인식을 갖게 되었고, 그리하여 1980년대 중반부터 '기계류 · 부품 · 소재 국산화 5개년 계획' 등 수입을 대체할 만한 자본재산업 육성 정책을 본격적으로 추진하였다. 그리하여 현재는 조선, 자동차 등의 산업에서 일본을 능가하거나 글로벌 시장에서 일본과 어깨를 맞댈 수 있는 수준의 경쟁력을 갖추게 되었다.

1990년대 말부터는 부품 · 소재 산업 발전 전략을 추진하여 2006년 부품 · 소재 분야 대일 무역수지 적자 규모가 사상 처음으로 감소세를 보였다. 2002년 상반기 53.4억 달러에서 2005년 상반기 82.3억 달러로 급증했다가 2006년 상반기에는 75억 달러로 축소된 것이다. 이는 부품 · 소재 기업들의 꾸준한 R&D 투자와 정부의 지속적인 지원 정책이 경쟁력 향상으로 이어져 환율과 유가 등 수출 애로 요인을 어느 정도 극복할 수 있었기 때문으로 판단된다.

조금은 불안감이 해소된 상황으로 볼 수 있으나, 이 시점에서 바짝 신발 끈을 죄야 한다. 전략적인 기술 혁신을 추진해야 하며, 특히 상생협력을 통해 휴대전화, 반도체, 디스플레이 등에 필요한 설비와 부품 · 소재의 국산화에 박차를 가하고, 나아가 일본 시장을 공략할 수 있는 중견기업을 육성해나가야 한다. 미래 산업 부문에서의 수입 유발도 적극 차단해야 한다. 나노 기반 분야, 하이브리드 자동차, 수소연료 에너지산업 등에서 주도면밀한 대책이 필요하다고 하겠다. 미 · 일 통상 분쟁이 한창일 때 일본은 무역 흑자를 어느 수준까지 줄이겠다고 약속하고 대미 투자를 꾸준히 증가시켜왔다. 이러한 사례를 적절히 활용하는 것도 일본 무역 적자를 줄여나가는 방법론이 될 수 있을 것이다.

축소보다는 확대를 지향해야

그러나 우리의 대일 무역 정책 방향은 '대일 수입 억제'라는 축소 지향적인 것이 되어서는 안 된다. 이런 식의 규제 정책은 세계적인 개방화 추세에도 역행하는 것일 뿐만 아니라, 대일 수입 억제를 통한 양국 간 교역의 축소가 자칫 전체 교역량 축소로 이어져 우리 경제의 성장 기반을 약화시킬 수 있기 때문이다.

아일랜드 사례를 보자. 오랫동안 개방 경제 체제를 발전시켜온 아일랜드는 수출이 GDP의 약 60%를 차지할 정도로 수출의존도가 높다. 그리고 우리가 일본에 대한 의존도가 높듯이 아일랜드 역시 영국에 대한 의존도가 높았다. 1960년에는 수출의 75%, 수입의 50%를 이웃나라인 영국에 의존했다. 하지만 1990년대 후반에는 이것을 각각 25%, 35%로 감소시킬 수 있었고, 현재는 OECD 여러 국가에 고르게 수출을 하고 있다. 아일랜드가 이렇게 된 데는 '개방과 협력'

이라는 열쇠가 있었다. 아일랜드는 1987년 노 · 사 · 정 간의 사회연대협약을 체결하여 노사 안정을 이루었으며, 이를 바탕으로 외국인 투자 유치에 성공함으로써 1990년대 이후 '켈틱 타이거(Celtic Tiger)' 또는 '리피 강의 기적' 이라 일컬어지는 높은 경제 성장을 이룩하였다. 그 결과 무역 규모를 확대하면서도 영국에 대한 무역의존도를 낮출 수 있었다. 앞으로 EU 내에서의 기업들의 역내 이동 자유화 대책이 본격적으로 추진되면 유럽 내에서의 기업 활동이 비교적 자유로운 아일랜드가 더욱 유망한 투자 지역으로 부상할 가능성이 높다.

자유무역을 근간으로 하는 글로벌화가 진전되고 있는 시대적 조류 속에서 우리 기업들이 경쟁우위 요소를 확보하고 늘어나는 대일 무역 적자를 해소하려면 아일랜드처럼 개방 지향적이고 확대 지향적인 대응을 해나가야 한다. 아울러 일본 경제와 협력을 모색하면서 공생할 수 있는 방향으로 지혜를 모아야 한다. 이런 맥락에서 중단되고 있는 한 · 일 FTA 협상도 막대한 무역 적자를 해소하는 방향으로 양국이 조속히 재개해야 한다고 생각한다.

대일 무역, 수입보다 수출을 늘리려면

세계 여러 나라와 도시를 다닐 때마다 자랑스럽게 걸린 우리 기업의 대형 광고판을 보면 가슴이 뿌듯하다. 그러나 유독 일본에서만은 우리 기업의 수출이 활기를 띠지 못하고 있다. 우리나라의 주요 교역국이면서도 그 교역량에 비해 우리 기업의 일본 시장 진출이 활발하지 않은 이유는 무엇일까? 우리 기업들의 제품은 왜 일본에서 인정받지 못할까? 아니, 우리 기업들은 왜 일본 시장을 주목하지 않았을까? 만약 지금 내게 누군가가 "30년 전의 상사맨 시절로 돌아가 일본 시장을 개척하라"는 미션을 내린다면 어떻게 할 것인가?

사실 일본은 만만치 않은 시장이다. 하지만 일본은 두 가지 매력으로 우리의 도전정신을 부추긴다. 하나는 온리원(only-one) 기업으로 대표되는, 세계 최고의 기술력을 가진 중소기업들을 1,000개 이상 보유한 국가라는 점이다. 다른 하나는 고객의 눈높이에서 생각하고 고객이 만족하는 제품을 만들기 위해 혼을 불어넣는, 일본 특유의 '모노즈꾸리(좋은 물건을 제조하는 것)' 정신을 가진 기술인력을 지속적으로 양성하는 국가라는 점이다. 바로 이 두 가지 힘을 갖고 있기 때문에 그간 일본의 제품들이 세계 시장을 제패할 수 있었던 것이다.

그렇다면 우리는 이렇게 말할 수 있지 않을까. "일본 시장을 개척하는 것은 세계 시장을 얻는 것과 같다." 일본 시장을 만족시킬 수만 있다면 세계 시장을 공략하는 일도 '식은 죽 먹기'일 수 있다는 이야기이다. 한때 우리의 기술력은 아무도 알아주지 않을 정도로 형편없었지만, 우리는 결국 일본의 기술을 벤치마킹하여 우리 기술로 만드는 데 성공했다. 그래서 이젠 일본에서도 우리의 기술을 인정하고 있는 분위기이다. 또한 우리에게도 일본 못지않은 장인정신이 있으며, '한다면 한다'는 투지도 있다. 따라서 우리의 지난 경험과 노하우를 살린다면 일본 시장 역시 공략 불가능한 시장은 아니다.

산업자원부 장관으로서 나는 일본을 두 번 방문했는데, 한 번은 2006년 5월에 니카이 도시히로 경제산업성 장관과 한일 대륙붕 공동 개발 구역에 대한 회담을 갖기 위해서였고, 다른 한 번은 2006년 9월에 일본 기업들을 대상으로 투자 유치 활동을 하기 위해 방문한 것이었다.

5월 회담에서 나는 석유가스가 존재할 가능성이 높다고 판명된 한일 대륙붕 공동 개발 구역에 대해 양국이 공동으로 시추할 것을 제안했다. 그리고 니혼게이자이 신문이 주최한 제12회 '아시아의 미래' 심포지엄에 참석하여 '동아시아 공동체로의 길'이라는 주제로 강연을 하였다. 이 강연에서 나는 순조로운 동아시아 공동체 형성을 위한 방안으로 한·중·일 3국 간의 FTA 체결과 함께 호혜적인 동북아 산업 구조를 형성하기 위해 비교우위에 입각한 산업기술 이전을 촉진하는 한편, 다양한 분야에서 적극적인 협력 사업을 추진할 필요가 있다고 주장했다. 아울러 한·일 간의 무역 불균형이 양국 관계의 건전한 발전에 바람직하지 않으므로 이를 개선하기 위한 일본 측의 관심과 노력이 필요하다고 촉구하였다.

또한 9월 25일부터 26일까지 이틀간 일본 도쿄 뉴오타니 호텔에서 열린 한국 투자 환경 설명회에서는 일본 기업들에게 우리의 투자 환경을 설명하고 한·일 간 협력의 중요성을 다시 강조하였다. 특히 이 자리에는 한국노총 이용득 위원장이 동석했는데, 그는 국내 노사 문제에 대한 외국 투자자의 우려를 씻어주겠다는 내용의 강연으로 일본 기업들의 호응을 얻는 데 일조하였다.

앞으로도 나는 한국과 일본이 어느 한쪽에 일방적으로 의존하거나 서로 적대하는 관계가 아니라 동반 성장하는 파트너로서의 관계를 이뤄나갈 수 있도록 내가 서 있는 위치에서 최선의 노력을 다할 생각이다. 논의해야 할 과제가 있다면 적극적으로 내 의견을 개진할 것이며, 필요한 정책이 있다면 그것이 잘 추진될 수 있도록 아이디어와 실천 방안을 내놓을 생각이다. 그러나 이것은 비단 정책 담당자 한 사람만의 과제는 아닐 것이다. 우리 모두가 갖고 있는 일본에 대한 정치적인 견해와는 별개로, 경쟁자이자 동반자로서 일본 시장을 다시 새롭게 바라보는 인식의 전환이 급선무이다.

남·북 간 교류 협력, 비용이 아니라 투자다

2006년 5월 17일, 두 번째로 개성 공단을 방문하였다. 아파트형 공장 기공식에 참여하기 위해서였다. 2003년 6월, 개성 공단 착공식 때 처음 방문한 이후 3년 만에 다시 찾은 개성 공단은 상당히 변모해 있었다. 착공식 당시에는 긴장감마저 감돌던 허허벌판에 이제는 세련되고 현대적인 공장이 들어서 있었고, 우리 기업인들과 북한 근로자들이 바삐 움직이고 있었다.

철의 장막으로만 여겨지던 군사분계선 위를 원자재와 건축자재를 가득 실은 차량들이 수시로 왕래하고 있었다. 실로 놀라운 일이 아닐 수 없었다. 한국전쟁 당시 북한군의 남침로이자 주요 격전지였으며, 불과 몇 해 전까지만 해도 탱크가 놓여 있던 긴장과 대립의 장소가, 남과 북의 경제를 이어주는 공동 번영의 상징으로 탈바꿈하고 있는 것이다. '평화를 위한 경제', '경제를 위한 평화'의 새싹이 개성 공단에서 싹트고 있다는 생각에 가슴이 벅차올랐다. 정치적으로나 국제적으로 다소 어려운 여건일지라도 왜 우리가 '평화 번영' 정책을 일관성 있게 추진해야 하는지를 다시금 절감할 수 있었다.

난관이 있더라도 계속해서 가야 할 길

우리의 평화 번영 정책은 '한반도의 평화 증진과 남북한의 공동번영을 추구한다'는 구상에서 비롯된 것이다. 2003년 3월 개성 공단이 착공되면서 남 · 북 간 교류협력은 보다 구체적으로 추진되었다. 그리하여 2003년 참여정부 출범 당시 6.4억 달러에 불과하던 남 · 북 간 교역 규모는 2005년에는 10.6억 달러, 2006년에는 13억 달러를 상회함으로써 2배 이상 확대되었다. 연간 1만여 명에 불과하던 남 · 북 간 왕래 인원도 2006년에는 10만 명을 초과하여 10배 이상의 증가세를 보이고 있다.

양적인 성장과 함께 질적인 발전도 나타나고 있는데, 단순 지원 형태에서 벗어나 상업적 거래가 중심을 이루는 호혜적 협력 방식으로 전환되고 있는 것이다. 사업의 형태도 단순 교역, 위탁가공 교역뿐만 아니라 합영 · 합작 방식의 투자 협력 사업이 꾸준히 증가하고 있다.

북한과의 교류 협력을 뒷받침하는 법적 · 제도적 인프라도 착실하게 마련되었다. '투자보장 합의서', '이중과세 방지 합의서' 등 4대 경협 합의서는 2003년 8월에, '남북 사이 차량의 도로 운행에 관한 기본 합의서' 등 9개 경협 합의서는 2005년 8월에 발효되었다. 또한 2005년 10월에는 남북 경협의 공식 창구라고 할 수 있는 '경제 협력 협의 사무소'가 개성 공단에 설치되어 그동안 비공식적 · 간접적으로 진행되던 남 · 북 간 거래가 공식적 · 직접적 거래로 전환되어 경제 협력의 투명성과 안정성을 높이고 있다.

물론 이러한 과정이 순탄하게만 진행된 것은 아니다. 제도와 문화의 차이, 당사자 간의 신뢰 부족, 남북 관계 경색 같은 걸림돌을 만날 때마다 교류 협력이 정체되거나 위축되었다. 하지만 그런 난관을 만난다고 해서 가야 할 길을 앞에 두고 주저앉을 수는 없는 일이다. 이런 인식으로 참여정부는 꾸준히 평화 번영 정책을 추진해왔으며 그 결과 북한의 풍부한 노동력 · 자원과 우리의 선진적인 자본 · 기술이 만나 비교우위를 갖는 상품을 생산해내기 시작했다. 또한 상업적인 호혜 협력 모델을 보여줄 수 있게 되었다.

2006년 6월, 투자 환경 설명회 참석차 미국 워싱턴에 머물면서 나는 미국 의회 및 행정부 지도자들에게 한 · 미 FTA에서 개성 공단의 한국산 인정 필요성을 적극 설명하였다. 북한이 핵개발을 포기하고 개방 · 개혁에 매진하도록 하는 데 개성 공단이 중요한 역할을 할 것이라는 판단이었다. 당시 개성 공단에서는 북한 주민 1만여 명이 일하고 있었으며, 자연스럽게 시장경제를 학습하고 있었다. 만약 당초 계획대로 30만 명이 일할 수 있게 된다면 4인 가족을 기준으로 해서 총 100만 명 이상이 자유시장경제를 경험하게 되어 개혁 · 개방을 앞당기는 효과를 가져오는 것이다.

하지만 지속적으로 확대되고 있던 남북 교류 협력은 2006년 7월 북한의 미사일 발사와 10월의 핵실험이라는 또 하나의 큰 장애물을 만났다. 2006년 상반기만 해도 남과 북은 새로운 방식의 경협 사업을 다양하게 논의하고 있었다. 4월에는 남북 장관급 회담을 열어 민족 공동 자원 개발 방안, 한강 하구 골재 채취 사업 등을 협의했고 6월에는 '남북경제협력추진위원회' 를 통해 경공업 및 지하자원 개발 협력, 경제 · 자원 개발 분야에서의 제3국 공동 진출 등에 합의한 상태였다.

하지만 북한의 핵실험으로 인해 이 모든 일이 언제 실현될지 알 수 없게 되어버려 아쉬움이 크다. 남과 북이 더 큰 경제적 이익을 향유할 수 있는 기회였는데 소중한 기회를 놓치고 있는 것이다. 남북 관계가 경색되어 경제 협력이 지지부진한 동안에도 이웃나라들은 북한 자원 개발에 광범위하게 진출하고 있을 것이다. 그런 생각을 하면 '일각이 여삼추' 라는 조급한 마음이 들지 않을 수 없다. 에너지자원을 확보하기 위해 아프리카와 중앙아시아 오지 등 지구 반대편까지 찾아다니는 마당에 자동차로 몇 시간 안에 닿을 수 있는 거리에 있는 금맥을 다른 나라에 내주고 있는 형국이 아닌가 말이다.

2006년 10월 정기국회에서는 개성 공단 근로자의 임금 대부분이 노동당으로 들어간다는 보도로 논란이 있었는데, 사실 확인 결과 과장된 이야기임이 밝혀졌다. 그러나 개성 공단 근로자가 일한 만큼의 대가를 받을 수 있도록 하는 것이 북한 개혁·개방의 전도사를 양성하는 첩경이라는 점은 부정하기 어려울 것으로 보인다.

이처럼 상황이 어려운 때일수록 남북 관계에 대한 긍정적 비전을 가지고 미래를 차분히 준비해나가야 한다. 지금보다 나은 미래를 바라보며 남과 북이 함께할 수 있는 희망을 키워가야 한다. 단, 어떤 경우에도 북한의 핵은 용납될 수 없기 때문에, 북한은 모든 핵무기를 폐기하고 대량 살상무기 확산 방지를 위해 노력해야 할 것이다. '6자 회담' 의 장을 십분 활용하여 위기와 불협화음을 극복하고 새로운 진전을 이끌어내야 할 것이다. 그런 다음, 우리의 공동 목표인 남북한 공동 번영의 길을 다시 올곧게 걸어나가야 할 것이다.

통일을 위한 또 다른 가치투자

개성 공단의 경험에서 보듯이 교류 협력의 확대는 민족 공동 번영의 미래를 향한 재도약의 길이라고 할 수 있다. 교류 협력을 통해 북한은 식량과 생활필수품의 수입 재원을 획득할 수 있을 뿐만 아니라 일자리 창출, 생산 기반 구축을 위한 경영 노하우를 체득하게 되는 등 유·무형의 이익을 얻을 수 있다. 이 과정에서 북한은 자연스럽게 시장경제를 체험하게 될 것이고, 점차 스스로의 필요에 따라 개혁과 개방의 길을 가게 될 것이다. 그리하여 우리 경제에 대한 북한 경제의 의존도가 커지고 남·북 간에 보완적 협력 관계가 확대된다면, 그것이 우리에게 실질적인 이득을 가져다줄 수 있다. 그런 의미에서 남·북 간 교류 협력은 결코 밑 빠진 독에 물 붓기 식의 쓸데없는 비용이 아니라, 언젠가 다가올 통일에 대비한 가장 확실한 투자로 봐야 한다. 앞으로 우리 경제에 대한 북한의 의존과 협력이 확대되고, 북한 사회에서 시장경제 학습이 진행되면 통일에 따른 비용은 그만큼 줄어들 것이다.

교류 협력을 통해 우리가 보다 실질적인 도움을 얻고, 북한의 바람직한 변화를 촉진하기 위해 정부는 앞으로도 보편적인 시장경제 질서에 바탕을 둔 호혜 협력 사업을 확대해나가야 한다. 개성 공단을 비롯한 기존의 경협 사업을 내실 있게 추진하는 한편, 농업과 수산업 등의 1차 산업뿐만 아니라 경공업과 광업 등으로 협력의 범위를 확대해야 할 것이다. 아울러 상사 중재, 표준, 지식재산권 등 법적·제도적 측면의 교류 협력 기반을 구축함으로써 남북 교류 협력 사업의 안정성과 신뢰성을 강화해나가야 한다. 중장기적으로는 철도·도로 연계망 구축, 에너지 협력, 통신망 연결 등 사회간접자본을 남한과 북한 사이에 구축하여 남북 경제 공동체 형성을 위한 기반을 다짐으로써 우리 경제가 동북아 경제의 중심이 될 수 있도록 구체적으로 준비해야 할 것이다.

이와 같은 우리들의 노력이 유유히 흐르는 역사의 강물을 따라 한반도 평화와 민족의 공동 번영으로 이어지리라 확신한다. 남북 경협은 결코 단기적인 시선으로 보아서는 안 된다. 앞서 말한 것처럼 중장기적인 관점에서 남북 교류 협력의 미래 모델을 설정하고 세부 시행 계획들을 차근차근 실천해나가야 한다. 이렇게 성공적인 통일 기반을 만들어가는 일, 그것이야말로 오늘을 사는 우리들의 역사적 책무인 것이다.

FTA, 어렵지만 가야 할 길

2006년 국내 최고의 흥행을 기록했고, 칸 영화제에도 초청되었던 영화 '괴물'은 미국 〈뉴욕타임즈〉로부터도 호평을 받았다. 우리나라의 대표적인 무언(無言) 뮤지컬 '난타'는 브로드웨이에 진출하여 현지인들 사이에서 인기몰이를 하며 장기 공연을 계속하고 있다. 이 두 가지 사례는 미국에서도 이른바 '한류' 바람이 불 수 있다는 것을 보여준다. 나 역시 영화 '괴물'과 '난타'를 모두 보았는데, 과연 "한국에서 통하면 세계에서도 통한다"는 말이 근거 없는 말이 아님을 실감할 수 있었다.

우리나라의 한류 열풍은 세계 곳곳에서 경계가 사라져가고 있음을 방증한다. 우리의 것이 곧 세계의 것이 되고, 세계의 것이 또한 우리의 것이 될 수도 있는 시대이기 때문에 한류 상품이 수출 대박 상품이 될 수 있었던 것이다. 만약 중국이 '대장금' 등 우리나라의 문화 상품에 대해 문을 꽉꽉 닫아걸었다면 오늘날의 한류 열풍이 일어날 수 있었을까?

21세기는 FTA의 시대, 그러나 우리는?

누구도 오늘날의 세계가 개방화, 자유화로 가고 있다는 사실을 부인할 수 없을 것이다. 세계가 지구촌이 된 지는 이미 오래다. 그리고 그 '지구촌'에 걸맞게 경제 관련 협정도 지각 변동을 겪어왔다. FTA는 이러한 세계화의 모습이 경제적인 측면에서 실현된 대표적 현상이다. WTO를 통한 다자 간 개방 논의가 지지부진해지자, 세계 각국은 '뜻이 맞는' 국가와 FTA를 체결하느라 바쁜 모습이다. 이미 전 세계적으로 211개의 FTA가 체결되었고, 체결국 간 교역이 세계 교역량의 50% 이상을 점유하고 있다.

FTA가 대세라는 점은 가까운 중국과 일본만 살펴봐도 확인할 수 있다. 아직 사회주의의 잔재가 남아 있는 중국마저도 무서운 속도로 달려들어 아세안, 칠레, 파키스탄과 협정을 체결하였고 현재 호주, 뉴질랜드, GCC(걸프협력이사회)와의 협상을 진행 중이다. 또한 중국은 우리나라를 비롯하여 일본과 인도 등 경제 규모가 큰 나라와의 협상에도 상당히 적극적인 자세를 취하고 있다.

그간 FTA 체결에 다소 소극적이었던 일본도 2006년 아베 총리 취임 이후 적극적인 입장으로 선회하였다. 농산물 시장 개방 문제로 2004년 중단된 한·일 FTA 협상에 대해서도 그 재개 가능성을 적극적으로 타진해오고 있으며, 동남아 국가들과의 FTA에 주력하던 전략에서 한 걸음 더 나아가 캐나다, 칠레, 스위스와의 협상까지 검토하고 있다. 세계 최고의 경쟁력을 가진 일본이지만, FTA라는 '짝짓기' 에 동참하지 않으면 더는 세계 시장에서 경쟁하기 어렵다고 판단한 것으로 보인다.

그렇다면 우리는 어떤 상황인가? 칠레, 싱가포르, EFTA(유럽자유무역연합)와 협정을 발효하였으나, 전체 무역량 중 FTA 체결국과의 교역 비중은 0.5%*에 불과하다. 이는 미국의 35.3%, 중국의 19.6%와도 큰 차이가 나며, 일본의 2.9%보다도 낮은 수준이다. 세계 11번째로 수출 3,000억 달러를 달성한 무역 선진국의 위상과는 어울리지 않는 모습이다.

무역의존도가 70%에 이르는 상황에서, FTA를 계속 외면하다가는 자칫 세계 시장에서 고립되거나 경쟁력을 잃고 후퇴할 수 있다. 더욱이 브릭스 등 후발국들의 맹추격으로 인해 해외 시장에서 입지가 좁아지고 있는 점을 고려하면 더욱 그러하다. 실제로 미국 수입 시장에서 한국산 제품의 점유율은 1988년 4.6%에서 2005년에는 2.6%로 그 감소세가 뚜렷하며, 2006년의 대미 수출 증가율도 -5.2%를 기록하고 있다. 리콴유 전 싱가포르 총리가 "20년 뒤면 지금 한국이 하고 있는 모든 일을 중국이 대체할 것" 이라고 경고하고 있지만, 우리

---

* 2005년 말 발효국 기준, 2003년 IMF 수출입 통계 기준.

는 여전히 이런 경고에 진지하게 귀를 기울이지 않고 있다.

한 · 미 FTA는 중요한 전략 이슈

이 같은 상황을 타개하고 우리 경제가 한 단계 도약하기 위해서는 자유무역을 확대하는 것이 필수적인 진로이다. 그간 우리는 경제 규모가 큰 메이저 그룹보다는 마이너 그룹과 FTA를 체결해왔다. 그 과정에서 협상 경험도 축적하고 나름대로 FTA 체결 성과를 분석하는 기회도 가졌다. 그러나 무역, 외국인 투자, 경제 협력 등 모든 분야에서 우리가 원하는 수준의 자유무역을 완성하기 위해서는 메이저 그룹과 FTA를 체결해야 한다.

메이저 그룹은 미국, EU, 일본, 중국 등 큰 시장을 가진 나라들을 말한다. 이 가운데 중국은 농수산물과 중저가 공산품 분야에서 우리가 받을 영향에 대한 세밀한 분석이 필요하기 때문에 지금 당장 본협상을 시작하는 것은 쉽지 않다. 또한 일본은 농산물 개방에 대한 이견으로 협상이 중단된 상태이다. 남은 나라가 미국과 EU인데, 특히 미국은 세계 최고의 경제 규모와 국가경쟁력을 가진 나라이기 때문에 FTA 체결의 최우선 순위 고려 대상이 될 수밖에 없다. 미국은 국민소득이 우리의 16배이며, 연간 수입 시장 규모는 1조 7,000억 달러(세계 수입량의 22%)이다.

혹자는 우리의 평균관세율이 미국보다 2배 이상 높기 때문에 우리가 절대적으로 불리하다고 주장한다. 그러나 우리의 6배가 넘는 미국 수입 시장에 진출할 가능성을 고려하면 오히려 우리가 유리하다.

양국의 산업 구조도 경쟁 관계라기보다는 보완 관계라고 말할 수 있다. 일례로 부품 · 소재 산업의 경우 미국은 세계 최고 수준의 원천기술을 보유하고 있는 반면, 우리는 생산기술과 제품 개발에 강점이 있어 미국의 원천기술 도입이 수월해지면 더욱 경쟁력 있는 제품 생산이 가능해지는 것이다.

협력해야 살아남을 수 있는 메가 경쟁 시대

기본적으로 FTA 체결의 목표는 양국이 상호 윈윈하는 것이다. 과거 한 · 미 간의 통상 협상에서는 우리가 미국의 주장을 일방적으로 수용해야 하는 경우도 있었지만, 무역에 관한 모든 분야를 망라하는 FTA 협상에서는 미국이 이익을 볼 수 있는 분야도 있고, 우리가 이익을 얻을 수 있는 분야도 있기 때문에, 양측이 서로 이익의 균형을 확보해야만 협상이 성립하는 것이다. 내가 "FTA는 양국의 이익이 균형 있게 반영되어야만 반대 여론의 설득과 의회 비준이 가능하다" 고 말한 것도 이 같은 배경에서다.

미국과의 FTA가 필요한 또 하나의 이유는 경쟁의 차원을 넘어, 양국 간 협력을 증진시킬 필요성이 커지고 있기 때문이다. 오늘날 세계 시장의 경쟁 여건은 하루가 다르게 변하고 있다. 기술 발전의 속도가 빛의 속도라고 할 수 있을 정도로 빠르며, 제품이나 서비스의 수명 주기(life cycle)는 짧아지는 반면 투자 규모는 커져서 위험 부담이 늘고 있다. 이 같은 상황에서 어떠한 초강대국, 초일류 기업도 '나 홀로 전략'으로는 살아남을 수 없으며, 누군가와 힘을 합쳐 생산의 핵심 요소인 인력, 기술, 정보화 역량을 확충하고 이를 발판으로 성장잠재력을 늘려나가야 지속적으로 발전해나갈 수 있다.

우리나라로서도 이러한 세계적 추세에 적극적으로 대응하여 새로운 성장동력을 창출하기 위한 돌파구가 필요하다. 한·미 FTA가 성공적으로 체결되면 세계 최고의 경쟁력을 보유한 미국과 파트너가 되어 21세기 새로운 성장동력을 확충할 수 있을 것이다.

그러나 한·미 FTA의 여러 가지 이점에도 불구하고, 우리가 취약하거나 민감한 분야에 대한 걱정 때문에 협상 초기부터 반대 여론이 만만치 않았다. FTA의 속성상 반대 의견은 존재할 수밖에 없다고 생각한다. 게다가 FTA는 기본적으로 시장을 개방하여 자유무역을 증진하려는 협상이기 때문에 더욱 치열한 경쟁을 불러올 수밖에 없다. 따라서 그동안 경쟁력이 뒤처졌거나 비효율적인 분야에서는 관세 및 비관세 장벽으로 보호되던 기득권을 잃게 될 것이기 때문에 FTA 협상이 걱정스러울 수밖에 없다.

그나마 다행스러운 것은 점차 FTA를 반대하는 사람들이 줄어드는 반면에 기업인들을 포함해서 관심 있는 일반 국민들 사이에서 분야별, 항목별로 득실을 따지는 실사구시적인 견해가 나타나고 있다는 점이다. 어느 나라든 마찬가지겠지만 "FTA를 하느냐 안 하느냐"

에 대한 소모적인 논쟁보다 더 중요한 것은 "어떤 내용으로 협정을 체결하느냐"인 것이다.

나는 산업자원부 협상팀에게 "국익에 합치되지 않으면 못하는 것이다"라든가, "협상 시한을 맞추기 위해 손해를 보면서 협상하지는 않을 것"이라는 원칙을 일관되게 주지시켰다. 장기적 영향을 고려한 주도면밀한 대응을 주문하는 것도 잊지 않았다. 즉 한·미 FTA 협상은 일회성 교섭이 아니고 두고두고 한국 경제에 영향을 미치는 것이니만큼, 민간 전문가와 긴밀히 협의하여 전략을 수립하라고 독려한 것이다. 아울러 균형 감각을 잃지 말고 자신감을 갖고 협상에 임하는 것이 중요함을 강조하였다.

사실 2006년 6월 투자 유치 목적으로 미국을 방문하였을 때, 그들 역시 우리와의 협상을 위해 상당히 진지하고 신중한 마음으로 준비하고 있다는 느낌을 받았다. 한국을 협상 파트너로 선택한 것은 세계 11위의 경제 규모와 지정학적인 중요성 때문이라는 설명도 들었다. 이러한 배경에서 한·미 양국이 협상 초기부터 수준 높은 FTA 협상을 진행한다는 데 뜻을 같이한 것은 매우 큰 의미가 있다. '개방은 단순히 먹고 먹히는 경쟁만 격화시킨다'는 식의 피상적인 관점으로 이해하는 사람들이 있다. 그러나 한·미 간의 관계가 '일방적 원조'가 아닌 '대등한 관계'로 자리 잡은 지 오래이기 때문에 한·미 어느 나라도 자국에게만 유리한 방향의 개방을 고집할 수 없다. 세계 최대 경제권인 미국과 11위권인 우리가 기술·투자·인력·

자본 분야의 협력을 강화함으로써 상생의 발전을 이룰 수 있는 길을 찾아야 한다.

우리로서는 눈에 보이는 손익 계산 외에도 경제 제도를 선진화하고, 효율화하는 계기로 활용하려는 전략적인 사고가 필요하다. 한·미 FTA를 통해 우리 기업의 대미 진출 여건을 개선하고 양국 간 협력을 증진함과 동시에, 우리 제도를 선진국 수준으로 업그레이드한다면 일석이조의 효과를 누리게 되는 셈이다. 대외 통상 협상을 잘 활용하여 국내 제도를 선진화하고 개혁의 발판으로 삼았던 사례는 우리의 통상 역사에서도 잘 나타난다. 1986~1994년 우루과이 라운드, 1989~1998년 한·미 통상 협상 등을 계기로 이루어낸 1987년 물질특허제도 도입, 1996년 수입선다변화제도 해제 등은 통상 협상을 계기로 국내 제도에 변화를 가져온 시기적절한 조치들이었다.

한·미 FTA 협상도 바로 이런 맥락에서 바라볼 필요가 있다. 즉 우리가 미국의 요구를 얼마나 적게 들어주었는가 하는 대립 구도에서만 평가하기보다는, 자유무역을 계기로 양국 간 협력과 상생의 기회가 얼마나 확대되는가, 국내 제도의 효율성을 얼마나 제고할 수 있느냐 등도 협상 평가의 잣대로 삼아야 한다는 것이다. 한·미 FTA를 계기로 국내의 여러 제도를 세계적인 수준으로 향상하여 국내 기업은 물론 외국 기업에도 기업하기 좋은 환경을 조성할 수 있도록 해야 한다. 이것 또한 우리가 얻고자 하는 개방의 이익이다.

FTA는 농업경쟁력 확보의 계기

한 · 미 FTA 체결로 가장 어려움을 겪을 분야로 꼽히는 것이 농업 분야이다. 하지만 정말 그렇게 걱정만 할 일일까? 나 역시 농촌에서 태어나 농촌을 지역구로 해서 정치를 해왔기 때문에 우리 농촌, 우리 농업, 우리 농민에 관해 누구보다 더 깊이 생각하고 고민해왔다고 자부한다. 이런 처지에서 보자면, FTA를 포함한 농업 개방 정책에 대해 선뜻 찬성만 하기도 곤란하다. 하지만 한번 더 깊이 생각해보면, 농촌이 지금과 같은 경쟁력으로 과연 희망적인 미래를 개척해 나갈 수 있을지에 대해서는 우려하지 않을 수 없다. 누가 뭐라 하건, 농촌은 분명 변화의 기로에 서 있는 것이다. 따라서 할 수 있는 한 FTA를 변화의 계기로 삼아야 한다.

물론 한 · 미 FTA 협상에서는 대미 경쟁력이 취약한 품목에 대해 양허를 제외한다거나 장기 유예 기간을 부여함으로써 개방의 충격을 완화하는 노력이 있어야 한다. 예컨대 '쌀'은 그동안 우리가 국제 통상 협상에서 양허를 제외해왔으므로 한 · 미 FTA에서도 개방 예외 품목에 포함시키고 축산물, 과일 등 기타 민감한 품목에 대해서도 장기적 · 점진적 관세 철폐, 부분적 관세 인하, 양허 제외 등 다양한 방법으로 피해를 최소화하는 협상을 추진해야 한다.

그러나 농업의 민감성을 충분히 고려한다고 하더라도, 언제까지나 개방을 도외시할 수는 없을 것이다. 그보다는 개방을 통해 새로운 경쟁력을 얻을 수 있는 방향으로 가는 것이 좋다. 실제로 최근에는 농업 분야에서도 소비자들의 기호와 욕구가 바뀌고 있지 않은가. 우리 농촌이 경쟁력을 높이기 위해서는 이러한 소비자들의 욕구에 발맞춘 참신한 전략을 개발할 필요가 있는 것이다.

다행히 몇 해 전부터 안전성, 품질, 맛, 친환경성 등으로 틈새시장을 개척한 '희망 농업'의 성공 사례가 나오고 있어 우리 농업의 미래에 대해 자신감을 갖게 한다. 예를 들어, 경남 함양군에서는 2003년부터 연간 1억 원 이상의 소득을 올리는 농부를 육성하자는 '억대 농부 프로젝트'를 추진하여 112명의 억대 농부가 등장하였고, 충북 괴산군에서는 복숭아 명품화 사업을 통해 매년 10% 이상 매출 증대를 기록하고 있다. 전남 함평군은 한우 명품 브랜드를 개발하여 국내 유수의 쇼핑 매장 73곳에 납품하고 있다.

이제는 농업을 단순히 '농산물을 경작하는 1차 산업'으로서가 아니라, '농산물을 가공하여 소비자의 기호에 부응하는 맞춤형 제품'으로 2차 산업화함으로써 부가가치를 높이고, 나아가 소비자와 밀착하는 유통 체계를 갖추는 적극적인 마케팅을 통해 3차 산업화함으로써 경쟁력을 가진 신산업으로 만들어가야 한다. 때마침 참여정부는 농업 선진화와 구조조정, 농가 소득 안정과 농촌 복지 향상 지원을 통해 농업과 농촌의 체질을 개선하고자 2004년부터 2013년까지 10년간 총 119조 원을 지원하는 농업 · 농촌 종합대책을 수립, 추진해오고 있다.

한 · 미 FTA 협상 과정을 지켜보면서 종종 우산장수 아들과 짚신

장수 아들을 둔 어머니의 심정이 되곤 한다. 그러나 어차피 가야 할 길이라면, 해가 뜨는지 비가 오는지 걱정만 하기보다는, 해 뜨면 짚신을 더 많이 팔고 비 오면 우산을 더 많이 파는 방법을 찾는 것이 참된 지혜라고 생각한다. 또한 우리나라가 지난 무역의 역사 속에서 '보호' 보다는 '개방' 을 통해 더 많은 성공 기회를 얻었다는 점도 간과해서는 안 될 것이다.

FDI, 미래를 움직이는 또 하나의 힘

2007년 1월 초순, 프리미어 리거 박지성 선수의 시원한 골 소식이 들려와 기분이 흐뭇했다. 이제 우리 선수들이 영국 프리미어 리그에서 활약하는 것이나, 외국 선수들이 우리나라 축구장이나 배구 코트에서 뛰는 모습이 전혀 낯설지 않다. 이와 같이 '다국적' 또는 '초국적' 인 일을 우리 생활과 매우 가까운 곳에서도 심심찮게 볼 수 있는 세상이 된 것이다.

영화계도 마찬가지의 변화를 겪고 있다. 2006년 말 개봉된 영화 '묵공' 은 한국과 중국, 일본이 합작한 '다국적' 영화이다. 이 영화는 일본 만화를 원작으로 하여 중국 감독이 메가폰을 잡았고 한국 배우와 중국 배우가 주연을 맡아, 한 · 중 · 일 3국의 시장을 동시에 공략하고 있다.

이처럼 스포츠와 문화 분야에서의 세계 시장 참여는 우리나라의 배우와 선수들에게 보다 넓은 활동 무대를 제공하고, 관객들에게도 다양하고 수준 높은 볼거리를 선사하고 있다. 그런데 사실 문화 · 스포츠 분야보다 산업 분야에서 이러한 국제 교류가 훨씬 더 많이 일어난다고 볼 수 있다.

기업들은 이미 오래 전부터 경쟁력 향상을 위해 외국의 값싼 노동력과 원자재를 확보하거나, 우수한 인적 자원과 기술을 확보하기 위해 단순 교역을 넘어서는 해외 투자 활동을 해오지 않았던가. 유엔무역개발회의(UNCTAD)에 따르면 삼성전자, LG전자, 현대자동차, 기아자동차, 효성 등 국내 기업 5개사가 개도국의 100대 비금융 다국적 기업에 포함되어 있다. 그리고 〈포춘〉이 선정한 500대 기업 중 국내에 진출해 있는 기업 역시 263개에 이른다. 우리 영화와 스포츠, 그리고 기업이 해외로 진출하듯, 해외의 기업들이 우리나라로 들어오는 일 역시 결코 낯설거나 이상한 일이 아닌 것이다.

글로벌 시대의 FDI는 선택이 아닌 필수

2006년 11월 초 '외국인 투자 주간(Foreign Investment Week)' 행사 때 국제 투자 심포지엄에 참석하기 위해 방한한 영국 맨체스터 대학의 가우리(P. Gharuri) 교수는 "최적의 위치로 생산과 소비를 재배치하는 글로벌화는 최근에 등장한 새로운 현상이 아니라 역사의 자연스런 흐름이다"라고 말했다. 역시 같은 기간 중에 방한했던 국제경영학회 회장인 미국 인디애나 대학의 러그만(A. Rugman) 교수도 "한국이 능동적으로 글로벌화해나가고 개방 경제를 유지하는 것은 결코 선택의 문제가 아니라 필수불가결한 것" 이라고 지적하였다.

물론 석학들의 충고가 아니더라도 우리는 일찍부터 개방 경제를 지향해왔다. 나 또한 산업자원부 장관 재임시 '외국인 직접 투자(FDI: Foreign Direct Investment)' 를 유치하기 위해 다양한 노력을 기울였다. 민관 사절단을 이끌고 미국과 일본을 방문하여 투자 유치 활동을 벌여 구글, 캘리포니아 연기금, 호야, 미쓰이케미컬 등 현지의 유력 기업들과 MOU를 체결하기도 했다.

또한 2006년 11월에는 외국인 투자가들의 경영 및 생활 여건을 개선하여 투자 매력도를 높이기 위해 '인베스트 코리아 플라자(Invest Korea Plaza)' 를 준공했다. 준공식에 즈음하여 외국인 투자가들을 초청, 우리의 투자 환경을 홍보하고 상담회를 개최하였다. 경영 및 생활 환경과 관련해서 그들이 가장 관심을 갖고 있는 부분은 자녀 교육 환경에 대한 것이었다. 그들의 어려움을 해소하기 위해 서울에 용산국제학교를, 경기도에 수원외국인학교를 개교하였고, 추후 부산에도 외국인학교를 건립하기로 결정하고 지원을 약속했다. 그런데 하필 이 무렵이 북한의 핵실험으로 한반도 전체가 긴장 상태에 처했을 때여서, 대통령까지 나서서 외국인 투자가들의 의구심을 조기에 차단하기 위해 노력했던 기억이 난다.

정부와 KOTRA, 지방자치단체 등 관련기관의 노력으로 2006년의 FDI 유치액은 당초 전망치인 110억 달러를 넘겼으며, 내용 면에서도 상당한 개선을 보였다. 특히 우리나라 산업 구조의 개선에 직접적인 효과가 있는 부품·소재 분야의 투자 유치가 30억 달러를 넘어섬으로써 2005년 대비 50% 이상 증가하였다. 또한 산업의 고부가가치화 및 경쟁력 향상에 대한 기여도가 상대적으로 커서 중점적으로 유치 노력을 쏟아온 물류센터 및 다국적 기업 지역본부 유치 실적도 2005년 수준을 넘어서는 성과를 거두었다. 또한 세계적으로 주를 이루는 FDI는 자본 이익을 노리는 M&A형인 데 비해, 우리의 FDI 유치는 50% 이상이 공장이나 사업장 설립과 관련된 그린필드(greenfield)형이며 그 수익성 또한 높다는 사실도 매우 고무적이었다.

FDI 유치, 아직 갈 길 멀다

하지만 세계 FDI 규모에서 우리나라가 차지하는 비중은 2005년 기준 0.8%에 불과하다. 물론 금융 시장 동향에 민감한 M&A형이 주를 이루는 세계 FDI 규모는 연도별 편차가 심하다는 특성이 있다. 그러나 세계 무역에서 우리나라가 차지하는 비중이 2.6%를 넘는 점을 감안하면 세계 FDI에서의 비중은 매우 낮은 셈이다. 우리나라 FDI 누계의 GDP 대비 비중은 8% 수준에 불과한데, 이는 전 세계 평균인 22.7%나 선진국 평균인 21.4%에 비해 한참 낮은 수준이다. 특히 2006년에는 외국인 투자 회수가 늘어나 정부의 걱정이 컸던 해이다.

세계 경제의 글로벌화는 시장 참여자에게 더 많은 기회를 제공한다. 그러나 시장 참여자가 그 기회를 붙잡아 글로벌 경쟁력을 높이기 위해서는 세계 각 지역과의 네트워크 형성이 긴요하다. 세계 시장에서 승자가 되려면 기술이나 생산성뿐만 아니라 세계 시장 참여자들의 기호나 현지 사정에 정통한 유통망 활용 또한 중요하기 때문이다. 내가 FDI 유인책을 강화한 이유도 이러한 맥락에서다.

선진국에 진입하기 위해 더 많은 장벽을 넘어야 하는 우리에게 FDI는 우리 경제와 세계 경제를 연결하는 가교가 되어줄 것이고, 선진 기술 및 경영을 우리 경제에 접목하는 데도 매우 효과적인 방법일 뿐만 아니라, 새로운 성장동력을 창출하는 길도 된다. 특히 기술 발전과 함께 동종 · 유사업종 간 합종연횡을 통해 경쟁력을 강화하여 세계 시장에서 지배력을 높이는 대응 전략이 다국적 기업들 사이에서 점점 더 활발하게 추진되고 있기 때문에, 우리 기업들도 이 흐름에서 밀려나지 말아야 한다.

그런 면에서 외국 자본에 대한 우리의 배타성이나 국내의 제도적 한계는 매우 유감스러운 일이다. 물론 우리 스스로의 역량으로 드높은 세계 시장의 경쟁 파고를 이겨낼 수 있다면 좋겠지만, 그럴 수 없다면 외국의 역량 있는 파트너를 찾아나서야 하지 않을까. 지금 우리에게 그것은 선택의 문제가 아니라 유일한 대안인지도 모른다.

경제4강을 활용하라

내가 산업자원부 장관으로 부임하던 2006년 2월은 우리 경제가 중요한 고비를 맞고 있던 때였다. 우리 산업계에 새로운 먹거리를 가져다줄 성장동력을 발굴하는 일이 그 무엇보다 절실한 상황이었고, 론스타 사건과 북핵 위기의 고조로 외국인들이 투자를 주저하는 분위기였다. 또한 유가가 60달러대로 급상승하여 에너지의 안정적 확보가 발등에 떨어진 불처럼 시급한 과제로 대두되고 있었다. 더구나 1998년 이후 8년 연속 흑자를 기록하며 우리 경제를 뒷받침해온 무역 분야에서도 환율이 달러당 930원 수준으로 떨어진 탓에 출혈 수출을 우려하는 목소리가 높아지고 있었다.

취임 첫날부터 거대한 벽이 눈앞에 세워져 있는 느낌이었던 것이 사실이다. 하지만 장애물은 넘으면 되고, 벽은 깨뜨리면 된다. 그런 마음으로 재임 1년여 동안 9번에 걸쳐 20개 나라에 출장을 다녀왔다. 내가 다녀온 해외 출장의 거리를 따져보니 지구 세 바퀴가 넘는 약 12만 5,000㎞였다. 바쁘게 쫓아다닌 만큼 성과도 있었다. 그중에서도 특히 우리에게 정치 경제적으로 중요한 의미를 지닌 경제 4강인 미국, 일본, 중국, 러시아와의 협력 활동이 기억에 남는다.

미국의 정치 지도자들과 만나다

2006년 6월은 북한이 핵실험을 단행할지도 모른다는 위기의식이 고조되던 때인 동시에, 한 · 미 FTA 1차 협상이 막 끝난 직후였다. 공무원 및 현대자동차 노조 파업과 건설 노조의 포스코 본사 점거 사태 등 연이은 노조 문제가 외신에 보도되면서 외국인 투자가들이 불안한 눈길을 보내는 한편, 월가에서도 론스타 문제와 관련하여 노골적인 불만을 드러내던 시기였다.

당시 나는 미국 방문 일정이 잡혀 있었다. 우선 워싱턴을 방문하여 구티에레스 미국 상무장관과 맥스 보커스 의원, 존 맥커리 의원 등 정 · 관계 인사를 만났다. 그리고 세계 금융 중심지인 뉴욕에서 투자 유치 설명회를 가졌고, 이후에는 실리콘밸리에 있는 구글에도 방문했다.

구티에레스 상무장관을 만나기로 한 6월 26일에는 비가 많이 내렸다. 100년 만의 기록적인 폭우가 쏟아진 워싱턴 시내의 도로 곳곳은 거의 교통마비 상태였다. 아니나 다를까, 이른 아침 TV에서는 워싱턴 주변 학교와 연방정부를 포함한 공공기관들이 임시 휴무를 시행한다고 발표했다. 약속된 한·미 상무장관 회담을 위해 예정보다 빨리 호텔을 출발했지만, 교통이 통제된 도로를 만날 때마다 우회로를 찾다 보니 약속 시간을 30분이나 넘겨서야 상무부 건물에 도착할 수 있었다. 상무부 직원들은 임시 휴무에도 아랑곳없이 사무실에 출근하여 우리 일행을 기다리고 있었고, 약속 시간을 맞추지 못해 미안하다는 우리 측의 인사에 "이런 폭우를 뚫고 무사히 도착한 것만으로도 다행"이라며 따뜻한 환대를 해주었다.

그날 나는 구티에레스 장관과 많은 이야기를 나누었다. 가장 중요한 화두는 역시 양국 간의 FTA 체결이었다. 아직 북한이 핵실험을 하기 전이어서, 개성 공단 제품의 한국산 인정 문제가 한·미 FTA에 가장 큰 쟁점 사항이 되고 있었다. 나는 개성 공단 사업이 북한을 점진적으로 변화시키면서 개방으로 유도하는 데 반드시 필요한 사업이라는 점과, 이미 미국이 이스라엘에 대해 QIZ*의 '역외 가공 방식'을 인정한 사례가 있다는 점, 그리고 한·싱가포르, 한·EFTA 및 한·ASEAN FTA 등에서 개성 공단 제품을 한국산으로 인정한 사례가 있다는 점을 들며 미국 정부가 한·미 FTA에 대해서도 보다 전향적인 자세로 임해줄 것을 요청하였다.

뉴욕에서 개최된 투자 환경 설명회 행사에서는, 앞서 언급한 것

---

* 요르단의 대미 관세무역 특구를 가리키는 명칭으로, 요르단의 QIZ에서 생산된 제품을 미국으로 수출할 때에는 미국의 수입관세 면제 및 비쿼터 등 다양한 특혜를 제공한다는 내용으로 미국과 이스라엘이 FTA에서 합의하였다.

처럼 한국노총의 이용득 위원장이 매우 큰 힘이 되어주었다. 그는 사상 처음으로 정부 대표단과 동행하여, "노사 문제가 대한(對韓) 투자에 장애가 된다면 한국노총이 발 벗고 나서겠다"며 강한 어조로 지원 사격을 해줌으로써, 미국 기업인들에게 깊은 인상을 심어주었다. 이러한 노력이 앞으로도 많은 외국의 기업들을 유치하는데, 그리고 이를 통해 새로운 일자리를 창출하는 데 긍정적인 영향을 미칠 것으로 믿는다.

당시 마지막 방문지로 실리콘밸리에 위치한 구글을 택한 것은, R&D센터의 한국 투자 유치를 성사시키기 위해서였다. 구글에서는 실질적인 투자가 이루어지기 전까지는 자신들의 투자 계획을 비밀에 부쳐줄 것을 우리 정부에 요청하였다. 우리는 구글과의 보안 약속을 철저히 지켰고, 마침내 10월 10일 수석 부사장이 한국을 방문하여 R&D센터 투자 계획을 공식적으로 발표하였다.

이후 2006년 12월 12일에는 구티에레스 상무장관이 서울로 찾아와서 다시 만났다. 서울의 날씨는 겨울답지 않게 포근했다. 그날도 우리의 대화는 대부분 FTA로 채워졌다. 두 나라 정부 모두 타결의 의지를 갖고 있는 것은 확실하니 이제는 긴 안목에서 결단이 필요한 시기라고 느끼고 있었기 때문이다.

일본, 잃어버린 10년의 교훈

최근 일본은 '잃어버린 10년'을 극복하고 경제 부활을 선언했다.

그런데 블룸버그 통신의 경제 칼럼니스트인 윌리엄 페섹은 "이제는 한국이 일본식 잃어버린 10년에 빠질 위험이 있다"고 경고했다. 여기에는 엔저에 의한 대일 수출 기업들의 채산성 악화라는 현실이 반영되어 있다. 그렇다고 걱정부터 앞세울 필요는 없다. 우리 제품의 품질이 갈수록 세계적인 인정을 받고 있고, 한류의 영향으로 우리나라와 우리 제품에 대한 일본인들의 인식도 변화하고 있기 때문이다.

2006년 9월 25일부터 26일까지 도쿄에 다녀왔다. 대일 무역 역조의 절반을 차지하는 부품·소재 분야의 경쟁력을 제고하기 위해 일본 기업들의 투자 유치를 독려하고, 대일 수출 시장 개척을 촉진하기 위한 방문이었다. 듣자 하니 우리나라의 종합상사조차 일본 시장 진출의 어려움 때문에 대일본 수출을 담당하는 조직을 해체한 지 오래라는 것이었다. 일본 시장이 우리에게 얼마나 중요한데 그렇게 쉽사리 포기한단 말인가 싶었다. 그리하여 한국노총 이용득 위원장과 함께 우리나라의 노사 문제에 대한 일본 투자자들의 우려를 씻어보기로 했다.

그런데 출발 직전, 발전 노조를 중심으로 한 민주노총 측에서 우리 일행의 출장길을 따라 원정 시위를 계획하고 있다는 사실을 알게 되었다. 다행히 우리 대표단은 오전 비행기를, 시위대는 오후 비행기로 출국하여 공항에서의 소란을 피할 수 있었다. 또한 일본을 방문한 시위대의 숫자도 예상보다 적어 호텔 앞에서 벌어진 원정 시위가 행사에 큰 지장을 주지 않고 끝이 났다. 더욱 다행스러운 것은 일본에서의 투자 성약식이 순조롭게 진행되어 부품 · 소재 분야에서 1억 달러 규모의 신규 투자가 이루어졌다는 사실이다. 앞에서도 말한 것처럼, 일본 시장은 결코 난공불락의 성이 아니다. 주도면밀하고 치열하게, 전략적으로 접근해나간다면 그 시장에서도 우리는 성공할 수 있다. 이런 믿음을 가지고 구체적인 노력을 쏟는다면 윌리엄 페섹의 경고를 말 그대로 '경고'에 그치게 할 수 있을 것이다. 감정적인 극일보다는 실리적인 차원에서 일본을 적극 활용할 수 있는 방안을 적극 검토해야 한다.

중국은 제1위 경제 협력 파트너

중국은 이제 우리나라의 제1위 교역 대상국이자 투자 대상국으로 떠올랐다. 양국 간의 교역 규모는 연평균 25%씩 증가하여 2005년 1,000억 달러를 돌파했으며 2006년에는 약 1,300억 달러에 이르렀다. 투자 분야에서도 중국은 2002년부터 미국을 제치고 우리의 최대 투자 대상국이 되었으며 1만 5,000개 이상의 한국 기업이 중국에서 활동하고 있다.

한 · 중 간 경제 교류가 확대되면서 우리는 외환위기를 보다 잘 극복할 수 있었으며, 이 과정에서 국내의 산업 구조를 개선하는 전기도 마련할 수 있었다. 하지만 최근 중국 정부의 정책 변화와 중국 시장 내의 경쟁 격화로 우리나라 기업이 겪는 어려움도 늘어나고 있다. 또한 중국 시장에 진출하면서 뜻하지 않은 복병을 만나 곤란을 겪는 사례도 발생하고 있다. 예컨대 칭다오 리동화공 투자 건은 중앙정부와 지방정부 간의 정책 협조가 원활하지 않아 벌어진 일이었다.

칭다오 리동화공은 우리나라의 GS칼텍스가 6억 달러를 투자하여 산둥성 칭다오시에 건설한 방향족 제품* 생산 공장이다. 리동화공이 2003년 3월 프로젝트 제안서를 처음 제출한 이후 칭다오 시 정부로부터 관련 인허가를 얻어내고, 공장 건설을 시작하는 등 모든 일이 순조롭게 진행되었다. 하지만 2005년 5월 원료용 납사 수입 쿼터 배정을 신청하자 중국 상무부는 수입 쿼터 배정을 불허하는 결정을 내렸다. 6억 달러라는 막대한 자금을 투자한 공장이 무용지물이 될 수도 있는 상황이 발생한 것이다. 중국 정부는 3,000만 달러 이상의 외국인 투자 사업으로서 수출입 쿼터가 필요하거나 석유화학 등 주요 기간산업일 경우에는 중앙정부인 '국가발전계획위원회'의 승인을 받도록 하고 있었다. 리동화공도 그 승인을 받아야 했지만, 칭다오 시 정부가 중앙정부의 승인 없이 허가를 내준 것이 문제였다.

이에 우리 정부는 중국과 8개월간 13번에 이르는 공식 · 비공식 협의를 통해 끊임없이 문제 제기를 했으나, 여러 가지 복잡한 문제가 얽혀 있어 해결될 기미가 보이질 않았다. 2006년 5월에 열린 한 · 중 무역 투자 장관회의에 참석한 보시라이 상무장관마저도 국가발

---

* 벤젠, 톨루엔, 파라자일렌 등 석유화학의 기초 제품.

전계획위원회의 소관 사항이라 상무부로서는 어쩔 수가 없다며 난색을 표명하였다.

그렇게 시간이 흐르던 2006년 8월, 이 문제를 해결할 열쇠를 쥐고 있는 국가발전계획위원회 마카이 위원장이 서울에서 개최되는 한 · 중 산업 협력 장관회의에 참석하겠다는 의사를 표시해왔다. 나로서는 절호의 기회가 아닐 수 없었다. 회의가 시작되자 나는 이 문제에 대한 중국 측의 전향적 검토를 요청했다. 마카이 위원장은 "이번 건이 중앙정부의 방침에 위배된다"고 전제하면서도 "양국의 협력 관계를 고려하여 중국의 정유회사와 공동으로 사업을 추진하는 것이 대안이 될 수 있다"는 언질을 주었다. 장관회의가 끝난 후 즉시 허동수 GS칼텍스 회장을 오찬 석상에 참석시켜 마카이 위원장과 만나게 하고, 리동화공에 대한 중국 정유회사의 지분 참여 가능성을 확인해주도록 했다. 그리고 얼마 후인 11월부터 리동화공은 시범 생산을 시작할 수 있게 되었다.

중국은 우리에게 복잡하고도 미묘한 시장이다. 사회주의 국가의 특성상 정서적인 측면에서도 괴리가 있고, 아직까지 행정 체제가 제대로 갖춰져 있지 않아서 중국에 진출하는 우리 기업들의 발목을 붙잡곤 한다. 하지만 분명한 것은 중국이야말로 세계의 블루오션이라는 점이다. 다시 말해 누가 중국을 얻느냐에 따라, 혹은 누가 중국 시장을 선점하느냐에 따라 해당 국가의 미래가 달라질 수 있다는 것이다. 우리가 이 경쟁에서 지지 않으려면 중국이 주는 이점을 최대한으로 살리고, 중국과의 협상에서 우위를 점할 수 있도록 지략을 발휘해야 한다.

러시아의 부활은 우리에게도 기회다

2006년의 첫날은 러시아의 가스 사태와 함께 시작되었다. 1월 1일을 기해 러시아 정부가 우크라이나와 몰도바에 대한 천연가스 공급 중단을 선언함으로써, 당사국인 두 나라뿐만 아니라 우크라이나를 통해 러시아의 가스를 공급받던 프랑스, 독일, 폴란드, 헝가리 등 유럽 각국들까지 '가스 대란' 에 휩싸일 위기에 처한 것이다. 다행히 사흘 뒤인 1월 4일 러시아와 우크라이나 간에 전격 합의가 이뤄져 우려했던 가스 대란은 발생하지 않았지만, 에너지자원을 무기로 새로운 수퍼 파워로 부상하고 있는 러시아의 힘을 확인하게 만든 사건이었다.

그 후 10개월이 지난 2006년 10월 17일, 러시아 프라드코프 총리와 푸틴 정부의 실세로 불리는 세계 최대 가스회사 '가즈프롬' 의 밀러 회장이 인천공항에 도착하였다. 같은 시각 나는 세종로 청사에서 개최된 국무회의에서 한 · 러 가스협정안을 상정하여 제안 이유를 설명하고 있었다. 러시아의 천연가스가 파이프라인을 통해 한국으로 들어올 수 있는 가능성이 열리는 역사적인 날이자, 2004년 9월 노무현 대통령과 푸틴 대통령 간의 가스협정 체결 합의를 2년여 만에 현실화하는 감격적인 순간이었다.

돌이켜보면, 가스협정이 최종 합의에 이르기까지는 시베리아 동토에서 한국에 이르는 물리적 거리만큼이나 멀고 험난한 과정의 연속이었다. 양국 대표단이 수없는 밤샘 협상을 벌였고, 타결 직전 러시아 측의 갑작스런 입장 변경으로 협상이 원점으로 돌아가는 우여곡절도 겪었다.

가스는 석유와 달리 생산 및 판매 시설 건설에 막대한 비용이 소요되기 때문에 공급국은 믿을 수 있는 판매처에만 가스를 공급하려고 한다. 또한 수입국도 쉽사리 구매처를 바꿀 수가 없다. 따라서 당사국 간의 강한 협력 관계는 가스 교역의 필수적인 전제 조건이다. 러시아와 가스협정을 맺은 나라들 가운데 아시아 국은 우리가 처음이다. 그만큼 러시아 역시 우리나라와의 협력 관계에 상당히 긍정적인 의미를 부여하고 있다는 뜻이다. 한명숙 총리가 주최한 만찬장에서 밀러 회장은 "극동 가스전 개발의 성패는 한국에 달렸다" 고 언급했는데 이것이 결코 농담만은 아닌 것이다.

러시아가 우리에게 기대하는 것이 무엇이든, 앞으로도 양국의 신뢰 및 협력 관계를 증진시켜, 갈수록 극렬해지는 '에너지자원 전쟁'의 시대에 중요한 파트너로서 러시아와 동행해야 할 것이다.

'경제 4강' 을 주목하는 이유

우리나라가 부존자원 없이도 세계 10위권의 경제를 이룩한 것은 해외에서 수입한 원자재로 제품을 만들어 놀라운 규모의 수출 업적을 달성했기 때문이다. 한마디로 '무역'을 통해 이뤄낸 성과라는 것이다. 글로벌 시대의 국가경쟁력이란 단순히 그 나라가 처한 상황 내지는 주어진 여건에만 국한해서 생겨나는 것이 아니다. 그보다는 다른 나라와의 보완적이고 협력적인 관계를 통해 다양한 여건을 개척하고 확대해나갈 때 생겨난다.

따라서 정부 차원에서 이뤄지는 다른 나라와의 협력 활동은 국가 간 상호 신뢰와 협력의 기초를 놓는 일인 동시에, 기업들의 비즈니스 활동을 지원하는 인프라이자 윤활유로서도 막중한 역할을 한다. 특히 경제 4강인 미국, 일본, 중국, 러시아는 과거의 역사에서 뿐만 아니라 미래의 경제 선진국 도약을 위해서도 긴밀히 협력해야 할 파트너들이다. 따라서 정부는 이들 4강과의 조화롭고 긴밀한 경제 교류를 통해 우리 기업들이 글로벌 무대에서 활동할 수 있는 기반을 조성하는 데 앞으로도 최선의 노력을 다해야 할 것이다.

4

21세기 국가 아젠다, 에너지를 생각한다

지금 국제 석유 시장은 작은 충격으로도 유가가 폭등할 수 있는,
흡사 살얼음판 위를 걷는 것처럼 위태로운 형국이다.
우리가 발 디딘 곳을 좀 더 탄탄한 곳으로 바꾸기 위해
우리 정부는 적극적으로 자원외교를 추진해왔다.
그런 한편 새로운 에너지 정책 방향도 모색하고 있다.
인류 전체의 지속 가능한 발전을 위해서는
공급 일변도의 에너지 정책에서 벗어나
에너지 효율을 높이는 수요 관리 차원의 정책을 병행해야 하고,
환경 요인에 대해서도 신중히 고려해야 하기 때문이다.

자원이 있는 곳이라면 땅 끝까지도 간다

그 끝을 알 수 없는 고유가 행진이 우리 경제는 물론 세계 경제를 강타하고 있다. 1970년대의 오일 쇼크와 걸프전 당시의 고유가 이후 한동안 태평성대를 누려왔던 세계의 자원 문제가 2006년 배럴당 유가가 60달러까지 치솟으면서 다시금 전 세계를 뒤흔들고 있는 것이다. 지금 세계는 너나없이 에너지 문제를 국가 안보와 결부시켜 장기 전략을 짜느라 혈안이 되어 있다.

이 세계적인 에너지 전쟁에서 에너지 소비 세계 10위, 석유 소비 7위, 석유 수입 4위를 차지하는, 한마디로 소비에 있어서만 '에너지 대국'인 우리나라는 절대적으로 불리할 수밖에 없다. 우리나라는 사용하는 에너지의 97%를 해외에서 수입하는 대표적인 해외 의존국이다. 2006년 우리의 에너지 수입액은 857억 달러로 이는 우리나라 전체 수입액의 28%를 차지한다. 한 해 동안 1인당 평균 약 1,774

달러의 에너지를 해외로부터 수입하는 셈이다. 특히 석유 · 가스의 수입액은 절대적이다. 2006년 기준으로 석유 수입은 559억 달러, 천연가스 수입은 119억 달러를 기록하여 전체 에너지 수입액의 79%를 차지하였다.

석유 없는 시대가 오고 있다

오늘날 세계의 석유 시장은 심각한 공급 부족 상황에 직면해 있다. 국제 석유 시장에서 잉여 공급 능력이 한계에 봉착하자 산유국의 영향력이 증대되어 석유수출국기구(OPEC) 산하의 산유국들은 자원 통제를 강화하는 경향을 보이고 있다. 따라서 소비국 간의 석유 · 가스 자원 확보 경쟁도 점점 더 치열해지고 있다. 또한 2003년 이후 고유가의 꿀맛에 익숙해진 OPEC가 과거의 저유가 정책으로 회귀할 가능성은 매우 낮아 보이는데, 아마도 소비국의 수요 감소를 초래하지 않는 수준까지는 계속해서 고유가 정책을 실시할 것으로 전망된다.

최근에는 '석유 피크(peak)' 논쟁도 뜨겁게 달아오르고 있다. '석유 피크' 논쟁이란, 국제적으로 매년 증가하고 있는 석유 생산량이 더는 증가하지 않고 감소하기 시작하는 시점이 언제냐에 대한 의견 다툼을 말한다. 석유 수급 구조상 석유가 완전히 고갈되어 생산되지 않는 시점보다는 세계 석유 생산이 수요를 충족시키지 못하는 시점이 에너지 위기가 발생하는 시점이기 때문이다. 석유 생산량이 피크 시점을 달성한 이후에는 석유 부족 현상이 만성화되고 시간이 흐를 수록 심화될 가능성이 높다. 현재 2050년까지는 석유 위기가 도래하지 않을 것이라는 낙관적인 전망도 있지만, 미국 에너지부(DOE: Department of Energy)에서는 확인된 매장량과 기술 수준을 감안할 때 2040년 이전에 석유 피크 시기가 도래할 것이라는 비관적인 관측을 내놓고 있다.

이렇듯 석유 고갈을 걱정해야 할 정도로 국제 에너지 시장이 급변하고 있는 상황에서 취약한 에너지 수급 구조를 가진 우리나라는 어떻게 생존의 길을 모색해야 할 것인가?

지금까지 우리는 국제 석유 시장에서 오는 외부적 충격을 완화하기 위하여 석유 비축 사업을 추진해오고 있다. 1 · 2차 오일쇼크 직후인 1980년부터 이 사업을 시작하여 2006년 말 현재 59일분의 석유를 비축하고 있으며, 민간 비축분 61일분을 더할 경우의 비축 능력은 총 120일분이다. 정부는 향후 2010년까지 비축 계획을 지속 추진하여 총 1억 4,100만 배럴의 석유를 비축할 계획이다. 또한 비상시의 에너지 수급에 대한 분석 및 대응 전략을 추진할 시스템을 구축하고 있으며, 동북아 에너지 협력을 위한 정부 간의 협의체 운영, 국제에너지포럼 · 석유수출국기구 등과의 협력 채널 강화, 에너지 소비국 간 각료급 회의 참여 등을 통해 산유국 · 소비국 간 전략적 에너지 협력 기반을 조성하고자 한다.

또한 천연가스 등 도시가스의 사용량이 폭발적인 증가세를 보임에 따라 이를 안정적으로 공급하기 위해 저장 탱크를 계속 건설하는 등 에너지 공급 인프라를 확충하고 있으며, 부가가치가 높은 석유 제품을 정제하여 수출하기 위한 고도화 시설 건설도 추진하고 있다.

'나이지리아 프로젝트'로 에너지 사막을 뚫다

그러나 당면한 에너지 위기의 시대를 뚫고나갈 가장 확실한 방법은 석유 자주개발률을 획기적으로 높이는 것이다. 현재 우리의 에너지 비용은 제조업 원가의 2.2%를 차지하고 있고, 승용차를 보유한 가계는 휘발유 구매액이 소비지출의 9.2%에 달한다. 반면 우리 기업들이 해외 지분 참여를 통해 석유를 개발하는 비율인 자주개발률은 2005년 현재 4.1%에 불과하다. 이는 프랑스 87.7%, 이탈리아 44.9%, 일본 10.3%에 비해 현저히 낮은 수준으로, 지금처럼 고유가가 계속된다면, 석유 부족이 결국 우리 기업의 원가 상승을 초래하고 가계의 가처분 소득을 압박하여 국가 경제를 수렁에 빠뜨릴지도 모른다. 그때그때 수급 조절을 하는 것만으로는 원천적인 한계가 있는 것이다. 따라서 현재의 저조한 석유 자주개발률을 2013년에는 18%까지 끌어올려야 한다.

나 또한 장관 취임 후 해외자원 개발에 큰 관심을 기울였다. "석유가 있는 곳이라면 땅 끝까지도 간다." 이것이 취임 즈음 나 스스로 새긴 확고한 마음가짐이었다. 사실 이것은 산업자원부 장관의 숙명 같은 것이기도 했다. 우선 이전까지 진행되었던 자원외교 실적, 현재 진행되고 있는 프로젝트, 그리고 앞으로 자원 확보를 위해 정부가 해야 할 일들을 꼼꼼히 챙겼다. 다행스럽게도 산업자원부는 이미 자원 확보에 대한 문제의식을 가지고 정책을 수립하고 있었으며, 석유공사와 민간 업계 역시 적극적으로 해외자원 개발에 나서고 있었다.

주마가편의 마음으로 나 역시 국제적으로 벌어지는 자원 확보 전쟁에 뛰어들었다. 우선 정상외교를 적극 활용하기로 했는데, 왜냐하면, 중동 · 중남미 · 아프리카 등 자원 보유국들은 자원 개발과 기간산업(플랜트) 건설을 국가 전략 과제로 간주하여 정상이 직접 결정하는 경우가 많기 때문이다. 또한 이들 국가들은 대개 행정 절차가 복잡하여 최고위층의 의사결정(top-down)이 정책에 절대적인 영향을 미친다. 다시 말해 기업 차원에서 자원 개발이나 발전 설비 등 대규모 프로젝트에 참여하려면 최소 1~2년이 소요되지만 그 나라의 정상이나 고위 관리가 관심을 갖는 사안이 되면 그만큼 협상이 빨라지는 것이다.

산업자원부 장관으로 재직한 1년 동안 나는 아프리카, 아시아, 중앙아시아, 중동 등 12개국을 돌며 총 7차례에 걸쳐 자원외교를 전개하였다. 그중에서도 특히 기억에 남는 것은 2006년 3월의 나이지리아 순방이다. 나이지리아 순방에서 총 20억 배럴 규모의 2개 심해광구를 확보했는데 경쟁자인 인도 ONGC 사는 2개 광구를 4.8억 달러에 응찰했으나, 나이지리아의 부족한 전력 사정을 파악한 우리는 발전 사업 진출을 담보로 1억 달러에 노른자위 광구 2곳의 운영권까지 확보할 수 있었다. 당시 인도는 우리가 확보한 운영권을 빼앗기 위해 집요한 로비를 펼쳤으나 발전 부문 동반 진출을 연계한 우리의 전략이 나이지리아에 너무나 매력적인 것이어서 결국 우리의 운영권을 고수할 수 있었다. 또한 나이지리아 정부는 발전 사업 진출 대가로 우리에게 광구 확보에 필요한 '서명 보너스'로 2.3억 달러 할인까지 해주었다.

결과적으로 우리는 나이지리아 프로젝트를 통해 1.5년치 석유 사용분인 12억 배럴을 매우 저렴한 가격으로 확보하게 되었으며, 2,400MW급 발전소 2기 및 1,200㎞에 달하는 가스관로 건설 사업을 통해 대략 33억 달러 규모의 각종 플랜트, 전력 기자재, 건설 자재 등의 수출도 보장받게 되었다. 그리고 이 프로젝트 이후에도, 나이지리아 철도 건설 사업과 연계함으로써 생산 유전 지분을 추가로 확보할 수 있었다.

남의 땅에 묻어둔 '우리의 비축유'를 찾아서

우리나라는 지난 1981년 인도네시아 서마두라 유전 개발을 시작으로, 이후 베트남 11-2 광구에서 가스를 생산하며 해외자원 개발 역량을 축적하는 한편, 계속해서 해외자원 개발 루트를 물색해왔다. 그리고 어떻게 하면 취약한 조건을 극복하고 자원 보유국과 상호 협력하여 국가의 중장기 에너지 정책 목표를 달성할 수 있을지 끊임없이 연구해왔다.

그 결과, 우리가 가진 강점을 상대국에 제공하는 대신 그 나라의 자원을 확보하는 '한국형 자원 개발 모델'을 개발하였다. '나이지리아 프로젝트'는 바로 그러한 한국형 자원 개발 모델이 큰 성공을 거둔 첫 번째 모범 사례라 할 수 있다. 이후 정부는 이 모델을 지속적으로 추진해나가기 위해 에너지 공기업, 자원 개발 전문기업, 지원기관 등이 참여하는 '에너지산업 해외 진출 협의회'를 구성하였다. 그리고 아프리카 및 CIS, 동남아시아 등지에 사전조사단을 파견하여 해당 지역의 니즈에 알맞은 진출 전략을 수립하는 등 프로젝트 발굴 및 플랜트 수주 등 입체적 자원 개발 활동을 펴나가고 있다.

이외에도 참여정부가 정상 외교 및 고위급 자원외교를 통해 얻은 성과는 적지 않다. 카스피해의 잠빌 광구만 해도 카자흐스탄 국내법상 1개국 1광구 원칙을 깨고 2개 광구를 1개 광구로 병합하여 서명하였다(2004년 9월). 37억 배럴 규모의 매장량을 가진 러시아 서캄차카 유전(2004년 9월), 매장량 28억 배럴 규모의 러시아 Tigil/Icha 광구(2005년 12월), 매장량 20억 배럴 규모의 아제르바이잔 이남 광구(2006년 5월), 14억 배럴 규모의 우즈베키스탄 아랄해 가스전(2005년 5월) 등 대형 프로젝트의 탐사권을 확보했다. 한편, 일반 광물 분야에서도 세계 3대 니켈 광산으로 평가받는 마다가스카르 암바토비 광산 개발에 참여(2006년 10월)하는 한편, 전력 사업과 연계하기로 협의함으로써 몽골의 오유톨고이 철광산 개발 사업(2006년 5월)에도 참여하기로 했다.

이러한 대형 프로젝트가 성사됨으로써, 참여정부 기간 동안 석유·가스 확보매장량 88억 배럴이 추가로 확보되어, 우리나라의 2006년 현재의 총 확보매장량은 140억 배럴에 이르게 되었다. 그러나 정부는 여기서 그치지 않고 더욱 강력한 의지로 해외자원 개발 사업을 활성화하여, 해외자원 개발 사업이 사상 최초로 200개를 돌파하였다. 해외자원 개발 투자액도 급상승하여 2005년에는 사상 최초로 1조 원을 돌파했으며, 2006년에는 1.8조 원의 투자가 이루어진 것으로 추정된다.

물론 우리가 2005년에 투자한 1조 원은 선진국 수준과 비교하자면 턱 없이 적은 금액이다. 예를 들어 세계적인 메이저 석유회사인 엑슨모빌만 해도 무려 10조 원 가량을 해외자원 개발에 투자하고 있다. 우리가 확보한 매장량 140억 배럴 역시, 엑슨모빌이 현재 생산중인 유전 매장량을 겨우 넘어서는 수준에 불과하다. 하지만 우리 정부가 최근에 거둔 성과는 지난 25년과는 분명히 다르다. 새로운 에너지 시대의 제2막을 열어젖히는 획기적인 모멘텀이라 할 수 있는 것이다. 1980년대 국제 석유 개발 시장에서 우리나라의 별명은 '거리를 떠도는 꼬마(a kid in the street)' 였다. 시추 한번 제대로 해본 적 없는 초보 개발국이라는 비웃음이었던 것이다. 하지만 지금은 다르다. 고작 25년 만에 그 어느 나라도 무시할 수 없는 석유 개발 기술을 갖게 되었기 때문이다. 최근의 성과를 밑천삼아 착실히 준비해나간다면 2013년 자주개발률 18%도 불가능한 목표가 아닌 것이다.

지금 국제 석유 시장은 작은 충격으로도 유가가 폭등할 수 있는, 흡사 살얼음판 위를 걷는 것처럼 위태로운 형국이다. 우리가 발 디딘 곳을 좀 더 탄탄한 곳으로 바꾸기 위해 참여정부는 적극적으로 자원외교를 추진해왔으며, 그 결과 '원유 확보' 라는 최우선의 목표에 서서히 다가가고 있다. 나아가 이전에는 원유 도입 · 가공 · 판매 등 하류 부문 위주로만 발전해왔던 에너지산업이 균형 성장의 발판을 마련했으며, 플랜트 · 전력 같은 자원 개발 연관 산업의 동반 성장 효과도 나타나고 있다. 이래서 '남의 땅에 묻어둔 우리 비축유 찾기' 는 아무리 강조해도 지나치지 않는 것이다.

유전개발1호 펀드 이야기

참여정부 들어 우리의 에너지 자주개발 역량이 크게 향상된 것은 분명하지만, 아직도 가야 할 길은 멀고 험하다. 계속해서 해외자원 개발이 좋은 성과를 거두려면 에너지산업 관련 인프라가 더욱 탄탄해져야 한다.

현재 정부는 3년마다 한 번씩 10년 주기의 '해외자원 개발 기본계획' 을 수립하고 있는데, 여기에서 석유 · 가스 등 주요 자원별로 2013년까지의 자주개발 목표를 설정하고 있으며, 이 목표를 달성하기 위해 자원외교, 재원 조달, 인력 양성, 기술 개발, 지원시스템 등 다양한 대책을 수립, 추진 중이다.

특히 산업자원부는 자원 개발 전문인력 부족 현상을 해소하기 위해 2005년 9월 '자원 개발 아카데미' 를 개원하였고, 장기적인 인력 양성 계획인 '자원 개발 인력 양성 마스터플랜' 도 수립하여 체계적으로 전문인력을 양성하고 있다. 또한 2006년 6월에는 조직을 개편하여 해외자원 개발 정책, 유전 · 가스전 개발, 일반 광물자원 개발, 신재생에너지 개발 · 보급 등의 업무를 전문적으로 수행하는 '에너지자원 개발 본부' 를 신설하였다. 향후로는 R&D제도도 개선하여, 탐사기술 및 설비 개발 등 업계 수요에 맞는 과제를 산 · 학 · 연 공동으로 개발하도록 할 것이다.

무엇보다 투자재원 확충이 급선무

그런데 이러한 인프라 확충 및 실질적인 해외자원 개발 사업에는 막대한 재원이 든다. 특히 우리의 자주개발률을 2013년까지 18%로 끌어올리기 위해서는 약 16조 내지 20조 원의 자금이 추가로 소요될 것으로 예상하고 있다. 현재는 에너지특별회계를 통하여 매년 2,000억 원 수준의 자금을 해외자원 개발 기업에 융자하고 있는데, 이 정도의 정부 재정으로 해외자원 개발 자금 수요에 대응하는 데는 한계가 있다. 민간금융을 활용하는 방안이 모색될 필요가 있는 것이다. 그렇게 해서 나온 아이디어가 바로 얼마 전 모 방송사의 인기 프로그램인 '경제야 놀자' 코너에서 좋은 금융상품으로 소개된 '유전개발펀드' 이다.

유전개발펀드(해외자원개발펀드)는 기관이나 개인으로부터 자금을 모아 유전이나 가스전, 유연탄광 등 해외자원 개발에 투자하고, 여기서 나오는 수익금을 자원 개발 기업과 투자자가 나누어 갖는 금융

상품이다. 항간에는 아무개가 과거에 투자해둔 해외유전에서 매달 수백만 달러의 배당금을 받는다는 소문도 돌곤 하는데, 유전개발펀드 역시 쉽게 말하면 이와 유사한 것으로, 해외자원 개발 사업이 성공하기만 하면 대박이 나는 금융상품이라고 볼 수 있다.

하지만 자원 개발 사업에 대한 투자는 위험도 또한 높은 것이 사실이다. 자원 개발 사업은 크게 '탐사', '개발', '생산'의 3단계로 진행되는데, 광활한 땅이나 바다 속에서 석유나 가스가 있는지를 찾는 '탐사' 단계의 성공 확률은 15% 이하이다. 그 다음 작업인 '개발' 단계는 탐사 단계에서 유징이 있는 것이 확인되면 유전을 평가하는 단계와 생산을 준비하는 단계로 다시 구분되는데, 평균적인 성공 확률은 약 60% 정도이다. 세 번째 작업인 '생산' 단계는 자원 개발 사업 중 가장 안정적인 단계로 성공 확률이 약 80% 정도로 알려져 있다.

이외에도 환율 및 유가의 변동이 사업의 경제성에 영향을 미칠 수 있다는 점이나 투자국의 정치적 상황에 따른 사업 예측 불가성 등도 '유전개발펀드'에 쉽게 손을 내밀지 못하게 만드는 이유로 작용한다. 게다가 통상적으로 투자비 회수에 20~30년이라는 장기간이 소요된다는 점도 펀드 투자를 꺼리게 만들고 있다.

이에 정부는 유전개발펀드의 위험성은 낮추면서 안정된 수익을 보장할 수 있는 구조적인 방편으로 '분산 투자'를 채택했다. 즉, 펀드 모집액의 50%는 성공 확률이 높은 개발·생산 광구에 투자하고,

성공 확률이 비교적 낮은 탐사광구에는 30% 이상만 투자하며, 그 나머지는 국공채나 증권에 투자하도록 한 것이다. 또한 펀드와 수출보험공사 간에 일종의 보험계약을 체결해서 유사시에 적어도 투자 원금의 일정 비율만큼은 보상받을 수 있는 장치(투자 위험 보증 사업)를 마련했으며, 배당소득세까지 감면해주고 있다.

또한 유전개발펀드가 우리나라에서는 처음 소개되는 점을 감안하여, 뮤추얼펀드 외에 자원 개발 기업의 전문성을 활용할 수 있도록 PEF(Private Equity Fund)형 펀드를 도입하였다. PEF형 펀드는 투자 대상이 펀드 모집 시기에 확정되지 않아도 펀드 결성이 가능하며, 자원 개발 기업이 중심이 되어 펀드를 설립할 수 있는 형태다. 아울러 정부는 석유 · 가스 분야 외에도 전략 광종과 산업 수요가 많은 10종의 일반 광물*에 대한 펀드 설립도 허용하였다.

2006년 11월, 해외자원개발펀드의 설립 근거가 되는 '해외자원개발사업법' 개정 법률이 발효되었으므로, 자원 개발 전문기업이나 금융회사 등을 중심으로 프로젝트별 성격에 따라 저위험 · 안정수익형 펀드나 고위험 · 고수익형 펀드 등 다양한 종류의 펀드가 본격적으로 시장에 선보일 것이다.

---

* 석탄, 철광, 동광, 아연광, 우라늄, 희토류광, 알미늄광, 니켈광, 티타늄광, 몰리브덴광.

유전개발 1호 펀드, 고수익에 안정성도 만점!

2006년 11월 말 국내에 첫선을 보인 유전개발 1호 펀드는 석유공사가 14%가량 지분을 가지고 있는 베트남 15-1 광구의 수익권을 대상 자산으로 조성되었다. 베트남 15-1 광구의 총매장량은 약 6억 배럴로 추정되며, 하루 약 6만 배럴이 생산되고 있다. 1호 펀드는 원유가 나오고 있는 유전을 대상으로 하기 때문에 위험도가 낮은 데다 유가와 환율 등의 위험 요소에 대한 헷징 장치도 갖추고 있다. 여기에 세금공제 혜택까지 감안하면 상당히 안정적인 수익을 얻을 수 있다는 것이 전문가들의 평가이다.

1호 펀드는 개인 투자자 및 기관 투자자로부터 총 2,040억 원을 모집하는 것을 목표로 출시되었는데, 모집 결과 총 4,674억 원이 모였다. 이 가운데 개인 투자자를 대상으로 한 일반청약률은 3.12:1을 기록했다. 이는 실물 펀드 중 가장 큰 규모인데 최초의 유전개발펀드라는 점과, 청약 기간이 단 이틀에 불과했다는 점을 감안하면 대단히 성공적인 반응이었다고 볼 수 있다.

그러나 일각에서는 소위 '묻지마' 투자를 통해 선량한 투자가들에게 피해를 줄 수 있다며 부정적인 의견을 내놓고 있기도 하다. 이는 정부가 유전개발펀드를 도입한 취지를 간과한 것이 아닌가 판단한다. 다시 말하지만, 유전개발펀드의 궁극적인 목적은 국가의 에너지 안보 체제 구축을 위한 재원 마련으로, 정부의 지원이나 기업의 자체 자금만으로는 한계가 있는 유전개발 사업에 시중의 풍부한 유동자금을 활용하자는 것이다. 2013년 자주개발률 목표 18%를 달성하기 위해 필요한 자금 가운데 그 10%에 해당하는 약 2조 원 내외의 자금은 유전개발펀드를 통해 조성해보자는 것이다.

나도 정책 담당자로서 분위기 조성 차원에서 유전개발 1호 펀드 청약에 가입하였다. 적은 금액이지만 500만 원으로 1,000주를 청약하여 320주를 배당받았는데 투자 자금이 자원 개발로 이어져 에너지 확보에 기여한다는 뿌듯함이 투자의 재미를 더해주었다.

유전개발 1호 펀드를 계기로 어떤 기업들은 광물펀드를 준비하고 있다고도 하고, 또 어떤 업체는 이미 점찍어둔 투자 대상 광구가 있다는 말도 들린다. 무엇보다도 해외자원 개발에 대한 국민적 관심이 부쩍 높아진 것이 고무적이다. 이러한 국민적 관심이 유전개발펀드에 대한 투자로 이어져 우리의 에너지 영토를 넓히고 투자자의 주머니도 두둑해지기를 기대한다.

7,000만이 넉넉한 나라를 만들려면

우리나라의 부존자원과 관련하여 《삼국사기》에는 아주 재미난 기록이 있다. "신라 시대 진평왕 31년(서기 509년) 봄 3월에 모지악산의 땅이 탔다. 구덩이 너비가 4보, 길이가 8보, 깊이가 5척이나 되었고 10월 15일에 꺼졌다"라는 기록이 그것이다. 《삼국사기》에는 또 "신라 무열왕 4년(서기 657년) 가을 7월에 동악 토함산의 땅이 타서 3년 만에 꺼졌다"는 기록도 있다. 앞에 나오는 모지악산이 현재 어디를 가리키는지는 알려져 있지 않지만, 진평왕 시기의 이 기록은 에너지자원의 역사를 말할 때 꼭 언급되는 기록이다. 그리고 신라 무열왕의 기록을 두고는 토함산의 활동이 천연가스의 폭발을 가리키는 것이라고 말하는 학자들도 있다. 나아가 《본초강목》에서는 "고려의 땅에서 기름이 나온다"라는 기록이 있고 《조선왕조실록》에서는 "세종, 성종 때 영해부에서 땅이 탔으며, 어느

구덩이에서는 주야로 불을 뿜었다"라는 기록도 있다. 만약《삼국사기》와《본초강목》,《조선왕조실록》의 기록이 사실이라면 이는 상상만 해도 즐거운 일이 아닐 수 없으며, 앞으로도 어쩌면 이 땅에서 충분한 석유를 뽑아올릴 수도 있으리라는 기대를 갖게 한다.

버릴 수 없는 산유국의 꿈

1968년 유엔 산하 아시아 지역 천해저 광물자원 공동탐사조정위원회와 미 해군 해양 연구소가 국내의 대륙붕 해저에 두터운 퇴적층이 분포되어 석유와 천연가스의 부존 가능성이 높다고 보고하면서 국내 대륙붕 전역에 대한 탐사를 실시하였다. 이 사건으로 사람들 사이에서 '우리나라에서도 석유가 날지 모른다' 는 희망이 커졌다. 그리고 미국의 석유 개발 회사인 텍사코와 걸프, 네덜란드의 셸 등이 발빠르게 우리나라의 대륙붕 탐사에 관심을 표명하였다.

당시 우리 정부는 대륙붕에 대한 석유 탐사를 본격적으로 개시하기 위해 1970년 1월에 '해저광물자원개발법' 을 제정하였고, 약 30만㎢에 달하는 국내 대륙붕을 7개 구획으로 나누어 해저광구를 확정하고 조광제도를 마련하였다. 외국 회사들이 석유 개발 사업에 참여하자, 온 나라의 국민들은 산유국이 될 수 있다는 꿈에 부풀었다. 드디어 최초의 대륙붕 석유 탐사 시추가 이뤄졌다. 1972년 걸프 사가 제6-1광구에 해저 4,626m까지 굴착을 실시한 것이다. 그러나 석유부존 확인에는 실패하였다.

그 후 우리 정부는 1970년대 1, 2차 오일쇼크를 거치는 과정에서 종합적인 에너지 정책을 마련해야 한다는 확고한 신념을 갖게 되었고, 그 일환으로 국내 대륙붕 석유 탐사의 본격화를 위해 1979년에는 '한국석유공사' 를 설립하였다.

사실 이때까지만 해도 우리나라의 석유 개발 분야의 현실은 열악해서, 탐사나 시추는 전적으로 외국의 석유 개발 회사의 몫이었다. 기껏해야 우리 기술자들은 외국 회사가 수행하는 사업에 참여하여 선진 기술과 경험을 습득할 뿐이었다. 외국 회사들은 국내 대륙붕에서의 석유 탐사가 계속 실패함에 따라 결국 1970년대 말과 1980년대 초에 철수하였다. 그러자 그동안 경험과 기술력을 축적한 한국석유공사가 국내 대륙붕 탐사를 주도하기 시작했으니, 그때가 1983년이었다.

우리의 유전개발 기술진들은 이후에도 계속 실패와 좌절을 겪어야 했지만, 산유국이 되기를 기대하는 국민들의 열망과 기대에 부응하기 위해 불철주야 노력했다. 그러던 1998년, 드디어 동해 울릉분지의 6-1광구 울산 앞바다에서 최대 규모의 가스층을 발견하였다. 국내 대륙붕에서 우리 기술과 자본으로 가스층을 발견하고, 천연가스 및 초경질 원유를 생산하는 쾌거를 이룬 것이다.

우리도 어엿한 산유국

'동해-1 가스전' 이라 명명한 이곳에서는 천연가스 총 2,500억 3제

곱피트(LNG 환산 약 500만 톤)가 매장되어 있으며 하루에 천연가스 1,000톤, 초경질 원유 1,100배럴이 생산되고 있다. 생산된 천연가스는 하루 34만 가구가 사용할 수 있고, 원유는 하루 자동차 2만 대를 운행할 수 있는 양이다. 동해-1 가스전을 통해 2018년까지 울산 및 경남 지역에 가스를 공급할 예정이며 이로 인한 수입대체 효과는 20억 달러에 이를 것으로 추산되고 있다.

현재 우리나라는 석유 탐사 · 시추 · 생산 등 개발에 관한 거의 모든 기술을 자립화했다. 더욱이 선진국의 유수한 석유 개발 회사들도 실패한 국내 대륙붕에서 우리 자본과 기술로 양질의 가스전을 찾아내 개발, 생산함으로써 오랜 산유국의 꿈을 세계에서 95번째로 이루게 되었다.

최근에는 온 국민을 흥분시키는 또 다른 희소식도 들리고 있다. 동해 심해저 울릉분지에 '미래의 청정 에너지원' 으로 각광받는 '가스 하이드레이트(Gas Hydrate)' 라는 이름의 천연가스가 약 6억 톤 이상 부존해 있을 가능성이 제기된 것이다. 만약 이것이 정말로 존재하여 그것을 개발, 생산해낼 수 있다면 엄청난 경제적 효과를 가져올 것으로 예상된다. 한마디로 말해, 앞으로 우리나라가 약 30여 년간 사용할 수 있는 양이 부존되었을 가능성이 있는 것이다. 가스 하이드레이트는 저온 · 고압 환경에서 천연가스와 물이 결합하여 만들어지는 것으로, 드라이아이스와 유사한 고체 상태로 존재하는 신개념의 천연가스이다.

이에 정부는 장기화되고 있는 고유가의 파고를 헤치고 새로운 에너지원을 개발하기 위해 2005년 7월 '가스 하이드레이트 개발 사업단'을 출범시켰고 2015년에는 가스 하이드레이트를 상업적으로 생산한다는 목표로 3단계 10개년 개발계획을 수립하였다. 우선 2007년 10월경에는 동해 심해저의 부존 유망 지역에서 가스 하이드레이트의 부존 여부를 확인하는 심해 시추 5공을 굴착할 계획을 갖고 있다.

7,000만이 함께 잘살 수 있는 방법

우리나라는 지구상의 유일한 분단국이다. 이것은 우리의 불행이다. 그런데 대한민국의 남쪽은 에너지자원 부존이 빈약하지만 북쪽은 에너지자원을 상당히 보유한 것으로 알려져 있다. 하루 빨리 통일이 되어 자원 개발의 기회가 많아진다면 그 이상 좋은 일이 없겠지만 당장에 이뤄질 수 있는 일은 아니다. 그렇다면 같은 민족으로서 남한이 북한과 자원 개발 합작 사업을 대대적으로 추진하면 어떨까?

북한에는 남한이 수입에 의존하고 있는 주요 산업원료 광물자원의 대부분이 부존되어 있다. 특히 마그네사이트는 매장량이 약 40억 톤 가량으로 세계 1위이며, 철광석은 함경북도 무산 철광에만 약 30억 톤이 매장돼 있다. 북한 전체 광물 매장량은 남한보다 약 24배 정도 많다. 그러나 이렇듯 풍부한 부존자원에도 불구하고 도로 · 항만 · 전력 등의 인프라가 열악하여 자원 개발에는 큰 어려움을 겪고 있다. 따라서 북한의 자원을 남한의 기술과 자본으로 개발하되, 북한의 인력을 활용한다면 큰 시너지 효과를 가져올 수 있을 것이다. 그런데 최근 북한의 핵 위기로 잘 추진돼오던 남 · 북한 경협 사업이 주춤거리고 있어 아쉬울 따름이다.

북한과 남한 간의 경협 사업이 정체되고 있는 사이, 중국은 2005년 현재 북한 전체 무역액인 약 40억 달러의 42.5%를 차지하는 제1위 교역 상대국으로 올라섰다. 게다가 중국 기업의 투자액 중 많은 부분이 무산 철광, 혜산 동광 등 북한 광물자원 개발에 집중되고 있다. 또한 중국은 대규모 유전 지역인 대경유전 및 발해만과 연결된 대륙붕에 포함된 북한 남포 앞바다 서한만 일대에 대규모 유전개발의 가능성이 감지되자 2005년 12월 북한과 '서해유전공동개발협정'을 전격적으로 체결하는 등 북한의 자원을 선점하기 위한 적극적인 행보를 내딛고 있다.

반면 우리나라의 북한 인프라 및 지하자원 개발에 대한 투자는 미미한 편이다. 그나마 대한광업진흥공사가 황해남도의 정촌 흑연광산 개발 사업을 진행 중인데, 이 사업은 분단 이후 남북 최초의 광업 합작 사업이라는 점에서 의미가 클 뿐더러, 이를 계기로 마그네사이트, 철, 아연 등 북한의 풍부한 자원을 남북이 공동 개발하는 계기가 될 것으로 기대를 모으고 있다.

이처럼 북한의 자원을 남과 북이 함께 개발하는 것은 당장의 경제적 이익이 될 뿐만 아니라 남·북 간 경제 협력 기반을 조성하고 통일 비용도 줄일 수 있다는 점에서 장기적으로 추진할 만한 사업이다. 한반도의 자원은 미래 통일 한국의 자산이기도 한 것이다. 따라서 향후 북한 핵 관련 6자 회담이 성공리에 마무리되고 남북 경협 사업이 본궤도에 오를 것에 대비하여 정부는 사전 준비를 철저히 하고 민간 부문 또는 북한과 수교를 맺고 있는 나라와의 합작 투자를 통하여 북한 자원 개발의 교두보를 확보할 필요가 있다.

지난 1년간 국내에 부족한 에너지자원을 찾아서 중국, 인도 등과 경쟁하며 오대양 육대주를 누비면서 나는 간절한 꿈 하나를 품게 되었다. 그것은 바로 우리나라의 대륙붕에서 석유가 발견되고, 신개념 대체에너지인 가스 하이드레이트가 생산되며, 남북 경협이 활성화되어 한반도가 자원 부국이 되는 꿈이다. 한 사람이 꾸면 단지 꿈일 뿐이지만 7,000만 민족이 함께 꾼다면 이 꿈은 기필코 눈앞의 현실이 될 것이다.

신 · 재생에너지를 연구하라

2006년 국제에너지기구(IEA: International Energy Agency)는 우리나라의 에너지 정책에 대해 매우 긍정적인 평가를 내렸다. 회원국들에게 3E, 즉 에너지 안보(energy security), 에너지 효율(energy efficiency), 환경 보호(environment pretection) 사이에서 균형과 조화를 이루는 에너지 정책을 권고하는 IEA는 2007년 발간 예정인 〈한국 에너지 정책 보고서(Korea Index Review 2006)〉에서 "한국이 그동안 에너지 확보 위주의 정책을 펴왔으나 최근에는 3E의 균형적 정책으로 전환하고 있다"고 적시하면서 "한국의 에너지 정책이 지속 가능한 발전을 추구하는 바른 방향"이라고 평가했다. 산업자원부를 비롯하여 정부가 최근에 펼치고 있는 에너지 정책들이 국제 사회로부터 신뢰를 얻고 있다는 방증이어서 꽤나 반가운 소식이었다.

실제로 우리 정부와 관료들은 '지속 가능한 발전'이야말로 21세기에 가장 중요한 화두라고 생각하고 있다. 현 세대 인류가 개발과 발전을 통해 누리고 있는 복지와 번영이 어떻게 후세대에 그대로 이어질 수 있을 것인가? 이러한 책임의식은 에너지 정책을 수립할 때 어떻게 적용될 수 있을 것인가?

에너지 정책도 환경을 생각해야 할 때

기본적으로 에너지의 개발 · 공급 · 소비 과정에는 불확실성이 존재한다. 때문에 에너지를 해외 수입에 의존하는 우리나라로서는 '에너지의 안정적인 공급' 을 지상 최대의 정책 과제로 추진할 수밖에 없었다. 그러나 이제는 또 다른 방향을 추구해야 한다. 인류 전체의 지속 가능한 발전을 위해서는 각 나라의 정책 또한 공급 일변도에서 벗어나 에너지 효율을 높이는 수요 관리 차원의 정책을 병행해야 하고, 환경 요인에 대해서도 신중히 고려해야 하는 것이다.

이런 흐름에 따라 정부도 태양광, 풍력, 수력, 조력, 지열 등 신 · 재생에너지의 개발과 보급을 장려하고 있으며, 식물에서 추출되는 바이오에너지의 활용과 친환경적인 수소경제 체제 수립을 위한 단계적인 준비를 해나가고 있다. 특히 신 · 재생에너지의 개발은 국산에너지, 청정에너지 확보라는 의미와 함께 미래에 막대한 시장이 예측되는 새로운 성장동력이라는 측면에서 접근하고 있다.

유럽 신 · 재생에너지위원회는 2040년 세계 에너지 소비 가운데 신 · 재생에너지 비중이 30~50%에 이를 것으로 전망하고 있다. 미국의 부시 대통령도 2006년 연두 교서에서 '탈석유화'와 신·재생에너지로 대표되는 '에너지기술 개발'의 중요성을 강조하며 관련 투자를 지속적으로 확대할 계획임을 밝혔다. 앞으로 유럽은 2010년까지 총에너지 소비의 12%, 총발전량의 22%를 신·재생에너지로 대체하고, 수송용 에너지의 5.75%를 바이오 연료로 충당할 계획이다. 특히 스웨덴은 바이오에탄올 등의 신·재생에너지를 사용함으로써 2020년에는 석유의존도 0%를 달성하겠다는 목표를 천명하여 세계를 놀라게 했다.

최근 우리 정부도 신·재생에너지의 공급 비중을 2005년의 2.13%에서 2011년에는 5%로 확대하겠다는 목표를 수립하였다. 또한 참여정부 출범 당시 1,200억 원이었던 신·재생에너지 예산을 2006년에는 4,100억 원으로 4배나 늘렸으며, 이것을 기술 개발·시장 창출·사업화 지원에 각각 1/3씩 배분하여 투자하고 있다.

2004년부터는 신·재생에너지 시장을 창출하기 위해 태양광 주택 10만 호 보급 사업 등을 추진해왔으며 3,000㎡ 이상의 공공기관 신축시 신·재생에너지 설비를 설치하도록 의무화하고 있다. 아울러 신·재생에너지 관련 전문기업제도, 핵심기술연구센터 등을 통해 산업화 기반을 구축하는 한편 체계적인 인력 양성을 지원하고 있다. 이러한 정부의 유인책에 힘입어 이 분야에 대한 국내 산업 투자가 증가하고 있다. 태양광의 경우 2006년 5월, 30MW의 태양전지 공장이 준공되어 대부분을 수입에 의존하던 태양전지 국산화의 기반을 구축한 데 이어 앞으로는 태양광전지의 원재료가 되는 폴리실리콘 생산 공장도 건설될 예정이다.

이외에, 풍력발전 설비의 R&D 지원을 통해 현재 750kW급 풍력발전기의 국산화도 완료하였으며, 1~3MW급 대형 풍력발전기의 개발도 진행 중이다. 더불어 수소연료전지 분야에 대한 투자도 매우 활발해지고 있다.

태양광과 풍력발전, 수소연료전지 등의 신 · 재생에너지 분야는 앞으로의 에너지 대안이 될 뿐만 아니라 경제 재도약의 발판으로서도 무궁무진한 가능성을 갖고 있다. 2010년경 수소연료전지는 1,000억 달러, 태양광은 360억 달러, 풍력은 340억 달러 규모로 급성장할 것이다. 그러므로 우리나라도 차세대 성장산업으로서 이러한 새로운 에너지자원들을 연구하고 개발하여 그것을 산업화하는 일을 게을리 하면 안 될 것이다.

특히 수소에너지에 주목하라

IEA는 중국, 인도 등 개도국들의 급속한 경제 성장에 따라 2020년이면 세계 에너지 소비량이 150억TOE(Ton of Oil Equivalent, 석유환산톤)로 증가할 것으로 전망하고 있다. 게다가 BP(British Petroleum) 사의 전망에 따르면, 현재 지구의 화석연료 가채매장량은 석유 41년, 천연가스 67년, 석탄은 192년분에 불과하다. 다시 말해, 핵심 화석 연료인 석유 생산량이 조만간 정점에 다다를 것이고 멀지 않아 화석연료가 고갈될 것이라는 이야기다.

따라서 화석연료를 대체할 장기적인 에너지 대안이 필요한데, 세계 주요 나라는 특히 수소에너지를 주목하고 있다. 수소는 전기처럼 다른 에너지원에서 얻어지는 2차 에너지원이지만 지구상에 존재하는 풍부한 물을 가지고 제조할 수 있어 자원 제약이 없으며, 전기를 생산할 때 생성물이 물밖에 없는 청정 연료여서 인류가 당면한 에너지 및 환경 문제를 동시에 해결할 미래 에너지원으로 부각되고 있다. 또한 수소에너지를 이용하는 데 필요한 변환시스템의 하나인 연료전지는 자동차부터 가정 · 상업용 발전기, 휴대용 기기에 이르기까지 활용 범위가 넓다는 것도 장점이다.

지금 세계 선진국들은 수소연료전지에 대한 개발 경쟁을 본격화하고 있다. 특히 연료전지 자동차는 내연기관 자동차를 대체할 미래의 운송 수단으로 주목받고 있다. 미국은 연료전지 자동차 개발에 2004년부터 2008년까지 17억 달러를 투자할 계획이고, 일본은 2020년까지 연료전지 자동차 500만 대 보급을 추진하고 있으며, EU는 최근 실시한 연료전지 버스 실증 사업에 이어, 2006년부터 2008년까지 200대의 연료전지 자동차 실증 사업을 추진할 계획이다. 또한, 가정 · 상업용 연료전지, 휴대용 연료전지 등에 대한 연구와 투자도 활발하다.

우리나라도 2005년 '수소경제 마스터플랜'을 수립하여 2040년까지 최종 에너지 중 수소 비중을 15%, 연료전지 산업의 GDP 비중을

5%로 높이겠다는 수소경제 장기 비전을 제시하여 전략적 R&D와 상업화를 지원하고 있다. 2006년에는 그 첫 번째 사업으로 가정용 연료전지 모니터링 사업과 연료전지 자동차 모니터링 사업을 추진하는 등 수소경제로의 이행을 단계적으로 준비하였다.

화석연료 시대를 마감하고 수소경제 시대로 이행하는 것은 에너지 체계의 근본을 바꾸는 작업이기 때문에 여러 시행착오 과정을 겪게 될 것이다. 따라서 정부, 기업, 학계, 국민이 힘을 합해 세심하게 준비해나가야 한다. 정부는 장기적인 비전에 따른 일관된 정책을 추진하고, 기업은 상용화 촉진과 경쟁력 제고에 주력해야 한다. 하지만 무엇보다 중요한 것은 수소와 연료전지에 대한 국민들의 관심과 이해이다.

지속 성장을 위한 또 다른 열쇠, 바이오매스에너지

수소에너지와 함께 관심을 가져야 할 또 다른 에너지원은 바이오매스(biomass)에너지이다. 유채, 옥수수, 콩 등 식물을 활용하는 바이오매스에너지는 재생성을 갖고 있어서 고갈 우려가 없고 식물이 자라면서 광합성에 의해 이산화탄소를 흡수하기 때문에 지구 온난화 대처에도 효과적이다.

바이오매스는 식물의 성상(性狀)에 따라 크게 두 가지로 구분된다. 사람이 식량으로 사용할 수 있는 당질계 · 전분질(녹말)계 바이오매스(사탕수수, 고구마, 옥수수 등)와 식량으로 사용할 수 없는 셀룰로우스계 바이오매스(나무, 볏짚, 농임산 폐기물) 등이다. 전자는 바이오디젤, 바이오에탄올 등 자동차 연료로 사용되고, 후자는 난방 및 발전 연료로 이용된다.

국내에서는 환경 오염을 줄이고자 2002년부터 바이오디젤 보급이 시작되었는데, 수도권과 호남 지역을 중심으로 바이오디젤 20%를 혼합한 경유가 3년간 시범 보급(총 공급량 3만*kl*)되다가 2006년 7월부터 BD5를 중심으로 전국으로 확대 보급되고 있다. 앞으로 정부는 바이오디젤의 보급 확대를 위해 정유사와 자발적 협약을 체결하여 2006년부터 2007년까지 18만*kl*의 바이오디젤을 공급할 계획이다. 또한 이 기간 동안 정유사와 함께 바이오에탄올 혼합유의 국내 유통 시스템에 대한 실증 연구를 추진하여 그 약점을 최소화한 후 이를 토대로 국내 보급 여부를 면밀히 검토할 예정으로 있다.

한편 숲 가꾸기 부산물과 폐목재 등 매년 318만 톤에 달하는 목질계 바이오매스를 에너지원으로 활용할 방침인데, 우선 대구 성서 공단에 목질계 바이오매스를 이용하여 열과 전기를 생산하는 열병합 발전 설비를 가동하고 있다.

더불어 연간 1,100만 톤의 음식물쓰레기와 연간 5,100만 톤씩 발생하는 축산분뇨를 에너지자원으로 활용하기 위한 연구도 진행하고 있다. 최근에는 산업자원부의 지원을 받은 한 국내 기업이 축산분뇨에서 나온 메탄가스로 시간당 5kW 발전이 가능한 바이오가스 플랜트를 개발하는 데 성공하여, 현재 상업화를 위한 시범 보급 사업이 진행 중인 것으로 알고 있다. 이 사업이 성공적으로 마무리된다면 축산 농가로 시범 보급 사업을 확대하여 축산분뇨 처리 지원과 전력 판매를 통한 농가 소득 증대 효과를 얻을 수 있을 것이다.

그런데 바이오매스에너지는 여러 가지 장점에도 불구하고 화석연료에 비해 가격이 높다는 단점이 있다. 이에 따라 일부에서는 바이오매스에너지의 효용성에 의문을 제기하기도 하지만, 연구개발을 거듭하여 생산 단가를 인하할 수 있다면 이런 걱정 또한 기우에 불과할 것이다. 이에 정부는 바이오매스에너지의 육성 초기에 나타나는 문제를 해결하기 위해 해외 사례를 벤치마킹하고 있으며, 보급 활성화를 위한 종합적인 정책을 꾸준히 추진해나가고 있다.

신 · 재생에너지는 비싼 에너지?

신 · 재생에너지는 무한한 부가가치를 갖고 있으면서도 환경에 무해한 것이어서 주목을 받고 있다. 하지만 여전히 그 보급과 사용은 미흡하다. 왜일까? 바로 기존 에너지에 비해 사용단가가 상대적으로 비싸기 때문이다. 신 · 재생에너지를 일상생활에서 활용하기 위해서는 열과 전기로 변환해야 하는데 이를 위해 필수적인 변환시스템이 상대적으로 고가인 탓이다. 태양광발전과 풍력발전을 예로 들어 설명하자면, 햇빛과 바람은 에너지 밀도가 기존 에너지원에 비해 적고, 전기에너지로 변환하는 효율도 낮아서 변환시스템 규모가 커질 수밖에 없기 때문에 상대적으로 발전 단가가 높아지는 것이다.

그러나 대부분의 공산품이 그런 과정을 거쳤듯이, 기술 혁신과 규모의 경제를 통해 태양광발전과 풍력발전의 단가도 충분히 낮출 수 있다. IEA 보고서에 따르면, 1980년부터 1995년까지 15년간 EU '전력기술별 발전 단가 비교' 에서 태양광 및 풍력 발전은 누적 전력 생산량이 늘수록 단가가 낮아진 반면, 기존의 화력발전은 누적 전력 생산량이 증가하더라도 발전 단가가 거의 낮아지지 않았다. 결국 태양광과 풍력발전의 경제성 향상은 '그것을 이용하는 사람들이 얼마나 많은가' 에 달려 있는 셈이다.

이렇듯 상대적으로 가격경쟁력이 떨어지는 풍력과 태양광 발전 전력이 '우대 가격' 으로 팔릴 수 있도록 보급 촉진책을 펴고 있는 선진국들은, 시장 가격보다 높은 우대 가격에 드는 비용을 '학습 투자(learning investment)' 라고 칭한다. 이러한 학습 투자 덕분에 현재의 풍력발전은 어느 정도 가격경쟁력을 제고할 수 있게 되어 기존의 화력발전과 대등한 경쟁력을 확보해나가고 있다.

학습투자 효과가 나타나려면 시장 참여자가 시장에서 살아남아 지속적인 기술 혁신에 투자할 수 있도록 적정 이윤과 매출을 정책적으로 보장해주어야 한다. 현재 우리 정부가 추진하고 있는 신 · 재생에너지 개발과 보급정책은 바로 이러한 성과를 위한 투자라고 할 수 있다. 그리고 이러한 투자야말로 미래의 후손들에게 윤택한 삶을 제공하는 초석이 될 것이기에, 기꺼이 우리 세대가 감당해야 할 몫인 것이다.

에너지 절약, 구호가 아니라 전략이다

오래전 출장차 파리에 다녀온 적이 있다. 그때 나는 어느 호텔에 머물렀는데 객실이 생각보다 너무나 협소해서 깜짝 놀랐다. 그런데 듣자 하니 그곳 사람들은 여름에도 웬만해선 에어컨을 켜지 않고 지낸다고 한다. 절약정신이 몸에 밴 탓이기도 하지만, 국가가 제도적으로 냉난방 온도를 규제하고 있기 때문이었다. 이런 이야기를 들으면서 우리의 현실에 대해 반성하지 않을 수 없었다. 한겨울에도 아파트에 사는 사람들은 속옷만 입은 채 생활하고, 여름철이면 집집마다 설치된 에어컨 실외기에서 뜨거운 김을 쏟아내 바깥 온도를 더 높이고 있지 않은가.

어떻게 하면 에너지 소비를 줄일 수 있을까? 우리도 그동안 시시때때로 '에너지 절약'을 구호로 부르짖어왔다. 하지만 구호가 할 수 있는 일에는 한계가 있다. 언젠가 "같은 GDP를 생산하는 데 우리나라는 일본보다 3배가 넘는 에너지를 소비한다"는 얘기를 들은 적이 있는데, 이 또한 일본이 정부 차원에서 에너지 절약 기술을 개발하고, 산업 · 수송 부문의 효율 개선 등 경제 전반의 체질을 바꾼 덕분에 가능했던 일이다. 우리나라도 이젠 캠페인 수준의 에너지 절약을 뛰어넘어 근본적인 정책 개선을 통해 '에너지 저소비 사회'를 실현해야 한다.

에너지 효율은 '지속 성장'의 핵심

우리나라의 에너지 이용 효율은 다른 OECD 국가들에 비해 현저히 낮다. 에너지 이용 효율은 '에너지원단위'로 표시하는데, 그 수치가 높을수록 에너지 이용 효율은 낮은 것이다. IEA 통계에 의하면 2004년에 우리나라의 에너지원단위는 0.348로 나타나 OECD 평균인 0.199, 미국의 0.217, 일본의 0.108보다 훨씬 높은 수치를 보였다.

그간 정부의 에너지 정책은 경제 성장을 뒷받침하기 위해 에너지의 안정적인 공급에 중점을 두고 추진되어왔다. 원유 · 가스의 자주개발률 제고, 친환경 에너지인 신 · 재생에너지의 개발 및 보급 정책이 여기에 해당된다. 다행히 공급 위주의 에너지 정책이 성공적으로 추진되어 심각한 에너지 수급 문제를 겪지 않고 편리하게 살고 있지만, 더는 에너지 효율 제고 정책을 미룰 수 없는 상황이다. 세계 각국의 자원 확보 경쟁이 만만치 않을 뿐더러 고유가와 온실가스 감축이라는 두 가지 문제를 동시에 해결하기 위한 열쇠가 바로 '에너지 효율' 제고이기 때문이다.

이러한 인식을 기반으로 선진국들은 일찌감치 에너지 효율 제고 정책 기반을 마련해놓고 있다. 이미 세계 최고 수준의 에너지 효율을 기록하고 있는 일본조차도 2030년까지 에너지 효율을 추가로 30% 올린다는 계획을 갖고 있으며, EU는 2020년까지 에너지 소비를 20% 줄인다는 목표를 설정하였다. 또한 전통적으로 에너지 수요 관리 정책에 별로 신경 쓰지 않던 미국도 '첨단 에너지 이니셔티브' 정책을 발표하면서 석유 소비 억제를 강화하고 있다. 최근 에너지 폭식형 경제 성장으로 한계에 직면한 중국 또한 2010년까지 에너지 효율을 2005년 대비 20% 개선한다는 목표를 설정하였다.

우리나라도 1993년부터 '에너지 이용 합리화 기본계획'을 5년 단위로 수립하여 추진해오고 있기는 하지만 국제 유가 하락, 경기 회복 등으로 인한 에너지 수요의 증가와 에너지 효율에 대한 관심 부족으로 1~2차 기본계획의 추진 성과는 별반 기대에 미치지 못했다. 그래서 3차 기본계획(2004~2008년)에서는 에너지 절약 시책의 실효성을 제고하기 위하여 '에너지원단위 개선 3개년 계획(2005~2007년)'을 병행 추진하고 있다.

에너지 절약은 정책이고 전략이다

에너지 효율을 실질적으로 증진하기 위해서는 매우 전략적인 접근이 필요하다. 어떻게 하면 국가 전체의 에너지 과소비를 줄여 효율을 높일 수 있을지에 대한 가장 합리적이고 효과적인 해결책을 다각도로 모색해야 하는 것이다.

우선 중요한 전략이 에너지 과소비를 낳는 근본적인 문제를 개선하는 것이다. 즉, 에너지 기기의 효율을 높이고, 고효율 기기를 개발하여 보급해야 한다. 이에 정부는 산업 부문 에너지 사용량의 약 64%를 차지하는 요와 로, 그리고 보일러 기술 개발을 지원하는 한편, 산업용 에너지 기기를 중심으로 고효율 기자재 인증 대상을 확대하고 있다.

또한 효율적인 수송 수단을 활성화하고 에너지 효율이 높은 수송 기기를 새로 개발하는 노력도 병행하고 있다. 디젤 기관차와 비교하여 1㎞당 25.6%의 동력비 절감 효과가 있는 전철 보급을 추진하여 2005년에 수원-천안 2복선을 시작으로 현재까지 전국 각 구간에 걸쳐 고효율 전철 보급이 진행되고 있다. 2006년부터는 자동차 연비 개선을 위해 자동차 제작사를 대상으로 '기준평균연비제도' 도 시행하고 있다. 이 제도에 따라 앞으로는 한 해 동안의 자동차 판매량을 대상으로 기준평균연비를 분석하여 기준에 미달할 경우에는 이행 계획서를 제출해야 한다. 또한 연료와 전기로 주행하는 고연비 자동차인 하이브리드 자동차 보급도 추진하고 있는데, 2004년에 50대를 공공기관에 시범 보급한 것을 시작으로 2005년에 312대, 2006년에 418대를 보급하였다.

하지만 에너지 절약은 산업적인 측면뿐만 아니라 가정 · 상업 부문에서도 이뤄져야 한다. 특히 일명 '전력 흡혈귀' 라고도 불리는 대기 전력(stand-by power)을 줄이기 위한 노력이 급선무다. 대기 전력을 줄이기 위한 정책적인 방안으로는 중장기 로드맵인 '대기 전력 1W 프로그램' 이 추진되고 있다. 그 1단계로 2005년부터 2007년까지는 자발적인 1W 정책을 추진하고, 2단계인 2008년부터 2009년까지는 대기 전력 저감을 의무화하기 위한 준비와 일부 제품에 대한 의무 규정을 적용할 예정이며, 3단계로 2010년부터는 의무적인 1W 정책을 추진할 계획인 것으로 알고 있다. 한편, 상업시설에 대해서도 에너지 절약 방안을 마련, 실시하고 있다. 그 예로 백화점, 대형 할인점, 호텔, 주유소 등 27개의 서비스 업종을 대상으로 적정 냉난방 온도 준수, 승용차 부제 참여, 고효율 기기 활용 등에 대한 자발적 협약을 체결하고, 그 이행을 촉진하기 위해 수시 점검 및 결과 발표, 에너지 절약 교육과 유공자 포상 등을 실시하고 있다.

그 누구보다 공공기관이 먼저 에너지 절약과 이용 효율 향상에 솔선수범하고 있다. 정부, 지방자치단체, 정부투자기관 등 약 640개 공공기관은 연도별로 에너지 절감 목표를 설정하고, '에너지절약추진위원회' 를 운영하며 '에너지지킴이제도' 를 시행하는 등 에너지 절약에 힘을 모으고 있다. 정부는 공공기관에 대한 고효율 기기 사용 의무화, 승용차 요일제를 실시하고 있으며, 하절기에는 적정 냉방 온도 준수, 넥타이 풀기 및 간소복 착용 등을 실시하고 있다. 앞으로 연면적 3천㎡ 이상의 건물을 신축할 때에는 신·재생에너지 설비를 설치하도록 의무화했고, 경차 및 하이브리드 자동차 보급도 활성화하고 있다.

한편 에너지 효율을 높이는 데 시민들의 자발적 참여를 유도하는 노력도 병행하고 있다. 그 일환으로 하절기와 동절기의 전력 및 가스 부하 관리를 위한 에너지 절약 운동을 추진했는데, '난(暖)2018', '에너지 빼기, 사랑 더하기', '캐시백제도' 등으로 민간의 자발적 참여를 유도했다.

이러한 다방면의 노력 덕분에 우리나라의 에너지 효율은 조금씩 높아지고 있다. IEA의 발표에 의하면 우리나라의 에너지원단위가 1999년의 0.379에서 2004년에는 0.348로 낮아져 에너지 효율이 일정 정도 증가했음을 보여주고 있다. 그렇지만 선진국 수준의 에너지 저소비형 사회에 도달하기 위해서는 보다 많은 노력이 요구된다.

그중 하나로 제기되는 것이 '서머타임제의 도입'이다. 서머타임제는 에너지 절약뿐만 아니라 삶의 질 향상과 경제 활성화 측면에서도 반드시 논의해야 할 중요한 이슈이다. 만일 우리나라가 서머타임제를 도입한다면 2005년 기준 총전력소비량의 0.27% 정도의 에너지 절감이 이뤄질 것으로 예상된다. 이렇듯 긍정적 측면이 있기는 하지만, 노동시간 연장 및 노동 강화 가능성 문제가 불거질 수 있기 때문에 면밀한 대책이 필요하다. 나는 장관 재직 중 서머타임제 실시를 위한 용역을 의뢰한 바 있는데, 이에 대한 국민적인 공감대가 형성될 수 있도록 조속한 논의가 이뤄지기를 기대한다.

에너지 저소비 사회로 가는 길

현재 추진 중인 '에너지원단위 개선 3개년 계획'에 대한 민간 전문가들의 평가는 엇갈린다. 실질적인 에너지 효율 향상이 기대되고 범부처적인 통합 에너지 절약 정책을 종합적으로 관리할 수 있는 체계가 구축되었다는 긍정적 평가도 있는 반면, 정부와 민간·기업 등 에너지 절약 주체 간의 역할 분담이 미흡하여 민간과 기업의 자발적 에너지 절약 추진에 한계가 있고 정부가 주도하는 에너지 절약 캠페인이 국민들의 관심을 끌지 못하고 있으므로 에너지 절약 추진 전략의 재점검 및 보완이 필요하다는 부정적인 의견도 있다.

긍정적인 측면은 계속해서 유지하고, 부정적인 평가를 받은 부분은 개선, 보완해나가야 할 것이다. 그러나 에너지 절약과 수요 관리 정책이 고유가 상황에서만 반짝 유행하는 일시적인 정책에 머물러선 안 된다. 또한 시장 친화적인 에너지 절약 정책을 추진해야 하고, 효율적인 에너지 가격시스템이 구축되어야 할 것이다. 국제 유가의 변동에 따라 국내 휘발유 가격이 탄력적으로 움직여서 충격을 흡수할 수 있었던 것처럼 전기, 가스, 열은 원가가 반영된 탄력적인 가격 시스템으로 개선되어야 할 것이다.

기업이 자발적으로 에너지 수요를 관리할 수 있도록 유도하는 것도 중요하다. 2007년부터 실시되는 에너지 진단을 바탕으로 기업들이 에너지 관리를 경영 전략으로 인식하고 전사적으로 추진할 수 있도록 종합 에너지 경영 시스템(IEMS: Integrated Energy Management System)

을 개발, 보급하고 에너지 절약 전문 기업인 ESCO 기업을 에너지 컨설팅을 중심으로 한 에너지 절약 서비스 기업으로 육성해야 한다.

에너지 절약의 사각지대인 중소기업에 대한 정부 지원도 강화해야 한다. 대한상공회의소가 실시한 설문조사에서 중소기업의 81.2%가 "고유가에 대응하는 별다른 대책이 없다"고 응답한 것은 중소기업의 에너지 절약이 대단히 심각한 수준임을 보여준다. 아마도 자금과 인력이 부족하여 에너지 절약에까지 관심을 기울일 여력이 없기 때문일 것이다. 그렇다면 정부가 나서야 한다. 중소기업에 대한 에너지 진단과 컨설팅을 실시하고, 고가의 고효율 기기를 중소기업에 우선적으로 보급할 필요가 있다.

아울러 정부 차원에서 에너지 공급자의 에너지 절약 책무를 강화해야 한다. 전력, 가스, 열 등 에너지 공급자들이 부하 관리 및 고효율 기기 보급에 좀 더 적극적으로 참여할 수 있도록 하고 '에너지효율등급표시제도'를 강화하여 제조업체가 고효율 기기 개발 및 생산에 힘쓰도록 이끌어야 한다.

그동안 에너지 절약 캠페인은 대체로 정부 주도하에 이루어졌다. 정부에서는 많은 예산을 들여 '3·6·9 에너지 절약 캠페인' 등을 추진했으나 국민의 호응은 그리 크지 않았다. 이는 국민들이 정부가 주도하는 에너지 절약 캠페인을 절박한 심정으로 받아들이지 않고, 그저 판에 박힌 구호나 관념으로만 받아들이기 때문일 것이다. 따라서 이러한 관성화된 캠페인에서 벗어나, 국민들이 이 문제를 친근하면서도 중요하게 받아들일 수 있도록 시민단체나 주민공동체 등에서 새로운 캠페인 문화를 형성해줄 필요가 있다.

이러한 정책이 좋은 성과로 이어지도록 하는 데 필수적인 원칙은 정부가 에너지 절약의 추진 성과를 적확하게 평가하여 이에 따라 법과 제도를 계속해서 개선해나가는 것이다. 아울러 그때그때 상황에 맞는 에너지 절약 방안을 국민에게 적극 소개해야 한다. 에너지 절약은 이제 거의 모든 나라에서 '제2의 자원 확보 방안'으로, 동시에 최고의 '환경 보호 전략'으로 인식되고 있다. 물론 우리는 에너지 효율 및 절약 정책에서 적지 않은 실패를 경험한, 사실상의 후발 주자이다. 하지만 과거의 실패가 모든 것의 끝은 아니다. 지금은 예전의 경험을 토대로 더 나은 정책을 만들어 이를 구체적으로 실천해나가야 할 새로운 출발선인 것이다.

에너지산업의 하드웨어와 소프트웨어

에너지산업은 국가의 인프라 산업으로서 그 자체로 이미 거대한 하드웨어라고 할 수 있다. 석유 및 가스의 도입부터 정유 · 석유 화학은 물론 이를 이용한 전기의 생산 · 공급과 연관된 산업이 전부 에너지산업에 포함된다. 에너지산업의 시장 규모는 대단히 커서, 세계 중전기 시장 규모만 해도 약 10조 달러(2010년 기준 예측)에 달하고, 그에 따른 고용 및 부가가치 창출 효과 또한 엄청나다. 따라서 에너지산업의 경쟁력을 확보하는 것이 곧 국가경쟁력을 확보하는 것이나 마찬가지일 정도이다.

그렇다면 어떻게 에너지산업의 경쟁력을 끌어올릴 수 있을까? 경쟁력을 높이는 해법으로 우리는 크게 두 가지 측면을 생각해볼 수 있다. 첫째로는 에너지산업에 경쟁을 도입하여 산업경쟁력을 높이는 것, 즉 하드웨어를 개선하는 것이다. 둘째로는 인프라 정비와 함께 에너지산업의 품질을 높이는 실질적인 에너지기술을 개발(R&D)하는 것, 즉 소프트웨어를 혁신하는 것이다.

전력 및 가스 산업에도 경쟁 체제가 필요하다

에너지산업은 국가 경제의 원동력이자 국민생활 복지와 밀접하게 연관된다는 점과 초기 설비 투자시 막대한 비용이 소요된다는 특성 때문에 과거부터 현재까지 자연독점산업(natural monopoly industries)으로 간주되어왔다. 그러나 최근에는 민간 부문이 상당한 수준으로 성장하고 정보통신기술 등 신기술이 획기적으로 발전하여 에너지산업에서도 시장 형태의 거래가 가능해짐으로써 더는 독점 공기업 형태를 고집할 필요가 없어졌다. 이에 따라, 에너지산업도 여타 산업들과 마찬가지로 경쟁 체제를 도입하여 민간으로부터 투자 재원도 마련하고, 산업의 효율성을 높이는 방안이 논의되기 시작하였다. 독점 체제보다는 시장경제 원리에 입각한 경쟁 체제가 해당 산업의 경쟁력을 강화하고 소비자에게 이득이 될 수 있다는 이유에서 전력산업을 필두로 에너지산업에도 일부 경쟁시스템을 도입하는 방안이 추진되고 있는 것이다.

전력산업의 경우, 장기간에 걸친 사회 각계 각층의 심도 있는 논의와 해외 사례를 상세히 검토하여 구조 개편에 대한 국민적 합의를 바탕으로 2001년 4월 한국전력공사의 발전 부문을 6개의 독립회사로 분할하는 전력산업 구조 개편을 단행하고, 한국전력거래소를 신설하여 발전회사 간 경쟁에 의해 전력을 거래하는 발전 경쟁을 시작하였다. 그리고 2006년 9월부터는 한국전력공사의 자율성과 독립성을 강화하면서 배전 사업 부문의 내부 경쟁을 촉진하기 위해 한전 배전 부문의 독립사업부제를 도입하였다.

아직 그 성과를 면밀히 측정하기는 어렵지만, 전력산업에 경쟁을 도입함으로써 일정한 성과를 거둔 것으로 평가받고 있다. 우선, 발전사들이 경쟁에 따라 전력을 거래하게 되면서 비용이 절감되어 발전 사업자들의 재무 여건이 크게 개선되었으며, 연료비가 상승하더라도 발전 원가는 계속해서 안정된 수준을 유지하고 있다. 또한 발전사가 혁신 프로그램을 도입함으로써 발전기 고장 건수가 줄어 전기 품질이 향상되는 결과로 이어지고 있다.

한편 가스산업의 경우에도, 그동안 가스공사가 독점해왔던 LNG 도입 부분에 최초로 경쟁 체제를 도입(2005년)하여 발전 자회사들을 참여토록 했는데 기존 계약 대비 가격을 38% 낮추어, 결과적으로 소비자들의 가스 요금 인하 효과를 가져오게 될 것이다.

에너지산업은 경쟁을 통해 효율성을 제고한다는 산업적인 목표뿐 아니라 에너지산업이 지니는 공적(公的) 서비스라는 특수성을 함께 고려하면서 발전을 기해나가야 하는 어려움이 있다. 그러나 분명한 것은 에너지산업도 국가의 기간산업으로서 안정적인 에너지 공급을 위한 지속적인 노력과 함께 여타 산업과 마찬가지로 경쟁 기반을 조성하여 산업의 비효율성을 제거하고 산업경쟁력을 제고하기 위해 끊임없이 노력해야 한다는 것이다.

에너지기술 개발 체계를 바꿔라

한편, 아무리 좋은 하드웨어가 구축되어 있다 하더라도 소프트웨어가 제 기능을 발휘하지 않으면 쓸모가 없게 된다. 에너지산업에서 소프트웨어란 다름 아닌 '에너지기술'이라 할 수 있다. 특히 에너지기술은 다른 산업에 비해 기술 개발 파급 효과가 커서, 기술경쟁력이 곧바로 국가의 부와 직결될 정도로 중요한 문제이다. 때문에 정부는 최근 '월드-톱 브랜드(world-top brand)'가 될 만한 에너지기술을 개발하는 데 전력을 기울이고 있다.

지난 50년간 우리나라의 에너지 정책은 에너지자원을 안정적으로 확보하는 데만 치중돼 있어, R&D를 통한 경쟁력 증진이나 전·후방 산업 간의 연계를 통한 에너지기술의 산업화가 미흡했던 것이 사실이다. 더구나 그간의 에너지기술 개발 체계는 '종합적 에너지 정책'에 의한 총괄 조정이 이루어지지 못했을 뿐만 아니라, 국내 전문가 그룹의 선호도에 의해 우선순위 개발 과제가 선정되는 등 전반적인 기술 기획도 제대로 이뤄지지 못하였다. 여기에는 기술 개발 투자비가 부족한 것도 큰 문제로 작용했는데, 예컨대 1988년부터 2004년까지 에너지 부문의 정부 R&D 투자 총액은 약 9,000억 원으로 산업기술 분야에 대한 1년치 R&D 투자액의 2/3에 불과했다. 미국, 일본, EU 등이 기술 전략의 정책 선도 역할을 위해 에너지 분야 R&D 예산을 지속적으로 늘려나가고(우리나라에 비해 미국은 28배, 일본은 24배 규모) 있는 것에 비하면 매우 소극적인 기술 개발 정책이 아닐 수 없다.

이제는 에너지기술 정책의 방향을 획기적으로 개선해야 하며, 이를 위해서는 우선 R&D를 사업별 정책의 하위 수단이 아닌 '에너지 정책을 견인하는 본질적 수단'으로 재정립할 필요가 있다. 이에 따라 그동안 분산 운영된 탓에 상호 협력이 미흡하고 기술 정책을 선도하는 역할이 부족했던 3개 전담기관*을 1개의 통합전담기관으로 운영하여 에너지 분야의 R&D시스템을 통합형 · 협력형 시스템으로 재구축해야 한다.

에너지기술의 새로운 패러다임

에너지산업의 소프트웨어 경쟁력을 높이기 위한 구체적인 방안으로 현재 가장 시급하게 고려되고 있는 것은 에너지기술의 효율 향상, 에너지기술의 통합화 및 융 · 복합화 전략이다. 그간 정부는 R&D를 통해 꾸준히 에너지 효율을 추진해왔지만, 선진국의 유사 사례와 비교해볼 때 전략적인 접근이 부족했다는 평가를 받았다.

이에 정부는 우리나라의 대표적 에너지 다소비 기기인 7대 다소비 품목**의 고효율화를 추진하기 위해 기술 기반 고효율 에너지 기기 개발 추진 전략인 'THE(Technology-based, Highly Efficient) 7 러너스

---

* 에너지관리공단, 신재생에너지센터, 전력기반조성사업센터.

** 보일러, 전동기, 공업로, 건조기, 조명 기기, 냉난방 기기, 가전 기기.

프로그램(Runners Program)'을 수립하였다. THE 7 러너스 프로그램은 "세계 최고 수준의 기술경쟁력을 확보하여 에너지 효율 향상 기기 개발 기술을 에너지산업의 차세대 성장동력으로 육성한다"는 비전 아래 7대 품목별로 기술 개발 성과 목표를 제시한 것이다. 이 프로그램을 성공적으로 실시하면, 현재 기기별 에너지 이용 효율이 40~80%에 머물고 있는 7대 다소비 품목의 효율을 대폭 향상시켜 에너지 절감량을 크게 늘릴 수 있으리라 생각한다.

또한 개별적인 기술 개발 위주의 전략을 수정하여 앞으로는 제품 산업 육성을 위한 종합적인 지원 전략을 추진할 것이다. 구체적으로는, 출연 연구소와 대학 등 전문가 그룹으로부터 적극적인 기술 컨설팅을 받아 산업체 중심으로 R&D가 추진되도록 유도하고, 수요자 및 개발자(중소기업)와의 공동 연구가 가능하도록 함으로써 중견기업 육성과 시장성 있는 기술 개발 및 보급 확산이라는 목표를 동시에 달성하겠다는 전략을 갖고 있다.

에너지기술의 경쟁력을 높이는 또 다른 방향은 에너지 융·복합 시스템을 통해 '3E 사회'를 구현하는 것이다. 우리 정부는 이러한 사회의 구현을 위해 '융합', '복합', '지능화', '혁신'을 대표하는 기술들을 e-커뮤니티(e-Community), e-리소스(e-Resources), e-라이프(e-Life)의 범주로 묶어 각각의 기술들을 병행 개발한다는 전략을 수립하였다. 이때 e-커뮤니티는 에너지의 상호 연계 등을 감안하여 자족적이고 합리적인 에너지 절약형 지역 에너지 체계를 구축하는 기술

군을 말하고, e-리소스는 에너지자원의 안정적 확보 및 미래형 연료 개발 기술 확보를 한다. 이 두 가지가 모두 기술을 혁신하여 지속 발전 가능한 에너지시스템을 확보하는 데 필요한 기술군이다. 한편 e-라이프는 친환경적인 미래형 에너지원 체계로의 전환 및 에너지 기반 인프라의 고도화로 보다 쾌적하고 풍요로운 에너토피아(enertopia: 에너지 유토피아)의 삶을 실현할 수 있는 기술군이다.

3E 사회를 실현하려면 개발 기술의 특성에 따라 융·복합 기술 개발 프로그램을 사업별 혁신기술 개발 프로그램과 병행하여 추진하되, 프로그램별 세부 추진 전략을 수립하여 체계적으로 대상 과제를 선정함으로써 에너지자원 관련산업의 성장동력 효과를 극대화해야 할 것이다.

전략적으로 사고하는 에너지 전문가가 필요하다

에너지산업은 사회 경제 및 기술(전기, 자원, 화공, 전자, 기계 등)을 아우르는 종합적인 전략을 요하기 때문에 이 분야에서 일하는 사람들은 다양한 학문적 기반을 갖추고 있어야 한다. 또한 에너지 환경이나 에너지 안보 같은 민감한 사회적 이슈와 연계되는 사업을 펼쳐야 하기 때문에 그때그때 벌어지는 사회적 갈등에 유연하게 대처할 수 있는 전략적 사고가 필요하다. 한마디로 말해, 석유 탐사·개발, 기후변화협약 등 에너지산업의 융합과 환경 문제 같은 고도화 여건에 대응할 수 있는 글로벌화된 전문인력의 수요가 늘고 있다는 것이다.

그러나 아쉽게도, 현재의 인력 양성 체계는 이런 목표에 부응하지 못하고 있다. 우선 에너지 분야를 전공하려는 학생을 찾는 것부터가 쉽지 않다. 이는 에너지 관련 학과를 졸업하더라도 취업률이 낮기 때문이 아닌가 판단한다. 또한 정부가 주도하는 에너지 분야의 인력 양성 프로그램 역시 특정 분야에 치중되고 있어, 자원 분야에 관한 프로그램은 사실상 전무한 실정이다.

이제 정부와 에너지 관련 공기업은 고급 인력을 양성하고 확보하기 위해 구체적인 노력을 쏟아야 한다. 민간 부문에서 활용되는 사전 인력 확보 모델을 검토하여 인력 양성 및 고용 보장 등에 연계시키고, 공기업의 교육 과정을 강화하여 대학 학위 과정과 연계할 필요도 있다. 또한 해외 교육 프로그램을 강화하여 필요한 지식과 자격을 가진 사람들이 국제화된 인력 양성 프로그램에 참여할 수 있도록 해야 한다.

기후변화협약의 파고를 넘어라

지금 세계는 지구 온난화로 인한 기상 이변으로 몸살을 앓고 있다. 1998년 인도 폭염으로 2,300명이 사망했는가 하면 2003년에는 유럽에 폭염이 들이닥쳐 무려 1만 5,000명이 사망했다. 남태평양의 투발루라는 섬나라는 해수면 상승으로 전 국토가 바다에 잠길 위험에 처해 국민들이 뉴질랜드로 이주하는 소동을 벌이기도 했다. 또한 최근 영국 기상청은 2007년이 유사 이래 가장 더운 한 해가 될 것이고, 빙하량의 감소와 해수면 상승, 가뭄과 홍수 등이 발생하여 이로 인한 기아 · 질병 확산 등 '온난화 재앙' 이 더욱 기승을 부릴 것이라고 경고하고 있다.

이상기후 현상은 비단 먼 나라의 이야기만은 아니다. 우리나라의 연평균 기온 역시 해마다 상승하고 있으며, 여름이 길어지는 대신 겨울이 짧아지는 등 기후 특성이 온대에서 아열대로 바뀌고 있다. 특히 내가 산업자원부 장관으로 재직한 2006년에는 가을이 실종되기라도 한 듯 고온 현상이 지속되면서 늦가을까지 모기떼가 들끓었다.

기상이변의 원인은 대체 무엇인가? 과학자들은 폭염, 가뭄, 이상 고온으로 대표되는 지구 온난화 현상의 주범으로 온실가스를 지목하고 있다. 이산화탄소 등의 온실가스가, 비닐하우스를 덮는 비닐이 하우스의 내부 온도를 올리는 것처럼 지구의 표면 온도를 상승시키는 역할을 하고 있다는 것이다. 산업혁명 이래 인류가 대기 중에 쏟아부은 수십억 톤의 이산화탄소가 지구 온난화라는 부메랑으로 돌아오고 있는 것이다. 생존을 위해 이뤄놓은 발전의 결과가 오히려 인류를 새로운 생존의 위기로 몰아넣은 것이다.

기후변화협약으로 부메랑을 피한다

지구 온난화로 인해 점점 더 뜨거워지고 있는 지구에 밝은 미래는 없다. 지난 세기까지 인류의 역사는 한마디로 개발만을 향해 맹목적으로 달음질친 역사였다. 그간 인류는 개발 명목으로 계속해서 환경을 훼손하고 파괴해왔다. 때문에 지구는 더는 방치할 수 없을 정도로 심각한 위기를 맞고 말았다.

이러한 재앙의 부메랑이 점점 더 빠른 속도로 다가오자 지구 온난화를 방치해선 안 된다는 인식이 싹트기 시작했다. 그리하여 전 지구적 차원에서 지구 온난화를 막기 위한 노력의 하나로 1992년 UN

이 주관하여 브라질의 리우에서 개최된 환경회의에서 '기후변화협약'이 채택되었다. 이 협약의 궁극적인 목적은 대기 중의 온실가스 농도를 기후에 위험을 끼치지 않는 수준으로 안정화하는 데 있었다. 이 회의에서는, 산업혁명 이후로 온실가스를 주로 배출한 책임이 있는 선진국들에게 선도적 역할을 부여했고, 개도국에게는 각국의 특수 상황을 고려한 정도의 의무를 부과하였다.

그 후 1997년, 기후변화협약의 최고 의사결정 기구인 당사국 총회는 제3차 회의를 통해 "기후변화협약상의 감축 의무만으로는 지구 온난화 방지가 불충분하다"는 공감대를 확인했다. 그리하여 선진국에게 더욱 구속력을 부여하는 온실가스 감축 목표를 제시한 '교토의정서'를 채택했는데, 미국 등의 비준 거부로 난항을 겪다가 2005년 2월 마침내 발효되었다. 교토의정서와 기후변화협약의 가장 큰 차이점은 협약상의 의무 사항을 보다 구체화하여 선진국에게 구속적이고 실질적인 감축 의무를 부담시킨 데 있다. 즉 교토의정서상 선진국으로 분류된 국가는 2008년부터 2012년까지 온실가스 배출량을 1990년 대비 평균 5.2%를 감축해야 한다.

그런데 당초 범지구적 환경협약으로 출발한 기후변화협약은 실제 이행 단계에 접어들면서 각국의 경제 논리에 입각한 경제협약으로 변하고 있는 양상이다. 실질적인 의무 감축량이 부과된 선진국들이 온실가스를 줄이는 데 어느 정도의 비용이 소요되는지 관심을 쏟기 시작한 것이다. 이에 각국은 기후변화협약으로 인해 자국이 받는 경제적 피해를 최소화하기 위해 가장 비용이 낮은 감축 수단을 찾기 위해 노력 중이며, 감축 목표를 달성하는 과정에서 비용 효과를 높이기 위해 갖가지 시장 메커니즘도 도입되고 있다.

그 결과 이제는 온실가스를 배출할 수 있는 권리도 유가증권화되어 마치 주식처럼 거래 시장을 통해 사고 팔 수 있게 되었으며, 온실가스를 저감하는 비용이 상대적으로 높아서 감축 목표 달성이 어려운 국가나 사업자들은 시장을 통해 배출 권리를 구매하고 있다. 이에 따라 감축기술 개발 및 이전, 그리고 지식재산권 보호 등의 문제가 최대의 이슈로 떠오르고 있다.

교토의정서, 피할 수 없다면 이용해라

현재 우리나라의 온실가스 배출량은 세계 10위이고, 배출량 증가율도 세계 최고 수준이다. 하지만 교토의정서 채택시 개도국의 지위를 인정받아 2008년부터 2012년까지 선진국들이 부여받은 온실가스 감축 의무를 적용받지는 않았다.

하지만 OECD 국가 가운데 감축 목표를 부여받지 않은 나라는 우리나라와 멕시코 두 나라뿐이며, 온실가스 배출량과 경제 규모 등을 고려할 때 2013년 이후부터는 국제 사회의 '감축 의무' 압력이 거세질 것으로 예상된다. 현재 진행 중인 2013년 이후의 감축 의무 부담에 대한 국제적인 협상에서 우리나라가 선진국과 동일하게 1990년 대비 평균 5.2%의 온실가스 감축 의무를 부여받게 되면 철강과 석유

화학 등 에너지 다소비형 산업의 비중이 높은 우리 여건상 산업 전반과 경제 발전에 미치는 파급 효과가 엄청날 수밖에 없다.

정부는 기후변화협약 협상에서의 대응 전략을 수립하기 위해 주요 나라와 협력을 강화하고 있으며, 우리나라에 적합한 협약 참여 방식 및 대응 논리를 개발하고 있다. 이와 같은 취지에서 아 · 태 지역 6개국(한국, 미국, 일본, 중국, 인도, 호주) 기후 변화 파트너십, 기후변화협약 당사국 총회 등에 적극 참가하고 있으며, 국내의 다양한 전문가 그룹을 통해 전략을 수립하고 있다.

또한 기후변화협약 이행 기반을 구축하기 위해 온실가스 배출량 산정 지침 개발, 온실가스 배출 통계 작성, 감축잠재량 분석 등의 프로젝트를 정부와 기업이 공동으로 추진하고 있다. 이를 통해 우리나라가 온실가스를 어느 분야에서 얼마만큼 발생시키는지, 그리고 어떤 방법으로 얼마나 줄일 수 있을지를 파악하고 있다. 또한 기업들이 자발적으로 온실가스를 감축하도록 촉진하기 위해 2005년부터 온실가스 감축 실적을 등록하여 관리 중이며, 실제 발생한 감축 실적에 대해서는 2007년부터 금전적인 인센티브가 지급될 것이다.

사실 기후변화협약은 우리 경제에 위기인 동시에 기회이다. 왜냐하면 가까운 장래의 경제 질서는 획기적인 온실가스 감축기술을 보유한 국가나 기업에 유리한 방향으로 재편될 것이기 때문이다. 현재의 에너지 강국은 화석연료의 보유 유무에 따라 결정되고 있지만, 앞으로는 신 · 재생에너지원의 활용 정도와 기존 에너지를 효과적으로 사용할 수 있는 기술을 보유했느냐에 의해 결정될 것이다. 따라서 국내의 기술 개발 지원, 선진국과의 공동 기술 개발이나 기술 이전에 관한 협력 강화 등을 지속적으로 추진한다면, 우리나라도 21세기의 새로운 에너지 강국으로 자리매김할 수 있으리라 믿는다.

또한 국제 동향을 면밀히 파악하여 발빠르게 대응하는 민첩함도 중시된다. 선진국들은 온실가스 저감 사업을 통해 이미 상당한 수익을 창출하고 있다. 실제로 우리나라에서도 온실가스 저감 사업에 대한 외국인들의 투자 유치가 활성화되고 있는데, 이를 계기로 선진국의 저감기술이나 투자 기법 등을 벤치마킹하여 적극적으로 활용할 필요가 있다. 최근에는 '탄소를 배출할 수 있는 권리' 에 대한 거래가 매우 활발해지고 있다. 예컨대 거래중개인과 같은 판매 대행자나 투자전문기업이 등장하고 탄소펀드*가 조성되는 등 탄소 시장을 선점하려는 선진국들의 치열한 주도권 싸움이 전개되고 있는 것이다. 이렇듯 21세기의 새로운 고부가가치 산업으로 온실가스 저감 사업과 탄소 시장이 각광을 받고 있는 만큼 현재의 에너지 시장은 누구에게나 열린 기회의 장이라고 볼 수 있다.

한편 기업의 입장에서도 기후변화협약을 계기로 에너지 효율 향상, 산업 공정 개선 등을 통한 비용 절감 효과를 기대할 수 있을 것이다. 나아가 좀 더 장기적인 관점에서는 지속 가능한 발전시스템을

---

* 정부나 민간, 금융기관 등이 온실가스 감축 사업에 투자하고 이를 통해 발생하는 배출권을 판매하여 수익을 얻는 펀드.

구축하고 산업경쟁력을 제고하는 새로운 기회로 삼을 수 있을 것이다. 더욱이 지속 가능한 에너지시스템은 기존의 경영 방식과는 달리 윤리적이고 미래 지향적인 가치를 포함하고 있어 소비자들에게도 매력적으로 인식될 것이고, 이것이 결국 기업의 브랜드 가치를 제고하는 데 더없이 좋은 수단이 될 것이다. 이미 세계적인 기업인 GE와 듀퐁 등은 친환경 기업의 이미지를 선포함으로써 경영 방식의 전환에 박차를 가하고 있다.

저명한 컨설턴트 마이클 거버는 "어떤 일에서든 진정으로 성공하고 싶다면(사업이건, 부모 노릇이건, 지방의 어린이 리그 야구팀 코치 역할이건) 인생이 흘러가는 대로 살지 말고 인생을 주도해나가라"고 말했다. 이 이야기는 '기후변화협약'과 '교토의정서'라는 쉽지 않은 장애물을 만난 우리나라에도 마찬가지로 적용될 수 있다. 어차피 피해 갈 수 없는 상황이라면, 위기를 새로운 전환의 계기로 삼아야 하며 끌려다니지 말고 주도해나가야 한다. 그래야만 경쟁자보다 몇 걸음이라도 앞서 나갈 기회를 잡을 것이다.

원자력의 유용성을 재인식하라

2006년 세계를 깜짝 놀라게 한 고유가 행진은 2007년에도 계속되어 자칫 사상 최고치를 경신할 것이라는 전문가들의 관측과 전망이 잇따르고 있다. 이러한 고유가 상황은 수급 불균형으로 이어질 테고, 그 와중에서 세계는 아무런 대책도 없이 석유 시대의 종언을 맞게 될지도 모른다.

문제는 여기서 그치지 않는다. 앞서 언급했듯이 지구촌 곳곳에선 온난화로 인한 자연재해가 속출하고 있다. 때문에 세계 각국은 지구 온난화의 주범인 이산화탄소 배출을 줄이기 위해 화석연료 사용을 제약하는 한편, 석유에 의존해왔던 에너지시스템을 다른 유형으로 전환할 채비를 서두르고 있다. 예컨대 바이오매스에너지나, 수소에너지 같은 신·재생에너지시스템 개발이 시도되고 있는 것이다.

또 한편으로는 원자력에 대한 재평가와 함께 각 나라마다 원전 정책을 새로이 세우고 있다는 점도 주목해야 한다. 미국, 프랑스, 일본처럼 원자력에 대해 우호적인 국가들은 원자력기술 우위를 기반으로 원자력발전소를 새로 건설하거나 그 이용을 확대하고 있다. 경제발전으로 석유 수요가 급증하고 있는 중국과 인도도 석유의존도를 줄이기 위해 2020년까지 수십 기의 원자력발전소를 짓겠다고 발표하고 있다. 또한 스위스, 네덜란드, 스웨덴 등 원자력에 대해 부정적인 인식을 갖고 있는 국가들에서도 반핵 법안이 부결되는 등 인식의 변화가 나타나기 시작했다.

새로이 주목받는 값싸고 친환경적인 에너지

화석연료 시장의 불안과 교토의정서 체제 등으로 인해 지금 국제사회는 현실적인 에너지 대안으로 원자력에 주목하고 있다. 최근 IEA가 항구적인 에너지 위기를 경고하면서, 32년 만에 종전의 중립적 입장을 바꿔 원자력발전을 장려하는 보고서를 발표했을 정도로, 원자력의 가치가 부각되고 있는 분위기이다. 원자력이 다시 높은 인기를 얻게 된 까닭은 무엇일까. 그것은 원자력이야말로 경제적이고 친환경적인 에너지원이기 때문이다.

특히 우리나라는 원자력이 주는 경제성의 혜택을 입고 성장해왔다. 발전 원가가 저렴한 원자력 덕분에 저렴한 전기요금을 유지함으로써 국민 부담을 최소화할 수 있었던 것이다. 실제로 1982년부터 2005년까지 14년 동안 소비자 물가가 172.7% 상승하였고 자장면 가격도 무려 5.5배 올랐지만 전기요금(전기 판매단가)은 6.6% 오르는 데 그쳤다. kWh당 전기요금도 일본은 135원, 프랑스 105원, 영국 76원, 미국 80원인 데 비해 우리나라는 72원에 불과하다(2005년 기준).

또한 원자력은 '준국산(準國産) 에너지' 역할도 톡톡히 하고 있다. 원자력발전 원가에서 수입 우라늄이 차지하는 비중은 겨우 4%에 지나지 않는다. 국제 우라늄 가격이 2배로 뛰어도 발전 원가는 4%밖에 인상되지 않는다는 이야기다. 게다가 우라늄은 정치적으로 안정된 국가인 캐나다, 호주 등 세계 각지에 골고루 분포되어 있어서 수입이 용이하다. 2005년의 경우, 우리나라의 원자력발전량은 LNG 대비 10조 693억 원(2,319만 톤), 중유 대비 7조 1,746억 원(2억 1,694만 배럴), 유연탄 대비 1조 9,743억 원(5,313만 톤)에 해당하는 에너지 수입 절감 결과를 거둔 것으로 나타났다.

이렇듯 우리나라가 열악한 상황 속에서도 고도 성장을 이루고 별 부족함 없이 에너지를 사용할 수 있었던 데는 원자력의 역할이 컸다. 우리나라는 1970년대 두 차례 석유 파동을 계기로 원전 건설에 착수하여 1978년 고리 1호기의 상업 운전을 시작으로 원전 건설 및 운영 경험을 축적하면서 자립화 기반을 구축하였다. 1995년에는 한국 표준형 원전을 개발하였고, 이어 2001년에는 성능이 우수한 신형 경수로를 개발함으로써 선진국 원전기술 수준에 한걸음 더 다가섰다. 현재 원자력은 국내 전기 생산량의 약 40%를 담당하고 있고 2016년까지 총 8기가 추가 건설되면 2020년 무렵에는 43.4% 정도를 담당하여 중요한 발전원(發電源) 역할을 계속해나갈 것으로 예상된다.

원자력은 대단히 친환경적인 에너지라는 장점도 갖고 있다. 근래 들어 부쩍 관심을 얻고 있는 신 · 재생에너지와 마찬가지로 원자력 역시 이산화탄소 배출량이 매우 적다. 많아봐야 화석연료의 2% 수준밖에 되지 않는다. 따라서 원자력은 최소한 신 · 재생에너지가 경제성을 확보할 때까지라도 안정적인 전력공급시스템으로서 제 역할을 충분히 감당할 수 있을 것이다. 바꿔 말하자면, 원자력 덕분에 신 · 재생에너지 기술을 개발하는 시간을 확보할 수 있게 된다는 의미이다.

요컨대 원자력은 화석연료 의존도와 이산화탄소 배출량을 줄여나가는 데 매우 유용한 수단일 뿐만 아니라 신 · 재생에너지가 미래의 에너지원으로 자리 잡도록 뒷받침해주는 역할을 하고 있다. 그러나 우리 사회는 원전에 대한 막연한 불안감으로, 필요 이상의 갈등과 논쟁에 많은 비용을 소모하고 있다는 느낌을 지울 수 없다. 설령 원자력이 덜 경제적이거나 덜 환경 친화적이라 해도 에너지자원에 관한 한 섬과 같은 우리나라의 형편을 고려한다면 지금이야말로 원자력을 다른 관점에서 바라볼 때이다.

원자력 문제, 본격적인 공론화를 제안한다

원자력산업이 성장하면 할수록, 방폐물의 안전한 관리와 처분이 중요한 과제로 등장할 수밖에 없다. 우리나라도 무려 19년 동안 21개 지역에서 갈등과 시행착오를 거듭하던 방사성 폐기물 부지 선정이 2005년에야 성공적으로 마무리될 수 있었다. 이렇듯 '원자력발전의 안전 문제'는 온 국민의 이목을 집중시키는 이른바 '뜨거운 감자'이다.

우리나라는 그간 20기의 원전을 운영하면서 최대한의 안전성을 확보해놓고 있기 때문에 국민들이 걱정하거나 불안해할 이유가 전혀 없다. 원자력발전 초창기에 4개 원전을 가동할 때까지는 원전 1호기당 평균 8.5건의 고장이 발생했지만, 이제는 연평균 고장 건수가 0.5건에 불과하다. 이러한 안전성을 바탕으로 연평균 9.1%에 달하는 전력 수요 증가에 발맞춰 안정적으로 전력을 생산하고 있는 것이다.

다행히 최근 들어서는 원자력에 대한 우리 국민들의 인식이 달라지고 있어 반갑다. 그렇지만 여전히 원자력은 국내적으로 많은 논쟁의 불씨를 안고 있으며, 심지어 "원자력발전소를 아예 없애야 한다"는 주장도 간간이 들려오고 있다. 이뿐만이 아니다. 원자력산업이 재부상하자, 주요 국가들이 세계 원전 시장 선점과 경쟁우위 확보에 혈안이 되면서 원전업체 간 제휴와 통합이 활발히 추진되고 있다.

이와 같이 우리나라의 원자력산업은 안팎의 도전에 직면해 있다. 원자력산업은 분명 풀기 어려운 숙제를 우리에게 부여하고 있지만, 그 문제만 잘 해결한다면 대단히 희망적인 미래가 열릴 것이다. 이런 시점에서 '에너지기본법'을 통해 정부와 시민단체가 국가에너지위원회를 구성하여 공론화의 장을 마련한 것은 매우 뜻 깊은 일이다. 그동안 방폐장 부지 선정 등의 과정을 거치면서 열린 에너지 정책이야말로 미래의 불확실성과 갈등 비용을 최소화할 수 있는 최선의 대안이라는 점을 배웠기 때문이다. 아무쪼록 모든 국민이 원자력산업의 중요성을 제대로 이해하고 충분히 공감하여, 우리의 유용한 에너지원으로서 수용하는 날이 하루라도 빨리 찾아오기를 기대한다.

석탄산업, 정말로 사양 산업인가?

안도현 시인이 쓴 '연탄 한 장'이라는 제목의 시가 있다. 읽으면 마음까지 뜨끈뜨끈해지는 시이다. "방구들 선득선득해지는 날부터 이듬해 봄까지/조선팔도 거리에서 제일 아름다운 것은/연탄차가 부릉부릉/힘쓰며 언덕길 오르는 거라네/해야 할 일이 무엇인가를 알고 있다는 듯이/연탄은, 일단 제 몸에 불이 옮겨붙었다 하면/하염없이 뜨거워지는 것."

내가 서른 살 남짓이던 1980년대 초반만 해도, 겨울철이면 집집마다 차곡차곡 연탄을 쌓기 바빴다. 비록 기상이변 탓이라고는 하지만, 요즘은 겨울이라 해도 날씨가 푸근한 편인 데다 최신식 난방시설 덕에 추위를 모르고 사는데, 그때만 해도 겨울의 생존 조건이 곧 '연탄을 얼마나 쌓아놓느냐'에 달려 있던 시절이었다. 그래서 우리네 어머니들은 "활활 불타는 연탄만 보면 마음은 이미 부자"라는 말을 하곤 했었다.

하지만 이런 연탄의 추억을 요새 젊은이들에게서 찾아보기란 쉽지 않다. 특히 도회지에서 나고 자란 10대들이라면 '연탄 한 장' 이라는 시에서 별 느낌을 갖지 못하고 고개만 갸우뚱할지도 모르겠다. 오죽하면 "아직도 우리나라에서 석탄이 나고 있나요?" 하고 되묻는 사람까지 있을까.

연탄을 만드는 석탄은 한때 "검은 다이아몬드"라고 불리며 석유, 가스 등과 함께 우리나라의 가장 중요한 에너지원으로 활용된 고마운 존재이다. 사실 우리 역사 속에서 석탄은 단순히 연료나 동력원이기 전에 고용 문제와 외화 절감, 그리고 국토 녹화 및 보존 등에 절대적인 기여를 한, 말하자면 '구국 자원' 과도 같은 것이었다.

석탄산업의 빛과 그림자

국내의 석탄산업은 1980년대 중반까지 호황을 누리다가 1988년 서울올림픽을 기점으로 하강 곡선을 그리기 시작했다. 가정용 연료가 연탄에서 석유 · 가스 등 고급 · 청정 에너지로 급속히 대체되었기 때문이다. 정부는 1989년부터 비경제적인 탄광의 폐광을 유도하고, 경제성이 있는 탄광은 합리적으로 육성하는 '석탄산업 합리화 정책' 을 추진했는데, 이때 비경제 탄광의 폐광을 유도하기 위해 폐광 비용의 일부를 지원하여 근로자의 생활 안정 및 탄광 지역의 개발을 지원하였다.

정부의 석탄산업 합리화 정책으로, 1988년에 347개였던 탄광은 2005년 7개로 줄었다. 또한 같은 기간 동안의 석탄 생산량 역시 2,430만 톤에서 280만 톤으로 줄었고, 관련산업에 종사하는 근로자 숫자도 6만 2,259명에서 5,736명으로 대폭 감소했다. 20여 년도 채 안 되는 짧은 기간 동안 석탄산업의 규모가 1/9로 축소된 것이다. 이는 1960년대부터 석탄산업 구조조정을 추진하여 30여 년에 걸쳐 1/3 내지 1/4 수준으로 생산량을 줄인 일본이나 영국, 독일과 비교할 때 우리나라의 구조조정이 매우 빨랐음을 보여준다.

결과적으로는 분명 성공적인 구조조정이 이뤄졌다고 볼 수 있지만, 사실 석탄산업 합리화 정책을 추진하는 과정에서 적지 않은 부작용도 있었음을 인정하지 않을 수 없다. 탄광 지역의 경제 위축이 심화되었고, 수많은 근로자가 실직을 당해야 했으며, 이로 인해 1995년, 1999년, 2000년에 총 4차례에 걸친 대규모의 집단 생존권 투쟁도 있었다. '사랑의전화복지재단' 에서 발간하는 〈BI 세상 사람들〉(2004년 3월호)이라는 잡지는 당시 생존권 투쟁이 있었을 때의 탄광촌 분위기를 다음과 같이 전해주고 있다. "일할 능력이 있는 사람들은 인근 황지나 대구 · 서울 등지로 빠져나가고, 경제가 죽은 철암에선 노인과 아이들이 폐가를 지키고 있다. 죽음의 도시처럼……."

이에 당시 문민정부에서는 1995년 12월, 고한 · 사북 지역의 시위를 해결하는 동시에, 폐광 지역의 대체 산업 유치 및 지역 개발을 위한 정책으로 '폐광지역개발지원에관한특별법' 을 제정하였고, 내국인 출입 카지노인 강원랜드를 설립하였다. 그 후 1999년 12월 다시 태백 시위가 발생한 것을 계기로 탄광 지역 경제 활성화 지원을 위한 '탄광 지역 개발 사업' 을 추진하였다.

석탄산업 합리화 정책도 AS가 필요하다

석탄산업 합리화 정책 이후에도, 정부는 무연탄 및 연탄의 차질 없는 생산을 위해 필요한 지원을 계속하여 안정적인 수급이 이뤄져 왔다. 그러나 최근에는 갑작스런 고유가 현상 및 연탄 가격의 장기 동결(1989년 이후 17년간 단 10%만 인상) 영향으로 서민 가정과 음식점, 화훼 농가 등에서 상대적으로 저렴한 연탄으로 난방 방식을 바꾸면서 연탄 소비가 급격히 증가세를 보여 무연탄 수급에 불균형 현상이 발생하고 있다. 연탄 수요의 증가는 정부 보조금을 높여 한정된 나라 살림에 부담을 가중시키고 있다.

또한 태백 · 사북 등 탄광 지역의 경제 회복을 위한 SOC 투자는 어느 정도 성과를 거두었으나, 기존의 석탄산업만큼 영향력 있는 대체 산업을 육성하는 일은, 주민들이 그 성과를 가시적으로 체감할 정도로 이뤄지진 못하고 있다. 게다가 1993년 5월에는 인천 부평동에 있는 폐광 채굴지가 붕괴되어 상부에 있던 공동묘지의 분묘 154기가 매몰되는 사고가 일어났다. 이외에도 폐탄광들에서 발생되는 지반 침하, 오염수 유출 등의 광해가 자연과 사람에게 피해를 유발시키는 사례까지 발생하고 있다. 이는 결국 폐광산의 복구와 사후

관리에 그만큼 관심을 갖지 못한 데 따른 결과였다.

그렇다면 이젠 국내 석탄산업의 방향을 원천적으로 재검토하여, 무연탄의 수급 안정을 도모하고, 폐광 지역 지원 사업이 지역 경제 활성화로 직결되도록 재정비하는 한편, 그 지역 주민들의 삶의 질까지 제고하는 방법을 연구해야 한다.

우선 국내 무연탄의 수급 안정을 위해서는 공급과 수요를 동시에 바라보는 균형 잡힌 시각이 필요하다. 또한 국내 석탄산업의 생산성 향상을 도모해야 하는데, 그러려면 탄광들이 설비를 현대화할 수 있도록 지원해야 하고, 연탄 시장의 가격 기능을 회복시켜 적정 가격 및 수급량이 결정되도록 해야 한다. 또한 무연탄 비축량을 적정하게 유지하여 서민들에게 연탄을 안정적으로 공급할 수 있는 시스템을 구축해야 한다.

그리고 기존의 석탄산업을 대체할 만한 지역산업 기반을 마련하려면, 지역 경제에 파급 효과가 큰 투자에 우선적으로 재정을 지원해주는 한편, 지역 특화 산업과 연계함으로써 지원의 효과를 높여야 한다. 정부는 폐광 지역이 관광산업 등으로 특화된 역량을 키워나갈 수 있도록 지원하고 유도해야 할 것이다.

지난 2005년 정부는 폐광 지역 주민들의 주거 환경을 개선하기 위해 '광산피해의방지및복구에관한법률' 을 제정하여 부처별로 분산 추진되던 광해 방지 사업을 산업자원부로 일원화하여 그 효율성을 높였다. 2006년 6월 광해 방지 전문기관인 '광해 방지 사업단' 을 설립, 출범함으로써 광해 방지 조직을 구축하였고, 그해 10월에는 광해 방지 사업을 종합적이고 체계적으로 추진하기 위하여 '광해 방지 기본계획' 을 수립, 발표하였다. 또한 새로이 설치되는 광해 방지 시설이 좀 더 친환경적이고 반영구적인 것이 되도록 세밀한 연구를 진행하고 있는 것으로 안다.

석탄은 아직도 유용한 에너지원

국내의 석탄산업은 왕년의 왕좌를 내준 채 현재는 전체 에너지원 가운데 겨우 1% 비중에 그치고 있다. 특히 무연탄은 발전용으로 해외에서 수입하는 유연탄보다 비경제적이라는 이유로 너무도 쉽게 그 존폐가 논의되곤 하는데, 나로서는 안타까운 일이 아닐 수 없다. LPG, 등유, LNG 등 다른 난방용 에너지원들과 비교해보면 무연탄이 그다지 비경제적인 자원만은 아니라고 생각하기 때문이다.

사실 연탄은 LPG나 등유보다 상당히 저렴하고, 도시가스와 비교해도 배관망 등 기초 인프라 구축에 투자 비용이 들지 않는다는 장점이 있다. 또한 연탄은 우리나라 특유의 난방 시설이라는 친근함과 역사성을 갖고 있다. 그리고 아직은 LNG의 공급이 불가능하여 연탄을 사용할 수밖에 없는 취약 지역도 존재하기 때문에, 정부는 앞으로도 서민들의 따뜻한 겨울나기를 위해 연탄을 차질 없이 공급해야 할 책무가 있다.

나아가, 남북 경제 협력 및 해외자원 개발을 위한 기술인력을 확보하는 등 국내 유일의 부존 에너지원인 석탄자원을 장기적으로 활용하겠다는 안목이 필요하다. 아울러 탄광 지역의 경제 활성화를 위한 비용 역시, 전 국토의 균형발전이라는 차원에서 탄광 지역 근로자와 주민의 생활 안정을 도모하기 위한 사회적 비용으로 받아들여야 할 것이다.

우리는 국내 무연탄이 우리나라의 산업 근대화와 산림 보존에 기여한 국내 유일의 부존 에너지원이었다는 사실을 잊어서는 안 된다. 지금 세계는 에너지 전쟁에 사활을 걸고 있다. 앞에서 여러 번 강조했지만, 40년쯤 후에는 석유나 천연가스 같은 에너지원이 바닥을 드러내게 될 것이다. 그때 우리가 사용해야 할 에너지원의 하나로서 석탄자원 역시 세심하게 고려되어야 마땅하다. 당장 눈앞의 것에만 매달리는 단기적 시각으로는 행복한 미래를 만들어나갈 수 없다. 현재의 석탄산업이 다소 비경제적이라 할지라도, 그것을 완전히 떼내버릴 것이 아니라 보다 장기적인 안목에서 효율적으로 육성해나가야 하는 이유가 여기에 있다.

에너지 복지의 시대로!

2006년 12월 26일은 내게 무척 뜻 깊은 날이었다. 그날 산업자원부와 에너지 공급 기업들은 공동 노력으로 '에너지재단'을 공식 출범시켰다. 에너지재단은 공기업과 민간기업의 자발적 출연을 통해 만들어진 에너지 복지의 총괄 추진 주체로서, 정부와 민간이 어우러져 보다 적극적이고 체계적으로 에너지 복지를 실천하기 위해 고민한 결실이라고 할 수 있다.

이날 나와 산업자원부 직원들은 포근한 겨울 날씨에 고마워하며 불우이웃돕기 모금 행사와 일일 봉사 활동을 가졌다. 일일 봉사 활동은 기초생활 수급자를 대상으로 한 보일러 교체 등 일체의 난방 시설을 지원하는 것이었다. 나는 영등포에 있는 어느 저소득 가구의 보일러를 교체해주었는데 작업을 하는 내내, 전기가 끊긴 집에서 촛불을 켜놓고 생활하던 소녀가장의 죽음이 떠올라 가슴이 쓰라렸다.

세계 11위 경제 대국이 되었는데도 우리 사회에는 여전히 기본적인 에너지조차 공급받지 못하는 사람들이 적지 않다. 부익부 빈익빈이라는 사회 양극화 현상은 에너지 측면에서도 예외가 아닌 것이다. 이런 현실이었기에, 산업자원부가 주도하여 에너지기본법을 제정하고 국가에너지위원회와 에너지재단을 설립한 일이 너무나 당연한 정책 과제였음을 다시 한 번 깨달았다.

에너지기본법으로 에너지 복지 시대를 연다

많은 선진국들이 에너지 복지 문제를 '법' 으로 구현해놓고 있다. 미국은 에너지를 포함한 공공 서비스를 중단하기 전에 미리 통지할 의무, 고객이 요금을 완납하지 못하더라도 서비스를 제공할 의무를 주법으로 규정하는 한편, 저소득층을 대상으로 하는 에너지 구입 비용 지원 및 저소득층 가구의 주택 단열공사를 지원하는 프로그램을 실시하고 있다. 프랑스에서도 2005년 8월부터 '가정용 전력 사용에 대한 기본권리 보장에 관한 법령' 을 시행하고, 3kW까지는 전력 요금을 대납하는 제도를 운영하는 등 보편적인 에너지 서비스를 법제화, 프로그램화하고 있다. 영국은 2010년 완전 구제를 목표로 에너지 빈곤층 지원 전략을 수립하고, 통상산업부(DTI)의 주도로 에너지 빈곤층 지원 전략 자문단을 구성하여 운영 중인데 특히 노인 가구, 어린이 양육 가구, 장애 가구 등 약 300만 가구를 우선적으로 지원하고 있다.

우리나라도 2003년 에너지 정책의 초점을 '에너지의 안정적 공급'에서 '3E 사회 구현'으로 확대하면서 구체적인 에너지 복지 정책을 개발하기 시작했다. 그 가시적인 성과 중 하나가, 나의 장관 재임 초기인 2006년 3월에 제정안이 공포된 '에너지기본법'이다. 에너지기본법은 국민에게 에너지를 안정적으로 공급하고, 환경 친화적 에너지의 생산과 사용을 확대한다는 것을 기본 원칙으로 삼고 있다. 이 법은 에너지 분야에서 국가 최고의 의사결정 기구로서 '국가에너지위원회'를 신설하고, 중장기 국가 에너지 비전을 수립하는 데 근거를 제공하고 있다.

에너지기본법의 가장 중요한 특징 중 하나는 국가, 지방자치단체, 에너지 공급자에게 빈곤층 등 모든 국민에 대한 에너지의 보편적 공급 의무를 부과한 점이다. 이 법에 반영된 에너지 복지에 대한 강력한 의지를 표명하기 위해 2006년 11월 28일 제1차 국가에너지위원회가 열렸다.

이날 나는 국무총리를 비롯하여 시민단체 및 에너지 전문가 등과 함께 청와대에서 개최된 이 회의에 참석하였는데, 대통령이 민간 위원 16명에 대한 위촉장을 수여함으로써 국가에너지위원회가 명실공히 국가 에너지 정책의 최고 의사결정 기구로서 본격적인 활동을 개시하게 되었다. 회의에서는 '에너지 비전 2030'이 제시되었는데 에너지 안보·효율·환경 보전에 대한 종합적인 고려의 중요성과 함께, 특히 에너지 복지를 구현하는 방안에 대해 중점적으로 보고·

논의하고, 2016년까지 에너지 빈곤층을 완전히 해소한다는 비전을 마련하였다. 그 실천 방안으로는, 전기요금 체납 세대에 대해 최소한(220w)의 전기를 공급하고 혹서기와 혹한기 동안 공급 중단을 유예하여 취약 계층이 전기를 이용하는 데 불편함이 없도록 하는 한편, 저소득 가구 및 사회복지 시설에 대해서는 고효율 조명 기기를 무상으로 지원하기로 했다.

가난해도 따뜻하게 살 권리를 위하여

2006년 통계청의 가구 소비 실태 조사를 보면, 월소득 55만 원 미만의 가구는 소득의 26%를, 월소득 500만 원의 가구는 소득의 2%를 조명과 난방 등 가정용 에너지에 대한 소비에 지출하는 것으로 나타났다. 즉, 아무리 소득 수준이 낮은 사람이라도 최소한의 에너지는 삶을 이어가는 데 필수적이며, 그렇기 때문에 저소득층일수록 에너지 구입 부담이 큰 것이다.

더구나 최근의 고유가 상황은 저소득층에 더 큰 고통을 안겨주고 있다. 소득 수준이 높은 가구의 경우 도시가스 등 상대적으로 가격이 저렴한 에너지를 사용하고 있으나, 기초생활 수급 가구의 40% 이상은 석유를 난방용 에너지로 사용하고 있기 때문이다. 결국 고유가의 영향을 직격탄으로 맞고 있는 셈이어서, 고유가 현상이 지속된다면 저소득층의 에너지 소비 부담은 점점 더 커질 수밖에 없다. 정부가 나서서 에너지 복지를 실현하기 위한 법제를 마련하고 그것을 기반으로 한 지원 프로그램을 적극적으로 실행해야 할 이유가 여기에 있다.

현재 정부와 공기업이 에너지 복지 확충을 위해 여러 가지 사업을 전개하고 있지만 아직도 넘어야 할 산은 많다. 기존의 지원 제도가 전력, 가스 등 에너지원별로 운영되고 있어서 지원 대상 및 기준을 정할 때 중복과 소외의 문제가 발생하고 있으며, 정부 지원을 받고 있는 대상자들이 단전유예 조치 이후까지 체납하는 등 복지 프로그램의 전달 체계에서도 문제점이 노출되고 있다. 하지만 에너지재단을 통해 정부와 민간이 힘을 합쳐 이러한 문제를 극복하고, 온 국민이 적어도 에너지만큼은 최소한의 필요를 충족시킬 수 있도록 지속적으로 지원해야 할 것이다.

2006년 에너지관리공단이 실시한 '에너지 빼기, 사랑 더하기' 캠페인에는 약 300만 세대가 참여하겠다는 의사를 표명했다. 에너지 복지에 대한 국민의 관심과 참여가 높아지고 있음을 보여주는 긍정적인 사례가 아닌가 싶다. 이러한 국민의 관심을 토대로 앞으로도 국민의 에너지 복지를 실현할 신선한 정책과 프로그램들이 계속해서 추진되어야 할 것이다.

5

내가 만난 공무원, 내가 만날 공무원

독수리는 세월이 지나면 바위산에 올라 바위를 쪼면서 자신의 부리를 바꾸고,
새로 난 부리로 자신의 발톱을 쪼아 새로운 발톱을 만든다고 한다.
스스로 고통을 감내하고 변화함으로써 강자의 자리를 지키는 것이다.
우리 공무원들은 한국 경제의 기적을 만든 주역 중 하나이다.
또한 그들은 스스로 과거의 권위를 털고 능동적으로 조직을 진화시켜왔다.
그러나 이제는 보다 전문화된 조직으로 변신을 모색할 때이다.
어느 분야에서든 새로운 패러다임을 이야기하는 시대에 발맞춰
전문적인 지식으로 무장한 스마트한 공무원,
이른바 신(新)관료의 등장을 기대해본다.

공무원이 희망이다

매년 여름철이면, 과천 청사 공무원들은 넥타이를 매지 않고 간편 복장으로 근무한다. 넥타이를 풀면 체감 온도가 2도 정도 낮아지고 에어컨 냉방 온도를 그만큼 높여 수천억 원대의 에너지 절감 효과를 기대할 수 있기 때문이다. 2006년 한여름 어느 날 오후, 그날도 나는 여느 공무원들처럼 노타이 차림이었다. 그런 차림으로 정치인 시절부터 알고 지내던 모 주간지 기자와, 정치인이 아닌 행정 공무원 정세균의 자격으로 인터뷰를 가졌다.

대뜸 기자는 정치인과 장관직 공직자가 어떻게 다른지를 비교해 달라고 했다. 나는 "차이가 있지요. 우리 모두가 공복이니까 국민을 위해 봉사하고 노력하는 것은 같습니다. 하지만 장관은 정치인에 비해 제약도 많고 또 일도 많습니다. 그러면서 인·허가권 등 권한도 있고요. 그래서 더 조심스럽습니다. 또 정치인은 처신이 비교적 자유로운 편입니다. 하지만 공직자는 그러면 안 됩니다. 사실 고생도 많습니다. 정치인 시절엔 여러 가지 사안을 가지고 협상을 하려니 머리가 아팠고 지금은 몸으로 직접 확인하니 몸도 고달픕니다"라고 답변했다. 내 얘기를 듣고는, "오늘 노타이 차림으로 계신 것과 말씀하시는 것을 보니 어느새 공무원이 다 되신 것 같습니다"라는 기자의 반응에 나도 모르게 웃음이 나왔다. 매일같이 공무원 조직에서 생활하다 보니 나도 모르게 어느덧 공무원 사회에 적응했나 보다 하는 생각이 들었다.

책임감과 소신을 가지고 일하는 공무원들

사실 장관으로 부임하기 이전에도 공무원과 접할 기회는 무척 많았다. 무역상사 근무 시절에는 상공부 수출담당과에 문턱이 닳도록 드나들었다. '수출 입국'의 기치 아래, 정부가 기업들의 수출을 적극 장려하고 각종 지원 시책을 하루가 멀다 하고 내놓던 시기였다. 그때 만난 공무원들은 사명감과 자신감에 가득 차 있었으며, 기업인들도 혀를 내두를 정도로 정말 열심히 일했던 것으로 기억한다.

반대로 국회 상임위와 예결위에서 정치를 할 때에는 각종 법안과 예산 사업을 들고 찾아온 공무원들을 만났다. 그들과 사업 타당성과 논리적 근거에 대해 격론을 벌이기도 했고, 때로는 그 허점을 지적하기도 했다. 소신 있고 능력 있는 공무원들의 주장에는 수긍하며 힘을 보태주려고 노력했다.

산업자원부 장관으로서 가까이에서 지켜본 우리 공무원에 대한 평가도 이전과 크게 다르지 않다. 박봉과 과도한 업무 부담에도 불구하고 여전히 그들은 사명감과 책임감으로 똘똘 뭉쳐 있었으며, 국가경쟁력 제고에 일익을 담당한다는 자긍심과 애국심을 여러 번 확인할 수 있었다. 업무 지시를 하거나 보고를 받아보면, 이들이 국가경제와 한국 산업의 미래를 위해 해야 할 일에 대해 얼마나 고민하는지 그 흔적이 역력했다. '권위적', '정년 보장', '정시 퇴근' 등 일반인의 인식과도 많이 달랐다. 야근이 다반사이고, 60세 정년 보장도 법규상에만 있을 뿐 50대 초반이면 퇴출 위기에 직면한다. 그러니 철밥통도 옛말이다.

물론 아쉬움도 없었던 것은 아니다. 정책 현안을 넓게 보고 큰 방향에서 대안을 찾아보라고 당부한 것은 각자의 산업 분야의 전문성에만 사로잡혀서 큰 그림을 보지 못하는 우를 범하지 말고 전반적인 국가경쟁력과 산업경쟁력을 높이는 차원에서 고민해달라는 취지였다. 출장비 아끼지 말고 어디든지 가서 기업과 고객을 만나라는 지시는 탁상 행정에 머물러 있지 말고 현장의 목소리를 직접 듣고 민심을 활발히 체험하여 정책을 고안하고 집행하며, 나아가 적극적으로 고객을 이해시키고 설득하라는 뜻이었다.

산업자원부의 공무원들이 나의 이런 당부와 기대에 잘 부응해주어 무척 고맙게 생각하고 있다. 그래서 퇴임한 지금도 산업자원부 공무원들에 대해 나는 무한한 애정과 관심을 가지고 있다. 그리고 한때 산업자원부에 몸담았던 공무원의 한 사람으로서 또 선배의 입장에서 몇 가지 당부하고 싶은 말이 있다.

지혜로운 신관료의 등장을 기대하며

앞으로 경제가 고도화되고 규모가 확대될수록 복잡 다양한 변수가 많아지고 예측이 불가능한 경제 상황을 많이 만나게 될 것이다. 따라서 정부의 개입보다는 기업의 창의적 활동을 통해 유연하게 극복해나가는 것이 바람직하다. 정부의 역할도 '직접 개입을 통한 육성' 에서 '간접적인 조정자' 로 거듭 변모해야 한다. 물론 자본주의가 완전히 성숙되지 못해 시장 기능이 취약한 부분도 있다. 그렇기 때문에 정부의 불필요한 개입을 버리되, 필요한 역할은 제대로 해야 한다.

거시 정책도 중요하지만 국민생활을 실질적으로 개선하고 일자리를 만들어내는 미시 정책이 중요한 역할을 해야 한다. 기업이 위험 부담으로 인해 소극적인 자세를 취함에 따라 시장 형성이 미흡한 분야는 정부가 개입하여 시장 형성의 기회를 제공하고 이익 창출의 여지를 넓혀주어야 하며, 산업 주체 간의 정보 중개자로서의 역할도 대신해야 할 때가 있다. 이러한 시대적 요구를 반영하기 위해서는 공무원이 변화를 이끌어가야 하고 그들 스스로가 먼저 경쟁력을 키워야 한다.

투입 중심의 경제 개발 시대에는 산업자원부 공무원들에게 '나를 따르라' 는 리더십과 도전의식, 그리고 여러 집단의 이해 관계를 조정할 만한 상식적인 소양과 판단력이면 충분했는지도 모른다. 그러나 이제는 산업 구조가 고도화되고 복잡다기하게 발전하고 있어 정책 수립에 더욱 전문성이 요구되고 있다. 따라서 산업자원부 공무원들의 소양과 경쟁력이 곧 산업 정책의 품질을 결정한다고 말할 수 있을 정도이다. 따라서 해당 분야의 전문성은 기본이고, 여기에 더하여 금융 · 회계 · 공정거래 · 환경 · 노사 · 입지 · 통상 분야의 폭넓은 지식을 바탕으로 품질 높은 정책을 만들기를 당부하고 또 당부하고 싶다.

물론 국가 정책을 폭넓은 시각으로 보는 안목이 더 중요하고, 전문 분야에서는 외부 전문가를 활용하는 것도 좋은 방법이다. 그러나 전문가의 활용에도 상당 수준의 관련 지식이 없으면 효율을 기할 수 없다. 공무원의 경쟁 상대는 부처나 정부 안에 있는 것이 아니라 밖에 있다. 즉, 경쟁국의 공무원과 때에 따라서는 민간 분야의 전문가가 그들이다. 국가 협상에서 산업자원부 사무관의 경쟁자는 미국이나 일본 정부의 사무관이거나, 국내외 로펌의 변호사이거나, 기업의 임직원인 것이다. 민간기업의 애로 사항을 해결하는 데 산업자원부가 아니라 민간 법률회사 자문이 더 효과적이라면 이미 그 업무 담당 부서와 공무원은 존재 가치가 없는 것이다.

독수리는 세월이 지나면 바위산에 올라 바위를 쪼면서 자신의 부리를 바꾸고, 새로 난 부리로 자신의 발톱을 쪼아 새로운 발톱을 만든다고 한다. 스스로 고통을 감내하고 변화함으로써 강자의 자리를 지키는 것이다. 우리 공무원들은 한국 경제의 기적을 만든 주역 중 하나이다. 또한 그들은 스스로 과거의 권위를 털고 능동적으로 조직을 진화시켜왔다. 그러나 이제는 거기서 한발 더 나아가야 한다. 보다 전문화된 조직으로 변신을 모색할 때라는 것이다. 어느 분야에서든 새로운 패러다임을 이야기하는 시대에 발맞춰 전문적인 지식으로 무장한 스마트한 공무원, 이른바 신(新)관료의 등장을 기대해본다.

우리 공무원의 자질은 정말 우수하다. 산업자원부만 해도 1,200여 명 직원 중에서 101명의 직원이 업무 관련 분야의 박사 학위를 소지하고 있고 절반 이상이 각종 자격증을 갖고 있다. 국제변호사 자격증이나 국내외 공인회계사 자격증을 취득한 직원들도 많다. 이런 우수한 자질을 활용하는 것은 결국 국가와 국민들의 몫이다.

지금은 'work harder' 보다는 'work smarter' 가 더욱 필요한 시기이다. 여전히 변화와 구습이 혼재하고 있고 버려야 할 폐단도 많기 때문에 관료 조직은 문턱을 더욱 낮추어야 한다. 공무원이 변해야 나라가 산다.

정부 혁신은 계속되어야 한다

2006년 8월 산업자원부의 한 직원이 교도소 재소자로부터 장문의 편지를 받아 화제가 된 적이 있다. 모종의 민원으로 그간 여러 차례 정부기관의 문을 두드렸던 이 재소자는 편지 속에서 산업자원부 직원이 수백 쪽 분량의 자료를 CD에 담아 보내준 일을 언급하면서 "세상이 아직은 살 만한 곳이라고 느꼈다"는 감사의 마음을 전했다.

이 소식을 듣고, 그동안 산업자원부가 그 어떤 좋은 평가를 받았을 때보다 큰 보람을 느꼈다. 행정서비스의 본질은 고객의 마음을 움직이는 것이며, 이는 직원들의 진심과 소명감에 뿌리를 둔 자발적 노력이 아니라면 불가능한 일이라고 생각했기 때문이다.

당신이 감동시켜야 할 '고객'은 누구입니까

1981년 스칸디나비아 항공이 고객만족 기법을 경영에 도입하여 성공한 이후 민간기업들은 앞다투어 고객만족 경영에 나섰다. 이러한 추세는 공공 부문에서도 마찬가지여서 1991년 영국 메이저 총리의 '행정서비스헌장제' 도입, 1993년 미국 클린턴 행정부의 '고객서비스 기준' 도입 등 1990년대 이후 세계 각국은 시장 지향적 행정 개혁의 추진 전략으로 고객만족 기법을 도입하고 있다. 특히 싱가포르의 경우, 2001년 OSPEC(One Stop Public Entertainment Center)을 출범시켜 공공서비스 인프라를 구축하고 인터넷 접속이 가능한 모든 곳에서 행정서비스를 제공받을 수 있게 했다.

우리 정부는 어떤가? 취임식에서 내가 '접시 이야기'를 언급한 것은 우리 직원들 한 사람 한 사람이 산업 현장에 나가 스스로 기업과 국민이 원하는 바를 찾고, 이를 달성하기 위해 노력하라는 뜻이었다. 의정 활동 중 자주 목도했던 것과 같은, 정책 문제가 터지면 연구소에 용역 과제를 던지고는 작업이 끝날 때까지 내버려두는 식의 행정을 도저히 납득할 수 없었기 때문이다.

2006년 한 해 동안 나와 산업자원부 직원들은 정부 혁신과 고객감동 행정 구현을 위해 적지 않게 노력했다. 그런데도 2006년 10월 능률협회컨설팅을 통해 조사한 결과는 만족스럽지 않았다. 산업자원부 직원 스스로 고객만족 행정 수준을 평가한 점수는 71점이었으나 기업들이 평가한 산업자원부의 성적은 61점에 불과했다. 아직까지는 고객만족이 아니라 산업자원부 직원들의 자기만족에 머무르고 있었던 것이다. 이런 결과는 정부의 정책이 여전히 수요자의 입장보다는 공급자적 시각에서 입안되고 추진되고 있음을 보여준다.

산업자원부 장관으로 재임하는 동안 내 의견을 조직에 강요하기보다는 자유로운 하의상달을 통해 의견을 수렴하려 애썼다. 좀 더 시간이 걸리더라도 민주적 절차와 자발성이 정책의 추진력을 높인다고 믿었기 때문이다. 고객만족 또한 자발성이 핵심이다. 그래야 정책이 국민을 만날 때 이해와 지지를 얻을 수 있다고 믿는다.

정부 혁신의 성패는 '사람'에게 달렸다

고객감동에 이르기 위해서는 부처의 체질부터 바꿔야 한다는 생각으로 취임 후 바로 산업자원부 조직을 수술하는 일에 착수했다. 조직 안팎에서 많은 이견이 있었지만, 부단한 토론과 설득을 통해 2006년 6월 개편된 조직의 골간을 국민들 앞에 내놓을 수 있었다. 우선 대기업과 중소기업 간 상생협력, 해외자원 개발 등 정책 수요가 늘어난 분야의 역량을 강화하였으며, 고객만족도 제고를 전담하면서 국민의 소리를 듣기 위한 조직을 신설했다. 이외에 '책임 행정의 원칙'이 바로 설 수 있도록 팀제와 본부장제를 전면적으로 확대했고, 연말에 다시 부서별 성취도를 평가하자고 여운을 남겨 적당한 긴장감을 유지했다.

규제 완화도 적극적으로 추진했다. 꼭 필요한 범위에서는 남겨야 하겠지만, 규제는 본질적으로 기업의 창조적이고 유연한 활동을 저해하는 것이므로 가급적 철폐하자고 목소리를 높였다. 그러나 가장 중요한 것은 형식적으로 규제의 건수를 줄이는 것이 아니라, 그 필요성과 방법을 국민의 입장에서 생각해보는 것이다. 공무원으로서 자기정체성은 꾸준히 유지하되, 시간을 두고 규제 혁신을 지속해나간다면 언젠가는 규제의 품질과 서비스 양쪽 면에서 경쟁력 있는 체제가 마련될 것이라 본다.

굴착 공사 원콜시스템 도입은 국민의 입장에서 규제를 개선한 대표적 사례로 볼 수 있다. 도로를 굴착하는 공사를 할 때에는 가스배관의 손상 및 이로 인한 폭발 사고를 예방하기 위하여 공사 착공 이전에 관할 도시가스 회사를 통하여 가스배관의 매설 여부를 확인하도록 사전확인제도를 운영하고 있는데, 사전확인을 위한 서면 신고서 및 도면 작성이 영세한 규모의 굴착 공사 업자 입장에서는 큰 부담이 되어 사전확인 없는 공사 및 가스 누출 사고가 종종 발생함에 따라 이 제도의 실효성을 확보하기 위한 대책이 필요하였다. 가스관의 손상은 가스 폭발 사고로 이어질 수 있으므로 이 제도를 폐지할 수도 없는 일이다.

이에 따라 가스안전공사와 도시가스 사업자가 함께 신고센터를 개설하여 신고 업무를 주도적으로 처리하도록 하고, 굴착 공사자는 서면신고서 및 도면 작성 없이 전화 또는 인터넷으로 간단하게 굴착 계획만을 통보하면, 해당 도시가스 사업자가 현장에 나가 가스배관의 매설 지점을 알려주도록 시스템을 개선하였다. 그 결과, 굴착 공사 신고율이 종전보다 5.2배 증가한 것으로 나타나 국민의 부담을 없애면서 제도 운영의 실효성을 제고한 대표적인 사례가 되었다.

성과 관리에 있어서도 새로운 시스템을 도입하는 데 그치지 않고, 조직과 인사를 통해 이를 환류시키도록 제도화하였다. 흔히들 공무원은 명예를 먹고 사는 존재라 한다. 자신의 일이 조직 사회에서 평가받고, 보직과 경력 관리, 승진, 포상 등을 통해 엄정하게 보상되어야 소신 있는 공무원들이 제자리를 잡을 수 있다. 나는 취임 초부터, 연말에 직원들의 성과를 평가할 것을 약속했고, 연말 인사에서는 그동안 고객만족을 위해 각 분야에서 얼마나 노력했는지를 평가하고 반영하는 데 역점을 두었다.

그러나 이러한 노력에도, 내가 재임한 2006년 한 해 동안 산업자원부의 고객만족도가 얼마나 올라갔는지, 혁신에 성공했는지 묻는다면 답변하기가 쉽지 않다. 혁신은 혁명보다도 어렵다고들 하지 않던가. 정부처럼 생산성의 지표와 고객의 실체가 모호한 경우 단기적인 성과를 평가한다는 것은 더더욱 어려운 일이다. GE, 도요타와 같은 세계적 기업들이 20년 가까이 끊임없이 혁신 활동을 지속하는 것이나, 아일랜드 정부가 1987년 이후 정권 교체와 상관없이 혁신 활동에 힘을 쏟은 것을 눈여겨볼 필요가 있다. 혁신은 오늘 성공했다 해서 내일은 손을 놓아도 되는 한시적 과제가 아니라 조직 문화로 체득하여 그 영속성을 확보해야 성공할 수 있는 높은 차원의 목표이다. 그리고 그 성패를 좌우하는 것은 바로 사람이다.

좋은 정책은 인내심을 갖고 국민을 설득할 줄 아는 공무원으로부터 시작하며, 이는 공무원의 전문성과 수요 중심의 발상에서 태동한다. 앞으로도 정부 혁신과 고객만족 행정이 이러한 정신을 놓지 않기를 바란다.

망하는 법을 알면 흥하는 법도 알게 된다

산업자원부는 2005년, 국민 인식조사 결과 없어져야 할 부처 4위에 선정되는 영예(?)를 안은 적이 있다. 국회에서 이를 지켜보면서 '얼마나 못했으면 저런 소리를 듣나' 는 생각과 함께 정책통으로서 나름대로 그들의 노고와 역할을 알기 때문에 뭔가 잘못됐다는 생각도 동시에 했다. 그리고 그 자리에 내가 가게 되었으니, 소신껏 정책을 펼치겠다는 다짐과 함께 덤으로 숙제(?) 같은 것을 받은 기분이기도 했다.

결과적으로 이는 기우(杞憂)였다. 시간이 지나면서 알게 된 사실은 그들이 근면하고 성실하며 질적으로 매우 우수한 자원들이라는 점이었다. 단지 업무 특성상 개인보다 기업 등 조직과의 만남이 많아 민원에 익숙지 않았고, 국가의 산업 정책을 다루다 보니 일반 국민의 실생활과 관련된 업무보다는 기업 지원 업무가 주를 이뤄 일반 국민들에 대한 어필이 부족했던 것이다. 또한 고객에 대한 정의도 분명치 않았다. 국가의 고객서비스는 정책의 질, 전달하는 방법, 생산하고 전달하는 자의 이미지가 3가지 핵심 요소라 볼 수 있다. 그런데 산업자원부는 막연하게 '산업계' 혹은 '국민'이라는 애매한 대상을 설정하고 있어, 노력에 비해 남들에게 인정을 받지 못하고 있었다. 또한 기업 생활을 오래 한 내 입장에서 보면, 아직 권위주의도 남아 있고, 관성에만 의지하여 유연성이 부족한 면도 보이고 있었다. 그러나 방향만 잘 잡으면 언제든지 사랑받는 기관으로 발전하는데 아무 문제가 없어 보였다.

산업자원부가 없어져야 할 부처라구요?

내가 산업자원부에서 첫 희망을 발견한 것은 아마 2006년 3월 말경 경기도 용인의 한 기업연수원에서 과장급 이상 간부 200여 명이 참석한 가운데 열린 '혁신 연찬회'였던 것으로 기억된다.

그때 김종갑 제1차관이 제시한 아이디어를 토대로 '산업자원부가 빨리 망하게 될 이유'라는 이색적인 주제를 놓고 분임토의가 진행되었다. 정책 실행의 반면교사(反面教師)로 삼기 위해 기존 업무 방식의 문제점을 반성하고 개선 방안을 도출하기 위해 머리를 맞대보자는 것이었다. 주제 자체가 참신하고 재미있는 데다가 나로서는 조직의 특성을 파악할 절호의 기회라는 생각이 들어서 진지하게 귀를 기울이며 때로는 의견을 개진하기도 했다.

우선 "산업자원부는 새 옷을 너무 좋아해"가 첫 번째 망할 이유로 꼽혔다. 정책의 연속성과 일관성보다는 유행에 민감한 정책을 추진하는 방식을 빗대어 꼬집은 것이었다. 또 설익은 탁상공론 정책을 발표부터 하고 민간기업이나 협회를 들러리로 세우는 것을 비유한 "(주)산업자원기획사, 이벤트성 행사와 정책만 넘친다"도 문제점으로 거론되었다. 이와 함께 "고객의 요구보다는 산업자원부 입맛에만 맞는 정책을 추진한다", "업무 영역은 넓은데 제대로 하는 일이 없다", "장 · 차관 보고를 위한 격식만 찾다가 시기를 놓친다", "예쁜 보고서는 많아도 좋은 보고서는 없다", "나도 고생했으니 너도 겪어봐라 하는 식의 부실한 업무 인수인계 및 시행착오가 반복된다" 등이 망하는 지름길로 지목됐다.

이런 통렬한 자아비판 후에는 해결 방안도 제시되어 계속 눈길을 끌었다. "10년이 지나도 품질에 변함이 없는 한결같은 명품 정책', 즉 중장기적인 안목에서 기획 · 집행 · 평가하고 결과를 환류하는 체계를 갖추자는 것이었다. " '행사' 에 치중하기보다는 '정책' 을 고민하자", "행사할 시간에 정책 현장 속으로 뛰어들자", "고객에 의한, 고객을 위한, 고객의 산업자원부가 되자", "하나를 하더라도 제대로 하자", " '선택과 집중' 을 통해 내실 있는 정책을 추진하자" 등 다양한 방안과 함께 업무표준 매뉴얼 작성과 정책실명제 도입, 멘토제도 활용 등으로 충실한 업무 인수인계와 이력 관리를 하는 것이 '산업자원부를 흥하게 하는 법' 으로 제시되었다.

분임토의 발표를 마치는 순간은 그간의 기우가 안심으로 바뀌는 순간이었다. 이러한 토의 결과에 고객만족 기법을 도입하고, 수요자 중심의 정책 개발을 부가하면 정책의 생산성은 물론, 외부 평가도 좋아지리라는 판단이 들었다. 외부 평가에 연연해서라기보다는 국민들과 더욱 가까운 산업자원부가 될 수 있겠다는 생각이었다. 이를 위해 2006년에 설치한 고객감동센터를 확대해 담당 공무원 외에 외부 전문가까지 참여하여 민원인의 입장에서 다시 한 번 문제를 검토하는 방안을 도입해볼 필요가 있다. 그렇게 하면 필요한 경우, 즉시 제도 개선에 착수할 수 있기 때문이다.

바야흐로 '웹 2.0의 시대' 라고 한다. 사용자 중심의 운영 구조를 일컫는 인터넷 용어인데, 사용자를 콘텐츠 생산자로 참여시켜 연쇄적인 파급 효과를 거두는 것을 지칭하는 말이다. 일반기업의 경영이나 마케팅에서도 고객이 제품의 개발 및 유통 과정에 직접 참여하여 직간접적인 영향력을 행사하는 '프로슈머' 를 활용하고 있다.

산업자원부도 이에 착안하여 정책 수요자인 국민과 기업 등 고객을 정책 과정에 참여시켜 활동하게 하는 방향으로 가고 있다. 이를 통해 정책 수요와 반응을 파악하여 적절한 시기를 선택함으로써 시행착오를 줄일 수 있을 것이다. 아울러 상반된 의견을 가진 이해 관계자와 예측이 어려운 정책 변수를 감안하여 표면에 나타나지 않은 의견과 수요까지 읽어낼 수 있다면 정책 실패를 최소화할 수 있을 것이다. 무엇보다도, 국민과 기업의 참여를 확대하는 열린 산업자원부를 지향하고 있다는 점이 바람직하다. 더구나 이를 시발로 스스로 조직 혁신의 기틀을 마련하는 공무원 조직의 변화를 감지하게 되어 기쁘다.

21세기가 요구하는 공직자 리더십

과거 우리나라가 그랬듯이 신흥 개도국들은 국가와 공무원들이 한정된 자원을 특정 산업에 집중 투입하여 경제 발전을 이끌어내는 리더십을 발휘한다는 공통점을 갖고 있다. 특히 우리나라의 성공 사례는 후발국들에게 성공 모델이 되어 학습과 연구의 대상이 되곤 한다. 엘리트 관료를 양성하고 훈련시켜 그들을 통해 주도되는 경제 성장은, 단기간에 폭발적인 발전을 가능하게 한 요소 중의 하나로 대체로 좋은 평가를 받고 있다. 물론 이 과정에서 공무원들의 미숙한 판단으로 정책이 실패하기도 하고, 지나친 관료화와 불균형 등 부작용과 문제점도 나타났다. 그러나 여전히 공무원들은 국가 정책의 수립과 집행에서 중차대한 역할을 담당하고 있어 그들의 리더십이 결코 축소되거나 과소 평가될 수는 없다.

시대가 변화해도 달라질 수 없는 공무원들의 덕목이 있다. 또한 시대가 변화함에 따라 새롭게 요구되는 덕목과 리더십도 있다. 그렇다면 글로벌화 · 지식정보화 시대인 21세기가 요구하는 공직자 리더십은 어떤 것일까? 여러 가지 자질과 리더십 유형들이 있겠지만, 그중에서도 나는 산업자원부 공무원들에게 '실사구시 정신', '창조적 리더십', '민주적 리더십', '화합 · 통합의 리더십'을 강조하고 싶다.

산업자원부 회의실의 이름이 바뀐 까닭은?

모름지기 국가의 실물경제를 책임지고 있는 산업자원부 공무원들은 '실사구시 정신'을 실천하는 실학형 공무원이 되어야 할 것이다. 실학은 조선 후기에 공리공론(空理空論), 당리당략(黨利黨略)에 맞서 실사구시(實事求是), 이용후생(利用厚生), 경세치용(經世致用)을 추구한 학문적 경향이다. 당시 나라 밖에서는 이른바 '서세동점(西勢東漸)'이라고 하는 유럽에 의한 세계화가 서서히 진행되고 있었고, 이 땅에서는 서민의 실력과 문화가 성장하여 낡은 제도가 장애가 되고 있던 때다. 변화의 기회이기도 했지만 동시에 위기를 배태하고 있었던 시기이다. 당시 실학자들은 고정관념에서 벗어나 창의성을 발휘하며 이러한 기회를 적극적으로 활용해나갈 것을 주창하였다. 특히, 실사구시로 대변되는 그들의 실용주의적 철학은 백성들의 삶을 윤택하게 하고 부국강병을 이루고자 하는 실학자들의 경제 발전 모델의 기반이 되었다고 할 수 있다.

이런 점에서 산업자원부가 '실사구시'를 부처의 기본 철학으로 삼고 그동안 '대회의실', '중회의실' 등으로 부르던 회의실 이름을 실학자들의 아호로 바꾼 것은 퍽 의미심장한 일이 아닐 수 없다. 대회의실은 정약용의 아호인 '다산실'로, 중회의실은《열하일기》로 유명한 박지원의 아호인 '연암실'로, 국제회의실은 조선시대 당시 청나라와의 통상 확대를 주장하며《북학의》를 저술했던 개방주의자 박제가의 아호인 '초정실'로 개명한 것이다. 또 과감한 개혁을 부르짖으며 외국과 대등한 교역을 주장했던 최한기의 아호인 '혜강실', 기술 혁신을 주장했던 홍대용의 아호인 '담헌실', 상공업의 진흥을 주장했던 유수원의 아호인 '농암실' 등 3개의 회의실도 새 이름을 얻었다.

회의실 명칭 변경은 국민과 기업에 실질적인 도움이 되는 부처가 되겠다는 의지의 표현이자 이를 실천하기 위한 첫 발걸음이었다고 생각한다. 회의실 명칭 변경에 그치지 않고 실학자들의 삶과 정신을 배우고 이를 정책 현장에서 실천하기 위해 부단한 노력을 하는 산업자원부가 되었으면 하는 마음이 간절하다.

창조적 국가 경영의 리더십이 필요하다

미국 월 가의 황제 블룸버그는 자신의 성장 스토리에서 "어제와 같은 상품을 판매하는 기업에는 내일이 없다"고 했다. 한치 앞도 내다볼 수 없는 '시계(視界) 제로'의 세계 시장에서 살아남으려면 우리

기업도 끊임없는 창조와 혁신을 통해 수요자에게 구미가 당기는 새로운 제품, 즉 신기술 제품을 제공해야만 한다.

2006년 10월경 서울에서 개최된 제7회 세계 지식 포럼에서 나는 '창조 시대 기업 전략의 변화'라는 주제로 마이클 포터 교수와 영상 대담을 했다. 그때 우리 두 사람은 창조성이 결여된 기업은 아무리 노력해도, 그저 좀 더 나은 상품과 서비스를 제공하는 데 그치는 반면에 창조적 역량을 충분히 활용하는 혁신기업은 기존 경쟁의 틀을 깨고 무에서 유를 창출하는 것이 가능하다는 데 의견을 같이했다.

이러한 창조 경영은 국가 경영과 행정 분야에도 그대로 적용될 수 있다. 고객들의 새로운 수요에 부응하는 신기술 제품을 개발하고 새로운 시장을 개척하여 이를 출시하는, 이른바 블루오션 전략을 추구하는 혁신기업이 많이 배출될 수 있도록 정부도 창의적인 정책을 내놓아야 한다.

정조대왕(正祖, 1752~1800년)은 창조적인 국가 경영의 리더십을 잘 보여준 남다른 군주였다. 조선 후기에 실학이 발전할 수 있었던 배경에는 정조의 학술 장려 정책이 큰 힘이 되었으니, 한마디로 정조는 조선의 실학자를 키운 '실학의 대부'라고도 할 수 있겠다. 나아가 정조는 창의적인 리더십을 발휘하여 백성들의 민원을 해결하고 고통을 덜어주고자 노력하였다. 지방 백성들의 민원을 해결해주기 위해 암행어사를 적극 활용한 것과 순한문만으로 작성되던 윤음(綸音)을 한글본도 첨부하여 지방에 배포한 것, 화성 건축시 백성의 수고를 덜기 위해 거중기를 개발하게 한 것 등이 그 예이다.

이처럼 정조는 관례에 매이기보다는 새로운 발상으로 백성을 살폈고, 인재를 등용했고, 신기술을 개발했다. 그 결과 조선의 과학 문물을 발전시키는 한편, 치세도 안정시킬 수 있었다. 국가 경영의 한 축을 맡은 관료나, 행정서비스로 국민에게 봉사하는 공무원이라면 누구든 정조의 마음가짐과 전략을 배워야 할 것이다.

민주와 섬김, 그리고 화합의 리더십

21세기에는 '창조적 리더십' 만큼 '민주적 리더십' 도 중요하다. 진정한 리더십이란 시대가 요구하는 과제를 정확히 인식하고 실천하는 능력을 의미하기 때문에, 시대에 따라 적합한 리더십 유형이 있다. 그런 의미에서 오늘날 우리에게 가장 필수적인 것 중 하나가 바로 '민주적 리더십' 이다. 한때는 불도저처럼 밀어붙이는 것이 미덕이던 시대가 있었지만, 지금 우리는 민주주의 시대를 살고 있다. 특정 정책의 이해 당사자는 물론이고 시민 사회로부터 광범위한 동의를 얻어냄으로써 과제를 완수하는 리더십이 필요한 것이다.

또한 민주적 리더십은 조직원들이 즐거운 마음으로 일하고 개인의 역량을 최대한 발휘할 수 있도록 분위기를 형성하는 능력을 의미하기도 한다. 조직 안에 유능하고 경험 많은 사람들이 있다면 그들의 창의성과 전문성을 살려줄 수 있어야 한다. 그것이 민주적 리더십을 가진 리더의 능력이다.

미래에는 남을 배려하고 존중하는 부드러운 리더십도 필수적이다. 이것을 나는 '섬김의 리더십' 이라고 부른다. 지식 · 정보화 시대를 맞아 지금 세계는 모든 것이 탈권위화 · 수평화를 이루고 있다. 이러한 사회 변화에 따라 남에게 헌신하고 봉사하는 것이 바람직한 공직자상으로 각광을 받게 될 것이라고 생각한다. 이를 위해서는, 우선 자기를 태워 주변을 밝히는 촛불과 같은 자기희생 정신과 '국민의 아래에 서는(under standing)' 겸손함이 필요하다. 국민의 밑에 서지 않는 공무원은 그야말로 자리를 즐기는 사람 이상도 이하도 아닐 것이며, 만약 공무원이 국민의 위에 선다면 국민의 머리밖에 보지 못할 것이다. 그래서야 과연 국민을 제대로 이해하는 공무원이라고 말할 수 있을까? 국민의 사정을 제대로 알지 못하는 공무원이 과연 정조처럼 창조적 리더십을 발휘할 수 있을까?

마지막으로 나는 '화합 · 통합의 리더십' 을 강조하고 싶다. 외환위기는 우리나라의 경제 체질을 개선하는 계기를 마련해준 동시에 빈부 격차와 지역감정, 세대 격차와 이익집단 간의 대립이라는 적지 않은 갈등 요인을 남겼다. 우리 사회가 당면한 사회적 갈등을 평화적으로 관리하고 국민 통합을 이루는 일은 '화합의 리더십' 없이는 불가능할 것이다. 장차 남 · 북 간 화해 협력의 시대를 거쳐 통일이 성취될 때 우리 사회가 심각하게 직면하게 될 사회 통합의 과제를 해결하기 위해서도 이 리더십은 중요하다.

그런데 개별적 이해들의 단순한 총합으로는 결코 전체 사회의 일반적 · 공공적 이해가 도출될 수 없다. 갈등하는 사적 이익들 사이에서 우선 공동의 목표와 사회적 가치에 대한 합의가 전제되어야 하고, 이에 기초한 대화와 타협의 장이 열려야 한다. 그래야만 상충하는 이해를 조정하고 타협하여 사회의 보편적 이익과 목표를 도출할 수 있다. 따라서 공직자는 모름지기 사적 이해를 넘어서는 보편적인 가치에 대한 비전을 제시할 줄 알아야 하고, 이것을 향해 공론을 형성해나가는 지도력과 추진력을 함께 갖추어야 한다. 그것이 바로 내가 말하는 '화합 · 통합의 리더십' 이다. 대 · 중소 기업 상생협력, 방폐장 등의 원자력 이슈, 수도권과 지역의 균형발전, 노사 화합 분야 등에서 산업자원부의 화합 · 통합의 리더십이 그 진가를 발휘하게 되기를 기대한다.

한국 경제, 후반전을 준비하며

모든 스포츠 경기는 전반과 후반 사이에 작전 타임이라는 것이 있다. 짧은 시간이지만 이 작전 타임을 어떻게 활용하느냐에 따라 후반전의 상황이 180도 달라지는 것을 종종 목격하곤 한다. 유능한 감독일수록 이 작전 타임을 효과적으로 사용한다. 전반전의 결과를 냉정하게 평가하여 경기의 맥을 다시 잡을 수 있는 전략을 찾기도 하고, 선수들의 포지션을 변경하거나 아예 선수 교체를 단행할 수도 있다.

비교하자면, 아마도 나 역시 한국 경제의 작전 타임에서 '질 좋은 성장' 이라는 화두를 던진 것이 아닌가 생각한다. 우리는 과거 40여 년 동안 세계가 놀랄 정도로 급속한 성장을 이뤘으나, 1997년 강편치를 맞고 휘청거렸다. 그 후 10년. 많은 개혁을 이루었고, 일정한 성과도 달성했다. 하지만 지금부터가 더 중요하다. 잃어버린 10년이 될 것인가, 도약의 발판이 될 것인가는 아직 알 수 없다. 앞으로 30

년, 50년, 100년을 내다보는 전략과 그 실천은 전혀 별개의 문제이기 때문이다. 결국 지난 시간에 대한 경험과 지식을 바탕으로 미래 전쟁에서 유리한 고지를 차지하기 위해 힘찬 행진을 계속해야 한다.

2006년 2월, 기업 현장에서 실물경제를 경험한 지 12년 만에 나는 실물경제 주무부처 장관으로 부임했다. 부임해보니 내가 기업 현장에 있을 때와 지금의 산업경쟁력은 엄청나게 달랐다. 1960년대 초반 가발이나 수출하던 가난한 나라 한국은 불과 40여 년 만에 세계 11번째로 수출 3,000억 달러의 고지에 올라섰다. 조선 1위, 반도체 3위, 전자 4위, 철강 · 자동차 5위 등 우리나라 기간산업의 세계 위상도 한층 공고해졌다. 2006년 4월 아프리카 3개국을 순방했을 때 한결같이 들은 말이 "40년 전의 당신들 나라는 우리와 같은 수준이었는데, 지금은 하늘과 땅 차이가 난다. 노하우를 알려달라"는 것이었다.

그러나 현재 우리나라가 당면한 도전들 역시 만만치 않다. 친디아와 브릭스의 부상은 우리 경제의 기회이자 위협 요인이다. 단기적으로는 투자 부진과 같은 구조적 문제점들이 있고 FTA와 같은 기본 틀을 짜는 문제를 고민해야 한다. 중장기적으로는 저출산 · 고령화 현상이 우리 경제의 성장잠재력을 약화시키고 있다. 부동산 시장 과열, 가계 부채, 양극화 현상 등으로 서민경제의 주름살은 더욱 깊게 패이고 있으며, 불투명한 한국 경제에 대한 좌절감에 묻혀 이제 어디서도 희망의 목소리를 찾기가 어렵다. 하물며 제2의 IMF를 걱정하는 위기설까지 나돌고 있다.

하지만 내 생각은 다르다. 2007년 새해 벽두에 이 책의 원고를 정리하면서 나는 다시 한 번 한국 경제가 품고 있는 희망의 메시지를 전해야겠다는 마음으로 뜨거워졌다. 그렇다. 우리나라는 머지않아 세계 산업 4강, 무역 8강으로 우뚝 설 수 있을 것이다. 이러한 희망을 달성하기 위한 내 나름의 비전과 전략을 이 책에 담았다.

한국 경제에도 '긍정의 힘'이 필요하다

하지만 세부적인 전략보다 더 중요한 것은 많은 국민이 스스로 한국 경제에 대한 희망을 세우고 꿈을 키우는 일이다. 《긍정의 힘》의 저자 조엘 오스틴은 "마음에 품지 않은 복은 절대 현실로 나타나지 않는다. 마음으로 믿지 않으면 좋은 일이 결코 일어나지 않는다"고 말했다. 한국 경제의 국제적 위상은 국내에서 생각하는 것보다 훨씬 높다. 우리 스스로 깨닫지 못했을 뿐 어느새 선진국 문턱에 바짝 다가서 있다는 것이다. 2006년에는 각종 악조건 속에서도 수출 3,000억 달러를 돌파하지 않았는가? 이대로 간다면 조만간 국민소득 2만 달러 시대가 열리고, 2010년에는 여러 지표에서 선진 경제에 진입할 것이다. 비록 대내외적으로 여전히 많은 난관과 부딪치겠지만, 우리 모두가 '할 수 있다'는 자신감을 가지고 대응해나간다면 그 어떤 도전도 능히 극복해낼 수 있을 것이다.

미래에 대한 우리의 기대 수준을 높여야 한다. 우리 주변에는 늘

최악의 상황만 이야기하는 사람들이 있다. 부정적인 시각으로 불평불만만 늘어놓는 사람들은 실패의 장벽을 극복하지 못한다. 실패를 두려워하거나 예단하는 습관을 깨지 못한다면 다람쥐 쳇바퀴 도는 신세로 전락하게 된다. 수백 년간 이집트의 노예로 이용당하고 부당한 대우를 받고 살아온 이스라엘 백성들은 40여 년이란 기나긴 세월을 광야에서 시련을 겪고 노예근성을 떨쳐버린 후에야 비로소 가나안 땅에 들어갈 수 있었다. 그들이 항상 불평만 쏟아냈더라면 젖과 꿀이 흐르는 약속의 땅에는 결코 들어가지 못했을 것이다.

잘 생각해보자. 한국 경제의 미래는 현재 우리가 생각한 것보다 훨씬 크고 광대할 수 있다. 아니 미래까지 갈 것도 없다. 지금 이 순간에도 세계가 우리 산업을 주목하고 있다는 사실에 자긍심을 가져야 한다. 다른 나라에서는 말도 안 되는 얘기라며 거들떠보지도 않았던 일이 한국에서는 실제 기술로 바뀌는 일이 일어났기 때문이다. 액화천연가스를 배 위에서 기체로 바꿀 수 있는 LNG-RV선을 세계 최초로 건조한 나라가 누구인가? 바로 우리나라다. 세계 최초로 액화석유가스선을 육상에서 건조한 우리 조선사들의 창의력과 도전정신은 분명 세계가 부러워하는 우리의 자랑거리이다. 메모리 용량이 해마다 2배씩 늘어나는 '황의 법칙' 을 7년째 스스로 입증한 한국기업의 성취는 또 어떤가?

우리나라의 산업은 완성형이 아니라 완성을 향해 나아가는 작품이다. 지금의 시련은 성장과 발전의 기회를 제공하고, 우리를 더 높은 단계로 이끌어줄 지렛대가 될 수 있다. 시련은 우리를 새로운 지식과 기술로 재무장시키고 강인하게 만들며 우리를 성장시킨다. 더군다나 우리에게는 이러한 비전을 실현시킬 수 있는 소중한 자산이 있다. 한민족의 우수한 자질과 근면성, 뜨거운 상승 열망, 그리고 치열한 경쟁의식은 희망의 미래를 담보하는 대단히 중요한 자산이다.

삶의 질이 높은 나라를 향하여

산업자원부 장관으로 재직하면서 만난 마이클 포터, 잭 웰치, 앨빈 토플러 등 세계적인 석학들이 우리나라에 대해 공통적으로 지적한 내용이 있다. "한국은 세계 경제 강국이 되기에 충분한 잠재력과 가능성을 갖고 있다"는 것이다. 그러면서 이들은 "한국이 과거의 성장 모델에 매달려 있어서는 안 되며, 끊임없이 변화와 혁신을 도모해야 한다"고 충고했다.

한국 경제의 혁신을 위해 피땀 흘리면서 열정을 쏟고 있는 모든 기업인들과 근로자들에게 우리의 희망이 있다. 그렇지만 나는 개인적으로 빌 게이츠 같은 기업인을 좋아한다. 그는 창의성과 도전정신을 바탕으로 세계적인 기업을 키워냈으며, 많은 일자리를 창출하여 국가 경제에도 기여했다. 또한 왕성한 사회 공헌 활동을 통해 지속가능한 성장에 대한 비전을 제시하여 존경받는 기업인의 표상이 되고 있다. 이 같은 기업가 정신과 지속 가능한 경영을 통해 사회적으로 존경받는 기업인들이 많아지고, 그 덕분에 국민의 삶의 질이 높아지는 것이 나의 작은 꿈이다.

한국 경제의 미래는 우리의 선택에 달려 있다. 우리 스스로가 얼마나 자신감을 갖느냐, 그리고 어떻게 행동하느냐가 한국 경제의 진로를 결정할 것이다. 산업자원부 장관으로 재임하면서 실물경제의 밝은 면과 걱정스러운 면을 모두 봤지만, 앞으로의 방향과 성과는 우리가 세계 속에 내놓는 비전과 추진력에 달려 있을 것이다.

다시 한 번 말하지만, 지금은 또 한번의 큰 도약을 준비해야 할 때다. 우리 기업과 국민들에게 희망과 용기를 심어주고, 승리의 비전과 구체적인 전략을 제시하는 '희망의 리더십'이 그 무엇보다 필요한 시기이기도 하다. 이 책이 그 희망의 홀씨를 퍼뜨리는 데 조그마한 역할을 한다면 더 바랄 것이 없겠다.